Gotthold Ephraim Lessing, geboren am 22. Januar 1729 in Kamenz/Oberlausitz, ist am 15. Februar 1781 in Braunschweig gestorben.
In diesen »mehr unordentlichen Kollektanea zu einem Buche«, die 1766 erstmals erschienen, versucht Lessing die Grundweise ästhetischer Realität zu klären, die nicht durch subjektives Wirken auf Einbildungskraft und Gemüt vermittelt wird, und er versucht aufzuzeigen, unter welchen Bedingungen und durch welches Verfahren der bildende Künstler und der Dichter ihr Ziel zu erreichen suchen. »Beide stellen uns abwesende Dinge als gegenwärtig, den Schein als Wirklichkeit vor; beide täuschen, und beider Täuschung gefällt.« Gleichzeitig zieht Lessing auch die Grenzen zwischen der Malerei und der Dichtkunst: »... daß die Malerei eine stumme Poesie, und die Poesie eine redende Malerei sei, stand wohl in keinem Lehrbuche ... Gleichwohl übersahen es die Alten nicht ... vergaßen sie nicht einzuschärfen, daß, ohngeachtet der vollkommenen Ähnlichkeit dieser Wirkung, sie dennoch, sowohl in den Gegenständen als in der Art ihrer Nachahmung verschieden wären.« Bei seinen Betrachtungen geht Lessing von der statuarischen Darstellung des Laokoon aus, und so hat er ihm auch seinen »Anteil an der Aufschrift« seines Werks gelassen.

insel taschenbuch 1048

Lessing

Laokoon

Gotthold Ephraim Lessing

Laokoon

oder über die Grenzen der Malerei und Poesie

Herausgegeben und
mit einem Nachwort versehen
von Kurt Wölfel

Insel Verlag

insel taschenbuch 1048
Erste Auflage 1988

Hinweise zu dieser Ausgabe am Schluß des Bandes
Vertrieb durch den Suhrkamp Taschenbuch Verlag
Umschlag nach Entwürfen von Willy Fleckhaus
Druck: Nomos Verlagsgesellschaft, Baden-Baden
Printed in Germany

1 2 3 4 5 6 – 93 92 91 90 89 88

Laokoon oder über die Grenzen der Malerei und Poesie

Ὕλῃ και τροποις μιμησεως διαφερουσι.
Πλουτ. ποτ. Ἀϑ. κατα Π. ἤ κατα Σ. ενδ.
[Sie unterscheiden sich sowohl in den Gegenständen als in der Art ihrer Nachahmung. Plutarch, Wie die Athener in Krieg und Weisheit Ruhm erwarben.]

Mit beiläufigen Erläuterungen
verschiedener Punkte
der alten Kunstgeschichte

Erster Teil

Vorrede

Der erste, welcher die Malerei und Poesie miteinander verglich, war ein Mann von feinem Gefühle, der von beiden Künsten eine ähnliche Wirkung auf sich verspürte. Beide, empfand er, stellen uns abwesende Dinge als gegenwärtig, den Schein als Wirklichkeit vor; beide täuschen, und beider Täuschung gefällt.

Ein zweiter suchte in das Innere dieses Gefallens einzudringen, und entdeckte, daß es bei beiden aus einerlei Quelle fließe. Die Schönheit, deren Begriff wir zuerst von körperlichen Gegenständen abziehen, hat allgemeine Regeln, die sich auf mehrere Dinge anwenden lassen; auf Handlungen, auf Gedanken, sowohl als auf Formen.

Ein dritter, welcher über den Wert und über die Verteilung dieser allgemeinen Regeln nachdachte, bemerkte, daß einige mehr in der Malerei, andere mehr in der Poesie herrschten; daß also bei diesen die Poesie der Malerei, bei jenen die Malerei der Poesie mit Erläuterungen und Beispielen aushelfen könne.

Das erste war der Liebhaber; das zweite der Philosoph; das dritte der Kunstrichter.

Jene beiden konnten nicht leicht, weder von ihrem Gefühl, noch von ihren Schlüssen, einen unrechten Gebrauch machen. Hingegen bei den Bemerkungen des Kunstrichters beruhet das meiste in der Richtigkeit der Anwendung auf den einzeln Fall; und es wäre ein Wunder, da es gegen *einen* scharfsinnigen Kunstrichter funfzig witzige gegeben hat, wenn diese Anwendung jederzeit mit aller der Vorsicht wäre gemacht worden, welche die Wage zwischen beiden Künsten gleich erhalten muß.

Falls Apelles und Protogenes, in ihren verlornen Schriften von der Malerei, die Regeln derselben durch die bereits festgesetzten Regeln der Poesie bestätiget und erläutert haben, so darf man sicherlich glauben, daß es mit der Mäßigung und Genauigkeit wird geschehen sein, mit welcher wir noch itzt den Aristoteles,

Cicero, Horaz, Quintilian, in ihren Werken, die Grundsätze und Erfahrungen der Malerei auf die Beredsamkeit und Dichtkunst anwenden sehen. Es ist das Vorrecht der Alten, keiner Sache weder zu viel noch zu wenig zu tun.

Aber wir Neuern haben in mehrern Stücken geglaubt, uns weit über sie wegzusetzen, wenn wir ihre kleinen Lustwege in Landstraßen verwandelten; sollten auch die kürzern und sichrern Landstraßen darüber zu Pfaden eingehen, wie sie durch Wildnisse führen.

Die blendende Antithese des griechischen Voltaire, daß die Malerei eine stumme Poesie, und die Poesie eine redende Malerei sei, stand wohl in keinem Lehrbuche. Es war ein Einfall, wie Simonides mehrere hatte; dessen wahrer Teil so einleuchtend ist, daß man das Unbestimmte und Falsche, welches er mit sich führet, übersehen zu müssen glaubet.

Gleichwohl übersahen es die Alten nicht. Sondern indem sie den Ausspruch des Simonides auf die Wirkung der beiden Künste einschränkten, vergaßen sie nicht einzuschärfen, daß, ohngeachtet der vollkommenen Ähnlichkeit dieser Wirkung, sie dennoch, sowohl in den Gegenständen als in der Art ihrer Nachahmung (ὕλῃ και τροποις μιμησεως) verschieden wären.

Völlig aber, als ob sich gar keine solche Verschiedenheit fände, haben viele der neuesten Kunstrichter aus jener Übereinstimmung der Malerei und Poesie die krudesten Dinge von der Welt geschlossen. Bald zwingen sie die Poesie in die engern Schranken der Malerei; bald lassen sie die Malerei die ganze weite Sphäre der Poesie füllen. Alles was der einen recht ist, soll auch der andern vergönnt sein; alles was in der einen gefällt oder mißfällt, soll notwendig auch in der andern gefallen oder mißfallen; und voll von dieser Idee, sprechen sie in dem zuversichtlichsten Tone die seichtesten Urteile, wenn sie, in den Werken des Dichters und Malers über einerlei Vorwurf, die darin bemerkten Abweichungen voneinander zu Fehlern machen, die sie dem einen oder dem andern, nach dem sie entweder mehr Geschmack an der Dichtkunst oder an der Malerei haben, zur Last legen.

Ja diese Afterkritik hat zum Teil die Virtuosen selbst verführet. Sie hat in der Poesie die Schilderungssucht, und in der Malerei die Allegoristerei erzeuget; indem man jene zu einem redenden Gemälde machen wollen, ohne eigentlich zu wissen, was sie malen könne und solle, und diese zu einem stummen Gedichte, ohne überlegt zu haben, in welchem Maße sie allgemeine Begriffe ausdrücken könne, ohne sich von ihrer Bestimmung zu entfernen, und zu einer willkürlichen Schriftart zu werden.

Diesem falschen Geschmacke, und jenen ungegründeten Urteilen entgegenzuarbeiten, ist die vornehmste Absicht folgender Aufsätze.

Sie sind zufälliger Weise entstanden, und mehr nach der Folge meiner Lektüre, als durch die methodische Entwickelung allgemeiner Grundsätze angewachsen. Es sind also mehr unordentliche Kollektanea zu einem Buche, als ein Buch.

Doch schmeichle ich mir, daß sie auch als solche nicht ganz zu verachten sein werden. An systematischen Büchern haben wir Deutschen überhaupt keinen Mangel. Aus ein paar angenommenen Worterklärungen in der schönsten Ordnung alles, was wir nur wollen, herzuleiten, darauf verstehen wir uns, trotz einer Nation in der Welt.

Baumgarten bekannte, einen großen Teil der Beispiele in seiner Ästhetik Gesners Wörterbuche schuldig zu sein. Wenn mein Raisonnement nicht so bündig ist als das Baumgartensche, so werden doch meine Beispiele mehr nach der Quelle schmecken.

Da ich von dem Laokoon gleichsam aussetzte, und mehrmals auf ihn zurückkomme, so habe ich ihm auch einen Anteil an der Aufschrift lassen wollen. Andere kleine Ausschweifungen über verschiedene Punkte der alten Kunstgeschichte tragen weniger zu meiner Absicht bei, und sie stehen nur da, weil ich ihnen niemals einen bessern Platz zu geben hoffen kann.

Noch erinnere ich, daß ich unter dem Namen der Malerei die bildenden Künste überhaupt begreife; so wie ich nicht dafür stehe, daß ich nicht unter dem Namen der Poesie auch auf die übrigen Künste, deren Nachahmung fortschreitend ist, einige Rücksicht nehmen dürfte.

I.

Das allgemeine vorzügliche Kennzeichen der griechischen Meisterstücke in der Malerei und Bildhauerkunst setzet Herr Winckelmann in eine edele Einfalt und stille Größe, sowohl in der Stellung als im Ausdrucke. »So wie die Tiefe des Meeres«, sagt er,[1] »allezeit ruhig bleibt, die Oberfläche mag auch noch so wüten, ebenso zeiget der Ausdruck in den Figuren der Griechen bei allen Leidenschaften eine große und gesetzte Seele.

Diese Seele schildert sich in dem Gesichte des Laokoons, und nicht in dem Gesichte allein, bei dem heftigsten Leiden. Der Schmerz, welcher sich in allen Muskeln und Sehnen des Körpers entdecket, und den man ganz allein, ohne das Gesicht und andere Teile zu betrachten, an dem schmerzlich eingezogenen Unterleibe beinahe selbst zu empfinden glaubt; dieser Schmerz, sage ich, äußert sich dennoch mit keiner Wut in dem Gesichte und in der ganzen Stellung. Er erhebt kein schreckliches Geschrei, wie Virgil von seinem Laokoon singet; die Öffnung des Mundes gestattet es nicht: es ist vielmehr ein ängstliches und beklemmtes Seufzen, wie es Sadolet beschreibet. Der Schmerz des Körpers und die Größe der Seele sind durch den ganzen Bau der Figur mit gleicher Stärke ausgeteilet, und gleichsam abgewogen. Laokoon leidet, aber er leidet wie des Sophokles Philoktet: sein Elend gehet uns bis an die Seele; aber wir wünschten, wie dieser große Mann das Elend ertragen zu können.

Der Ausdruck einer so großen Seele geht weit über die Bildung der schönen Natur. Der Künstler mußte die Stärke des Geistes in sich selbst fühlen, welche er seinem Marmor einprägte. Griechenland hatte Künstler und Weltweise in einer Person, und mehr als einen Metrodor. Die Weisheit reichte der Kunst die Hand, und blies den Figuren derselben mehr als gemeine Seelen ein, usw.«

Die Bemerkung, welche hier zum Grunde liegt, daß der Schmerz

1 Von der Nachahmung der griechischen Werke in der Malerei und Bildhauerkunst. S. 21. 22.

sich in dem Gesichte des Laokoon mit derjenigen Wut nicht zeige, welche man bei der Heftigkeit desselben vermuten sollte, ist vollkommen richtig. Auch das ist unstreitig, daß eben hierin, wo ein Halbkenner den Künstler unter der Natur geblieben zu sein, das wahre Pathetische des Schmerzes nicht erreicht zu haben, urteilen dürfte; daß, sage ich, eben hierin die Weisheit desselben ganz besonders hervorleuchtet.

Nur in dem Grunde, welchen Herr Winckelmann dieser Weisheit gibt, in der Allgemeinheit der Regel, die er aus diesem Grunde herleitet, wage ich es, anderer Meinung zu sein.

Ich bekenne, daß der mißbilligende Seitenblick, welchen er auf den Virgil wirft, mich zuerst stutzig gemacht hat; und nächstdem die Vergleichung mit dem Philoktet. Von hier will ich ausgehen, und meine Gedanken in eben der Ordnung niederschreiben, in welcher sie sich bei mir entwickelt.

»Laokoon leidet, wie des Sophokles Philoktet.« Wie leidet dieser? Es ist sonderbar, daß sein Leiden so verschiedene Eindrücke bei uns zurückgelassen. – Die Klagen, das Geschrei, die wilden Verwünschungen, mit welchen sein Schmerz das Lager erfüllte, und alle Opfer, alle heilige Handlungen störte, erschollen nicht minder schrecklich durch das öde Eiland, und sie waren es, die ihn dahin verbannten. Welche Töne des Unmuts, des Jammers, der Verzweiflung, von welchen auch der Dichter in der Nachahmung das Theater durchhallen ließ. – Man hat den dritten Aufzug dieses Stücks ungleich kürzer, als die übrigen gefunden. Hieraus sieht man, sagen die Kunstrichter[1], daß es den Alten um die gleiche Länge der Aufzüge wenig zu tun gewesen. Das glaube ich auch; aber ich wollte mich desfalls lieber auf ein ander Exempel gründen, als auf dieses. Die jammervollen Ausrufungen, das Winseln, die abgebrochenen ἆ, ἆ, φευ, ἀτταται, ὤ μοι, μοι! die ganzen Zeilen voller παπαι, παπαι, aus welchen dieser Aufzug bestehet, und die mit ganz andern Dehnungen und Absetzungen deklamieret werden mußten, als bei einer zusammen-

1 *Brumoy, Théât. des Grecs T. II. p. 89.*

hangenden Rede nötig sind, haben in der Vorstellung diesen Aufzug ohne Zweifel ziemlich ebensolange dauren lassen, als die andern. Er scheinet dem Leser weit kürzer auf dem Papiere, als er den Zuhörern wird vorgekommen sein.

Schreien ist der natürliche Ausdruck des körperlichen Schmerzes. Homers verwundete Krieger fallen nicht selten mit Geschrei zu Boden. Die geritzte Venus schreiet laut;[1] nicht um sie durch dieses Geschrei als die weichliche Göttin der Wollust zu schildern, vielmehr um der leidenden Natur ihr Recht zu geben. Denn selbst der eherne Mars, als er die Lanze des Diomedes fühlet, schreiet so gräßlich, als schrien zehntausend wütende Krieger zugleich, daß beide Heere sich entsetzen.[2]

Soweit auch Homer sonst seine Helden über die menschliche Natur erhebt, so treu bleiben sie ihr doch stets, wenn es auf das Gefühl der Schmerzen und Beleidigungen, wenn es auf die Äußerung dieses Gefühls durch Schreien, oder durch Tränen, oder durch Scheltworte ankömmt. Nach ihren Taten sind es Geschöpfe höherer Art; nach ihren Empfindungen wahre Menschen.

Ich weiß es, wir feinern Europäer einer klügern Nachwelt wissen über unsern Mund und über unsere Augen besser zu herrschen. Höflichkeit und Anstand verbieten Geschrei und Tränen. Die tätige Tapferkeit des ersten rauhen Weltalters hat sich bei uns in eine leidende verwandelt. Doch selbst unsere Ureltern waren in dieser größer, als in jener. Aber unsere Ureltern waren Barbaren. Alle Schmerzen verbeißen, dem Streiche des Todes mit unverwandtem Auge entgegensehen, unter den Bissen der Nattern lachend sterben, weder seine Sünde noch den Verlust seines liebsten Freundes beweinen, sind Züge des alten nordischen Heldenmuts.[3] Palnatoko gab seinen Jomsburgern das Gesetz, nichts zu fürchten, und das Wort Furcht auch nicht einmal zu nennen.

Nicht so der Grieche! Er fühlte und furchte sich; er äußerte seine Schmerzen und seinen Kummer; er schämte sich keiner der

1 *Iliad. E. v. 343.* ἡ δε μεγα ἰαχουσα – [Laut nun schrie die Göttin.]

2 *Iliad. E. v. 859.*

3 *Th. Bartholinus de causis contemptae a Danis adhuc gentilibus mortis, cap. I.*

menschlichen Schwachheiten; keine mußte ihn aber auf dem Wege nach Ehre, und von Erfüllung seiner Pflicht zurückhalten. Was bei dem Barbaren aus Wildheit und Verhärtung entsprang, das wirkten bei ihm Grundsätze. Bei ihm war der Heroismus wie die verborgenen Funken im Kiesel, die ruhig schlafen, solange keine äußere Gewalt sie wecket, und dem Steine weder seine Klarheit noch seine Kälte nehmen. Bei dem Barbaren war der Heroismus eine helle fressende Flamme, die immer tobte, und jede andere gute Eigenschaft in ihm verzehrte, wenigstens schwärzte. – Wenn Homer die Trojaner mit wildem Geschrei, die Griechen hingegen in entschloßner Stille zur Schlacht führet, so merken die Ausleger sehr wohl an, daß der Dichter hierdurch jene als Barbaren, diese als gesittete Völker schildern wollen. Mich wundert, daß sie an einer andern Stelle eine ähnliche charakteristische Entgegensetzung nicht bemerket haben.[1] Die feindlichen Heere haben einen Waffenstillestand getroffen; sie sind mit Verbrennung ihrer Toten beschäftiget, welches auf beiden Teilen nicht ohne heiße Tränen abgehet; δακρυα θερμα χεοντες [heiße Tränen vergießend]. Aber Priamus verbietet seinen Trojanern zu weinen; οὐδ' εἰα κλαιειν Πριαμος μεγας. Er verbietet ihnen zu weinen, sagt die Dacier, weil er besorgt, sie möchten sich zu sehr erweichen, und morgen mit weniger Mut an den Streit gehen. Wohl; doch frage ich: warum muß nur Priamus dieses besorgen? Warum erteilet nicht auch Agamemnon seinen Griechen das nämliche Verbot? Der Sinn des Dichters geht tiefer. Er will uns lehren, daß nur der gesittete Grieche zugleich weinen und tapfer sein könne; indem der ungesittete Trojaner, um es zu sein, alle Menschlichkeit vorher ersticken müsse. Νεμεσσωμαι γε μεν οὐδεν κλαιειν [Ich tadele das Weinen keineswegs], läßt er an einem andern Orte[2] den verständigen Sohn des weisen Nestors sagen.

Es ist merkwürdig, daß unter den wenigen Trauerspielen, die aus

1 *Iliad. H. v. 421.*
2 *Odyss. Δ 195.*

dem Altertume auf uns gekommen sind, sich zwei Stücke finden, in welchen der körperliche Schmerz nicht der kleinste Teil des Unglücks ist, das den leidenden Helden trifft. Außer dem Philoktet, der sterbende Herkules. Und auch diesen läßt Sophokles klagen, winseln, weinen und schreien. Dank sei unsern artigen Nachbarn, diesen Meistern des Anständigen, daß nunmehr ein winselnder Philoktet, ein schreiender Herkules, die lächerlichsten unerträglichsten Personen auf der Bühne sein würden. Zwar hat sich einer ihrer neuesten Dichter[1] an den Philoktet gewagt. Aber durfte er es wagen, ihnen den wahren Philoktet zu zeigen?

Selbst ein Laokoon findet sich unter den verlornen Stücken des Sophokles. Wenn uns das Schicksal doch auch diesen Laokoon gegönnet hätte! Aus den leichten Erwähnungen, die seiner einige alte Grammatiker tun, läßt sich nicht schließen, wie der Dichter diesen Stoff behandelt habe. So viel bin ich versichert, daß er den Laokoon nicht stoischer als den Philoktet und Herkules, wird geschildert haben. Alles Stoische ist untheatralisch; und unser Mitleiden ist allezeit dem Leiden gleichmäßig, welches der interessierende Gegenstand äußert. Sieht man ihn sein Elend mit großer Seele ertragen, so wird diese große Seele zwar unsere Bewunderung erwecken, aber die Bewunderung ist ein kalter Affekt, dessen untätiges Staunen jede andere wärmere Leidenschaft, sowie jede andere deutliche Vorstellung ausschließet.

Und nunmehr komme ich zu meiner Folgerung. Wenn es wahr ist, daß das Schreien bei Empfindung körperlichen Schmerzes, besonders nach der alten griechischen Denkungsart, gar wohl mit einer großen Seele bestehen kann: so kann der Ausdruck einer solchen Seele die Ursache nicht sein, warum demohngeachtet der Künstler in seinem Marmor dieses Schreien nicht nachahmen wollen; sondern es muß einen andern Grund haben, warum er hier von seinem Nebenbuhler, dem Dichter, abgehet, der dieses Geschrei mit bestem Vorsatze ausdrücket.

1 Chateaubrun.

II.

Es sei Fabel oder Geschichte, daß die Liebe den ersten Versuch in den bildenden Künsten gemacht habe: so viel ist gewiß, daß sie den großen alten Meistern die Hand zu führen nicht müde geworden. Denn wird itzt die Malerei überhaupt als die Kunst, welche Körper auf Flächen nachahmet, in ihrem ganzen Umfange betrieben: so hatte der weise Grieche ihr weit engere Grenzen gesetzet, und sie bloß auf die Nachahmung schöner Körper eingeschränket. Sein Künstler schilderte nichts als das Schöne; selbst das gemeine Schöne, das Schöne niedrer Gattungen, war nur sein zufälliger Vorwurf, seine Übung, seine Erholung. Die Vollkommenheit des Gegenstandes selbst mußte in seinem Werke entzücken; er war zu groß, von seinen Betrachtern zu verlangen, daß sie sich mit dem bloßen kalten Vergnügen, welches aus der getroffenen Ähnlichkeit, aus der Erwägung seiner Geschicklichkeit entspringet, begnügen sollten; an seiner Kunst war ihm nichts lieber, dünkte ihm nichts edler, als der Endzweck der Kunst.

»Wer wird dich malen wollen, da dich niemand sehen will«, sagt ein alter Epigrammatist[1] über einen höchst ungestaltenen Menschen. Mancher neuere Künstler würde sagen: »Sei so ungestalten, wie möglich; ich will dich doch malen. Mag dich schon niemand gern sehen: so soll man doch mein Gemälde gern sehen; nicht insofern es dich vorstellt, sondern insofern es ein Beweis meiner Kunst ist, die ein solches Scheusal so ähnlich nachzubilden weiß.«

Freilich ist der Hang zu dieser üppigen Prahlerei mit leidigen Geschicklichkeiten, die durch den Wert ihrer Gegenstände nicht geadelt werden, zu natürlich, als daß nicht auch die Griechen ihren Pauson, ihren Piräikus sollten gehabt haben. Sie hatten sie; aber sie ließen ihnen strenge Gerechtigkeit widerfahren. Pauson,

1 Antiochus. *(Antholog. lib. II. cap. 43)*. Harduin über den Plinius *(lib. 35. sect. 36 p. m. 698)* legt dieses Epigramm einem Piso bei. Es findet sich aber unter allen griechischen Epigrammatisten keiner dieses Namens.

der sich noch unter dem Schönen der gemeinen Natur hielt, dessen niedriger Geschmack das Fehlerhafte und Häßliche an der menschlichen Bildung am liebsten ausdrückte,[1] lebte in der verächtlichsten Armut.[2] Und Piräikus, der Barbierstuben, schmutzige Werkstätte, Esel und Küchenkräuter, mit allem dem Fleiße eines niederländischen Künstlers malte, als ob dergleichen Dinge in der Natur so viel Reiz hätten, und so selten zu erblicken wären, bekam den Zunamen des Rhyparographen,[3] des Kotmalers; obgleich der wollüstige Reiche seine Werke mit Gold aufwog, um ihrer Nichtigkeit auch durch diesen eingebildeten Wert zu Hilfe zu kommen.

Die Obrigkeit selbst hielt es ihrer Aufmerksamkeit nicht für unwürdig, den Künstler mit Gewalt in seiner wahren Sphäre zu erhalten. Das Gesetz der Thebaner, welches ihm die Nachahmung ins Schönere befahl und die Nachahmung ins Häßlichere bei Strafe verbot, ist bekannt. Es war kein Gesetz wider den Stümper, wofür es gemeiniglich, und selbst vom Junius,[4] gehalten wird. Es verdammte die griechischen Ghezzi; den unwürdigen

1 Jungen Leuten, befiehlt daher Aristoteles, muß man seine Gemälde nicht zeigen, um ihre Einbildungskraft, so viel möglich, von allen Bildern des Häßlichen rein zu halten. *(Polit. lib. VIII. cap. 5. p. 526. Edit. Conring.)* Herr Boden will zwar in dieser Stelle anstatt Pauson, Pausanias gelesen wissen, weil von diesem bekannt sei, daß er unzüchtige Figuren gemalt habe *(de umbra poetica, comment. I. p. XIII.)*. Als ob man es erst von einem philosophischen Gesetzgeber lernen müßte, die Jugend von dergleichen Reizungen der Wollust zu entfernen. Er hätte die bekannte Stelle in der Dichtkunst *(cap. II.)* nur in Vergleichung ziehen dürfen, um seine Vermutung zurückzubehalten. Es gibt Ausleger (z. E. Kühn, über den Älian *Var. Hist. lib. IV. cap. 3)*, welche den Unterschied, den Aristoteles daselbst zwischen dem Polygnotus, Dionysius und Pauson angibt, darin setzen, daß Polygnotus Götter und Helden, Dionysius Menschen, und Pauson Tiere gemalt habe. Sie malten allesamt menschliche Figuren: und daß Pauson einmal ein Pferd malte, beweiset noch nicht, daß er ein Tiermaler gewesen, wofür ihn Herr Boden hält. Ihren Rang bestimmten die Grade des Schönen, die sie ihren menschlichen Figuren gaben, und Dionysius konnte nur deswegen nichts als Menschen malen, und hieß nur darum vor allen andern der Anthropograph, weil er der Natur zu sklavisch folgte, und sich nicht bis zum Ideal erheben konnte, unter welchem Götter und Helden zu malen, ein Religionsverbrechen gewesen wäre.

2 *Aristophanes Plut. v. 602. et Acharnens. v. 854.*

3 *Plinius lib. XXXV. sect. 37. Edit. Hard.*

4 *De pictura vet. lib. II. cap. IV. § 1.*

Kunstgriff, die Ähnlichkeit durch Übertreibung der häßlichern Teile des Urbildes zu erreichen; mit einem Worte, die Karikatur.

Aus eben dem Geist des Schönen war auch das Gesetz der Hellanodiken geflossen. Jeder olympische Sieger erhielt eine Statue; aber nur dem dreimaligen Sieger, ward eine ikonische gesetzet.[1] Der mittelmäßigen Porträts sollten unter den Kunstwerken nicht zu viel werden. Denn obschon auch das Porträt ein Ideal zuläßt, so muß doch die Ähnlichkeit darüber herrschen; es ist das Ideal eines gewissen Menschen, nicht das Ideal eines Menschen überhaupt.

Wir lachen, wenn wir hören, daß bei den Alten auch die Künste bürgerlichen Gesetzen unterworfen gewesen. Aber wir haben nicht immer recht, wenn wir lachen. Unstreitig müssen sich die Gesetze über die Wissenschaften keine Gewalt anmaßen; denn der Endzweck der Wissenschaften ist Wahrheit. Wahrheit ist der Seele notwendig; und es wird Tyrannei, ihr in Befriedigung dieses wesentlichen Bedürfnisses den geringsten Zwang anzutun. Der Endzweck der Künste hingegen ist Vergnügen; und das Vergnügen ist entbehrlich. Also darf es allerdings von dem Gesetzgeber abhangen, welche Art von Vergnügen, und in welchem Maße er jede Art desselben verstatten will.

Die bildenden Künste insbesondere, außer dem unfehlbaren Einflusse, den sie auf den Charakter der Nation haben, sind einer Wirkung fähig, welche die nähere Aufsicht des Gesetzes heischet. Erzeugten schöne Menschen schöne Bildsäulen, so wirkten diese hinwiederum auf jene zurück, und der Staat hatte schönen Bildsäulen schöne Menschen mit zu verdanken. Bei uns scheinet sich die zarte Einbildungskraft der Mütter nur in Ungeheuern zu äußern.

Aus diesem Gesichtspunkte glaube ich in gewissen alten Erzählungen, die man geradezu als Lügen verwirft, etwas Wahres zu erblicken. Den Müttern des Aristomenes, des Aristodamas, Alex-

1 *Plinius lib. XXXIV. sect. 9.*

anders des Großen, des Scipio, des Augustus, des Galerius, träumte in ihrer Schwangerschaft allen, als ob sie mit einer Schlange zu tun hätten. Die Schlange war ein Zeichen der Gottheit;[1] und die schönen Bildsäulen und Gemälde eines Bacchus, eines Apollo, eines Merkurius, eines Herkules, waren selten ohne eine Schlange. Die ehrlichen Weiber hatten des Tages ihre Augen an dem Gotte geweidet, und der verwirrende Traum erweckte das Bild des Tieres. So rette ich den Traum, und gebe die Auslegung preis, welche der Stolz ihrer Söhne und die Unverschämtheit des Schmeichlers davon machten. Denn eine Ursache mußte es wohl haben, warum die ehebrecherische Phantasie nur immer eine Schlange war.

Doch ich gerate aus meinem Wege. Ich wollte bloß festsetzen, daß bei den Alten die Schönheit das höchste Gesetz der bildenden Künste gewesen sei.

Und dieses festgesetzt, folget notwendig, daß alles andere, worauf sich die bildenden Künste zugleich mit erstrecken können, wenn es sich mit der Schönheit nicht verträgt, ihr gänzlich weichen, und wenn es sich mit ihr verträgt, ihr wenigstens untergeordnet sein müssen.

Ich will bei dem Ausdrucke stehen bleiben. Es gibt Leidenschaften und Grade von Leidenschaften, die sich in dem Gesichte durch die häßlichsten Verzerrungen äußern, und den ganzen Körper in so gewaltsame Stellungen setzen, daß alle die schönen Linien, die ihn in einem ruhigern Stande umschreiben, verloren gehen. Dieser enthielten sich also die alten Künstler entweder ganz und gar, oder setzten sie auf geringere Grade herunter, in welchen sie eines Maßes von Schönheit fähig sind.

1 Man irret sich, wenn man die Schlange nur für das Kennzeichen einer medizinischen Gottheit hält, wie Spence, *Polymetis p. 132.* Justinus Martyr *(Apolog. II. pag. 55. Edit. Sylburg.)* sagt ausdrücklich: παρα παντι των νομιζομενων παρ' ὑμιν θεων, ὀφις συμβολον μεγα και μυστεριον ἀναγραφεται; [Jedes Bild der bei euch (den Griechen) verehrten Götter hat als großes Symbol und Geheimnis eine Schlange]; und es wäre leicht eine Reihe von Monumenten anzuführen, wo die Schlange Gottheiten begleitet, welche nicht die geringste Beziehung auf die Gesundheit haben.

Wut und Verzweiflung schändete keines von ihren Werken. Ich darf behaupten, daß sie nie eine Furie gebildet haben.[1]

1 Man gehe alle die Kunstwerke durch, deren Plinius und Pausanias und andere gedenken; man übersehe die noch itzt vorhandenen alten Statuen, Basreliefs, Gemälde: und man wird nirgends eine Furie finden. Ich nehme diejenigen Figuren aus, die mehr zur Bildersprache, als zur Kunst gehören, dergleichen die auf den Münzen vornehmlich sind. Indes hätte Spence, da er Furien haben mußte, sie doch lieber von den Münzen erborgen sollen, *(Seguini Numis. p. 178. Spanhem. de Praest. Numism. Dissert. XIII. p. 639. Les Césars de Julien, par Spanheim p. 48.)*, als daß er sie durch einen witzigen Einfall in ein Werk bringen will, in welchem sie ganz gewiß nicht sind. Er sagt in seinem »Polymetis« *(Dial. XVI. p. 272.)*: »Obschon die Furien in den Werken der alten Künstler etwas sehr Seltenes sind, so findet sich doch eine Geschichte, in der sie durchgängig von ihnen angebracht werden. Ich meine den Tod des Meleager, als in dessen Vorstellung auf Basreliefs sie öfters die Althäa aufmuntern und antreiben, den unglücklichen Brand, von welchem das Leben ihres einzigen Sohnes abhing, dem Feuer zu übergeben. Denn auch ein Weib würde in ihrer Rache so weit nicht gegangen sein, hätte der Teufel nicht ein wenig zugeschüret. In einem von diesen Basreliefs, bei dem Bellori (in den *Admirandis)*, sieht man zwei Weiber, die mit der Althäa am Altare stehen, und allem Ansehen nach Furien sein sollen. Denn wer sonst als Furien, hätte einer solchen Handlung beiwohnen wollen? Daß sie für diesen Charakter nicht schrecklich genug sind, liegt ohne Zweifel an der Abzeichnung. Das Merkwürdigste aber auf diesem Werke ist die runde Scheibe, unten gegen die Mitte, auf welcher sich offenbar der Kopf einer Furie zeiget. Vielleicht war es die Furie, an die Althäa, so oft sie eine üble Tat vornahm, ihr Gebet richtete, und vornehmlich itzt zu richten alle Ursache hatte usw.« – Durch solche Wendungen kann man aus allem alles machen. »Wer sonst«, fragt Spence, »als Furien, hätte einer solchen Handlung beiwohnen wollen?« Ich antworte: Die Mägde der Althäa, welche das Feuer anzünden und unterhalten mußten. Ovid sagt: *(Metamorph. VIII. v. 460. 461.)* *Protulit hunc (stipitem) genitrix, taedasque in fragmina poni / Imperat, et positis inimicos admovet ignes.* [Den (Pfahl) holt jetzt die Mutter hervor, und Reisig und Kienholz / Heißt sie schichten und legt an die Schicht feindseliges Feuer.]

Dergleichen *taedas*, lange Stücke von Kien, welche die Alten zu Fackeln brauchten, haben auch wirklich beide Personen in den Händen, und die eine hat eben ein solches Stück zerbrochen, wie ihre Stellung anzeigt. Auf der Scheibe, gegen die Mitte des Werkes, erkenne ich die Furie ebensowenig. Es ist ein Gesicht, welches einen heftigen Schmerz ausdrückt. Ohne Zweifel soll es der Kopf des Meleagers selbst sein. *(Metamorph. l. c. v. 515.)*

Inscius atque absens flamma Meleagros in illa / Uritur: et caecis torreri viscera sentit / Ignibus: et magnos superat virtute dolores. [Nichts argwöhnend und fern wird jetzt Meleagros von jenem Feuer durchglüht und fühlt die Geweide von heimlichem Brande / Innen gedörrt; doch männlich bezwingt er die schrecklichen Schmerzen.]

Der Künstler brauchte ihn gleichsam zum Übergange in den folgenden Zeitpunkt der nämlichen Geschichte, welcher den sterbenden Meleager gleich daneben zeigt. Was Spence zu Furien macht, hält Montfaucon für Parzen, *(Antiqu. expl. T. I. p. 162)* den Kopf auf der Scheibe ausgenommen, den er gleichfalls für eine Furie ausgibt.

Zorn setzten sie auf Ernst herab. Bei dem Dichter war es der zornige Jupiter, welcher den Blitz schleuderte; bei dem Künstler nur der ernste.

Jammer ward in Betrübnis gemildert. Und wo diese Milderung nicht stattfinden konnte, wo der Jammer ebenso verkleinernd als entstellend gewesen wäre, – was tat da Timanthes? Sein Gemälde von der Opferung der Iphigenia, in welchem er allen Umstehenden den ihnen eigentümlich zukommenden Grad der Traurigkeit erteilte, das Gesicht des Vaters aber, welches den allerhöchsten hätte zeigen sollen, verhüllete, ist bekannt, und es sind viel artige Dinge darüber gesagt worden. Er hatte sich, sagt dieser,[1] in den traurigen Physiognomien so erschöpft, daß er dem Vater eine noch traurigere geben zu können verzweifelte. Er bekannte dadurch, sagt jener,[2] daß der Schmerz eines Vaters bei dergleichen Vorfällen über allen Ausdruck sei. Ich für mein Teil sehe hier weder die Unvermögenheit des Künstlers, noch die Unvermögenheit der Kunst. Mit dem Grade des Affekts verstärken sich auch die ihm entsprechenden Züge des Gesichts; der höchste Grad hat die allerentschiedensten Züge, und nichts ist der Kunst leichter, als diese auszudrücken. Aber Timanthes kannte die Grenzen, welche die Grazien seiner Kunst setzen. Er wußte, daß sich der Jammer, welcher dem Agamemnon als Vater zukam, durch Verzerrungen äußert, die allezeit häßlich sind. Soweit sich Schönheit und Würde mit dem Ausdrucke verbinden ließ, so weit

Bellori selbst *(Admirand. Tab. 77)* läßt es unentschieden, ob es Parzen oder Furien sind. Ein Oder, welches genugsam zeiget, daß sie weder das eine noch das andere sind. Auch Montfaucons übrige Auslegung sollte genauer sein. Die Weibsperson, welche neben dem Bette sich auf den Ellebogen stützet, hätte er Kassandra und nicht Atalanta nennen sollen. Atalanta ist die, welche, mit dem Rücken gegen das Bette gekehret, in einer traurigen Stellung sitzet. Der Künstler hat sie mit vielem Verstande von der Familie abgewendet, weil sie nur die Geliebte, nicht die Gemahlin des Meleagers war, und ihre Betrübnis über ein Unglück, das sie selbst unschuldigerweise veranlasset hatte, die Anverwandten erbittern mußte.

1 *Plinius lib. XXXV. sect. 36. Cum moestos pinxisset omnes, praecipue patruum, et tristitiae omnem imaginem consumpsisset, patris ipsius vultum velavit, quem digne non poterat ostendere.*

2 *Summi moeroris acerbitatem arte exprimi non posse confessus est. Valerius Maximus lib. VIII. cap. 11.*

trieb er ihn. Das Häßliche wäre er gern übergangen, hätte er gern gelindert; aber da ihm seine Komposition beides nicht erlaubte, was blieb ihm anders übrig, als es zu verhüllen? – Was er nicht malen durfte, ließ er erraten. Kurz, diese Verhüllung ist ein Opfer, das der Künstler der Schönheit brachte. Sie ist ein Beispiel, nicht wie man den Ausdruck über die Schranken der Kunst treiben, sondern wie man ihn dem ersten Gesetze der Kunst, dem Gesetze der Schönheit, unterwerfen soll.

Und dieses nun auf den Laokoon angewendet, so ist die Ursache klar, die ich suche. Der Meister arbeitete auf die höchste Schönheit, unter den angenommenen Umständen des körperlichen Schmerzes. Dieser, in aller seiner entstellenden Heftigkeit, war mit jener nicht zu verbinden. Er mußte ihn also herabsetzen; er mußte Schreien in Seufzen mildern; nicht weil das Schreien eine unedle Seele verrät, sondern weil es das Gesicht auf eine ekelhafte Weise verstellet. Denn man reiße dem Laokoon in Gedanken nur den Mund auf, und urteile. Man lasse ihn schreien, und sehe. Es war eine Bildung, die Mitleid einflößte, weil sie Schönheit und Schmerz zugleich zeigte; nun ist es eine häßliche, eine abscheuliche Bildung geworden, von der man gern sein Gesicht verwendet, weil der Anblick des Schmerzes Unlust erregt, ohne daß die Schönheit des leidenden Gegenstandes diese Unlust in das süße Gefühl des Mitleids verwandeln kann.

Die bloße weite Öffnung des Mundes, – beiseitegesetzt, wie gewaltsam und ekel auch die übrigen Teile des Gesichts dadurch verzerret und verschoben werden, – ist in der Malerei ein Fleck und in der Bildhauerei eine Vertiefung, welche die widrigste Wirkung von der Welt tut. Montfaucon bewies wenig Geschmack, als er einen alten bärtigen Kopf, mit aufgerissenem Munde, für einen Orakel erteilenden Jupiter ausgab.[1] Muß ein Gott schreien, wenn er die Zukunft eröffnet? Würde ein gefälliger Umriß des Mundes seine Rede verdächtig machen? Auch glaube ich es dem Valerius nicht, daß Ajax in dem nur gedachten

1 *Antiquit. expl. T. I. p. 50.*

Gemälde des Timanthes sollte geschrien haben.[1] Weit schlechtere Meister aus den Zeiten der schon verfallenen Kunst lassen auch nicht einmal die wildesten Barbaren, wenn sie unter dem Schwerte des Siegers Schrecken und Todesangst ergreift, den Mund bis zum Schreien öffnen.[2]

Es ist gewiß, daß diese Herabsetzung des äußersten körperlichen Schmerzes auf einen niedrigern Grad von Gefühl, an mehrern alten Kunstwerken sichtbar gewesen. Der leidende Herkules in dem vergifteten Gewande, von der Hand eines alten unbekannten Meisters, war nicht der Sophokleische, der so gräßlich schrie, daß die lokrischen Felsen, und die euböischen Vorgebirge davon ertönten. Er war mehr finster, als wild.[3] Der Philoktet des Pythagoras Leontinus schien dem Betrachter seinen Schmerz mitzuteilen, welche Wirkung der geringste gräßliche Zug verhindert hätte. Man dürfte fragen, woher ich wisse, daß dieser Meister eine Bildsäule des Philoktet gemacht habe. Aus einer Stelle des Plinius, die meine Verbesserung nicht erwartet haben sollte, so offenbar verfälscht oder verstümmelt ist sie.[4]

1 Er gibt nämlich die von dem Timanthes wirklich ausgedrückten Grade der Traurigkeit so an: *Calchantem tristem, moestum Ulyssem, clamantem Ajacem, lamentantem Menelaum.* [Kalchas betrübt, Odysseus traurig, Ajax schreiend, Menelaos wehklagend.] – Der Schreier Ajax müßte eine häßliche Figur gewesen sein; und da weder Cicero noch Quintilian in ihren Beschreibungen dieses Gemäldes seiner gedenken, so werde ich ihn um so viel eher für einen Zusatz halten dürfen, mit dem es Valerius aus seinem Kopfe bereichern wollen.

2 *Bellorii Admiranda. Tab. 11. 12.*

3 *Plinius libr. XXXIV, sect. 19.*

4 *Eundem*, nämlich den Myro, lieset man bei dem Plinius *(libr. XXXIV. sect. 19) vicit et Pythagoras Leontinus, qui fecit stadiodromon Astylon, qui Olympiae ostenditur: et Libyn puerum tenentem tabulam, eodem loco, et mala ferentem nudum. Syracusis autem claudicantem: cujus hulceris dolorem sentire etiam spectantes videntur.* [Ihn übertraf auch Pythagoras aus Leontini (Rhegium), welcher den Wettläufer Astylos machte, der in Olympia steht: sowie den libyschen Knaben mit der Tafel ebenda und den nackten Apfelträger. In Syrakus aber steht sein Hinkender, bei dessen Betrachtung man sein schmerzendes Geschwür zu spüren glaubt.] Man erwäge die letzten Worte etwas genauer. Wird nicht darin offenbar von einer Person gesprochen, die wegen eines schmerzhaften Geschwüres überall bekannt ist? *Cujus hulceris* usw. Und dieses *cujus* sollte auf das bloße *claudicantem*, und das *claudicantem* vielleicht auf das noch entferntere *puerum* gehen? Niemand hatte mehr recht,

III.

Aber, wie schon gedacht, die Kunst hat in den neuern Zeiten ungleich weitere Grenzen erhalten. Ihre Nachahmung, sagt man, erstrecke sich auf die ganze sichtbare Natur, von welcher das Schöne nur ein kleiner Teil ist. Wahrheit und Ausdruck sei ihr erstes Gesetz; und wie die Natur selbst die Schönheit höhern Absichten jederzeit aufopfere, so müsse sie auch der Künstler seiner allgemeinen Bestimmung unterordnen, und ihr nicht weiter nachgehen, als es Wahrheit und Ausdruck erlauben. Genug, daß durch Wahrheit und Ausdruck das Häßlichste der Natur in ein Schönes der Kunst verwandelt werde.

Gesetzt, man wollte diese Begriffe vors erste unbestritten in ihrem Werte oder Unwerte lassen: sollten nicht andere von ihnen unabhängige Betrachtungen zu machen sein, warum demohngeachtet der Künstler in dem Ausdrucke Maß halten, und ihn nie aus dem höchsten Punkte der Handlung nehmen müsse.

Ich glaube, der einzige Augenblick, an den die materiellen Schranken der Kunst alle ihre Nachahmungen binden, wird auf dergleichen Betrachtungen leiten.

Kann der Künstler von der immer veränderlichen Natur nie mehr als einen einzigen Augenblick, und der Maler insbesondere diesen einzigen Augenblick auch nur aus einem einzigen Gesichtspunkte, brauchen; sind aber ihre Werke gemacht, nicht bloß erblickt, sondern betrachtet zu werden, lange und wiederholtermaßen betrachtet zu werden: so ist es gewiß, daß jener einzige Augenblick und einzige Gesichtspunkt dieses einzigen Augenblickes, nicht fruchtbar genug gewählet werden kann. Dasjenige aber nur allein ist fruchtbar, was der Einbildungskraft freies Spiel läßt. Je mehr wir sehen, desto mehr müssen wir hinzu

wegen eines solchen Geschwüres bekannter zu sein, als Philoktet. Ich lese also anstatt *claudicantem, Philoctetem,* oder halte wenigstens dafür, daß das letztere durch das erstere gleichlautende Wort verdrungen worden, und man beides zusammen *Philoctetem claudicantem* lesen müsse. Sophokles läßt ihn δτιβον και ἀναγκαν ἑρπειν [gezwungenermaßen mühsam sich schleppen], und es mußte ein Hinken verursachen, daß er auf den kranken Fuß weniger herzhaft auftreten konnte.

denken können. Je mehr wir darzu denken, desto mehr müssen wir zu sehen glauben. In dem ganzen Verfolge eines Affekts ist aber kein Augenblick, der diesen Vorteil weniger hat, als die höchste Staffel desselben. Über ihr ist weiter nichts, und dem Auge das Äußerste zeigen, heißt der Phantasie die Flügel binden, und sie nötigen, da sie über den sinnlichen Eindruck nicht hinaus kann, sich unter ihm mit schwächern Bildern zu beschäftigen, über die sie die sichtbare Fülle des Ausdrucks als ihre Grenze scheuet. Wenn Laokoon also seufzet, so kann ihn die Einbildungskraft schreien hören; wenn er aber schreiet, so kann sie von dieser Vorstellung weder eine Stufe höher, noch eine Stufe tiefer steigen, ohne ihn in einem leidlichern, folglich uninteressantern Zustande zu erblicken. Sie hört ihn erst ächzen, oder sie sieht ihn schon tot.

Ferner. Erhält dieser einzige Augenblick durch die Kunst eine unveränderliche Dauer: so muß er nichts ausdrücken, was sich nicht anders als transitorisch denken läßt. Alle Erscheinungen, zu deren Wesen wir es nach unsern Begriffen rechnen, daß sie plötzlich ausbrechen und plötzlich verschwinden, daß sie das, was sie sind, nur einen Augenblick sein können; alle solche Erscheinungen, sie mögen angenehm oder schrecklich sein, erhalten durch die Verlängerung der Kunst ein so widernatürliches Ansehen, daß mit jeder wiederholten Erblickung der Eindruck schwächer wird, und uns endlich vor dem ganzen Gegenstande ekelt oder grauet. La Mettrie, der sich als einen zweiten Demokrit malen und stechen lassen, lacht nur die ersten Male, die man ihn sieht. Betrachtet ihn öftrer, und er wird aus einem Philosophen ein Geck; aus seinem Lachen wird ein Grinsen. So auch mit dem Schreien. Der heftige Schmerz, welcher das Schreien auspresset, läßt entweder bald nach, oder zerstöret das leidende Subjekt. Wann also auch der geduldigste standhafteste Mann schreiet, so schreiet er doch nicht unabläßlich. Und nur dieses scheinbare Unabläßliche in der materiellen Nachahmung der Kunst ist es, was sein Schreien zu weibischem Unvermögen, zu kindischer Unleidlichkeit machen würde. Dieses wenigstens mußte der Künstler des Laokoons vermeiden, hätte schon das Schreien der Schönheit nicht geschadet, wäre es auch seiner Kunst schon erlaubt gewesen, Leiden ohne Schönheit auszudrücken.

Unter den alten Malern scheinet Timomachus Vorwürfe des äußersten Affekts am liebsten gewählet zu haben. Sein rasender Ajax, seine Kindermörderin Medea waren berühmte Gemälde. Aber aus den Beschreibungen, die wir von ihnen haben, erhellet, daß er jenen Punkt, in welchem der Betrachter das Äußerste nicht sowohl erblickt, als hinzudenkt, jene Erscheinung, mit der wir den Begriff des Transitorischen nicht so notwendig verbinden, daß uns die Verlängerung derselben in der Kunst mißfallen sollte, vortrefflich verstanden und miteinander zu verbinden gewußt hat. Die Medea hatte er nicht in dem Augenblicke genommen, in welchem sie ihre Kinder wirklich ermordet; sondern einige Augenblicke zuvor, da die mütterliche Liebe noch mit der Eifersucht kämpfet. Wir sehen das Ende dieses Kampfes voraus. Wir zittern voraus, nun bald bloß die grausame Medea zu erblicken, und unsere Einbildungskraft gehet weit über alles hinweg, was uns der Maler in diesem schrecklichen Augenblicke zeigen könnte. Aber eben darum beleidiget uns die in der Kunst fortdauernde Unentschlossenheit der Medea so wenig, daß wir vielmehr wünschen, es wäre in der Natur selbst dabei geblieben, der Streit der Leidenschaften hätte sich nie entschieden, oder hätte wenigstens so lange angehalten, bis Zeit und Überlegung die Wut entkräften und den mütterlichen Empfindungen den Sieg versichern können. Auch hat dem Timomachus diese seine Weisheit große und häufige Lobsprüche zugezogen, und ihn weit über einen andern unbekannten Maler erhoben, der unverständig genug gewesen war, die Medea in ihrer höchsten Raserei zu zeigen, und so diesem flüchtig überhingehenden Grade der äußersten Raserei eine Dauer zu geben, die alle Natur empöret. Der Dichter,[1] der ihn desfalls tadelt, sagt daher sehr sinnreich, indem

1 *Philippus (Anthol. lib. IV. cap. 9. ep. 10).*
Αἰει γαϱ διψᾳς βϱεφεων φονον; ἠ τις Ἰησων/Δευτεϱος, ἠ Γλαυκη τις παλι σοι πϱοφασις;/Ἐϱϱε και ἐν κηϱῳ παιδοκτονε—

er das Bild selbst anredet: »Durstest du denn beständig nach dem Blute deiner Kinder? Ist denn immer ein neuer Jason, immer eine neue Kreusa da, die dich unaufhörlich erbittern? – Zum Henker mit dir auch im Gemälde!« setzt er voller Verdruß hinzu.

Von dem rasenden Ajax des Timomachus läßt sich aus der Nachricht des Philostrats urteilen.[1] Ajax erschien nicht, wie er unter den Herden wütet, und Rinder und Böcke für Menschen fesselt und mordet. Sondern der Meister zeigte ihn, wie er nach diesen wahnwitzigen Heldentaten ermattet dasitzt, und den Anschlag fasset, sich selbst umzubringen. Und das ist wirklich der rasende Ajax; nicht weil er eben itzt raset, sondern weil man siehet, daß er geraset hat; weil man die Größe seiner Raserei am lebhaftesten aus der verzweiflungsvollen Scham abnimmt, die er nun selbst darüber empfindet. Man siehet den Sturm in den Trümmern und Leichen, die er an das Land geworfen.

IV.

Ich übersehe die angeführten Ursachen, warum der Meister des Laokoon in dem Ausdrucke des körperlichen Schmerzes Maß halten müssen, und finde, daß sie allesamt von der eigenen Beschaffenheit der Kunst, und von derselben notwendigen Schranken und Bedürfnissen hergenommen sind. Schwerlich dürfte sich also wohl irgendeine derselben auf die Poesie anwenden lassen.

Ohne hier zu untersuchen, wie weit es dem Dichter gelingen kann, körperliche Schönheit zu schildern: so ist so viel unstreitig, daß, da das ganze unermeßliche Reich der Vollkommenheit seiner Nachahmung offen stehet, diese sichtbare Hülle, unter welcher Vollkommenheit zu Schönheit wird, nur eines von den geringsten Mitteln sein kann, durch die er uns für seine Personen zu interessieren weiß. Oft vernachlässiget er dieses Mittel gänzlich; versichert, daß wenn sein Held einmal unsere Gewogenheit gewonnen, uns dessen edlere Eigenschaften entweder so beschäf-

1 *Vita Apoll. lib. II. cap. 22.*

tigen, daß wir an die körperliche Gestalt gar nicht denken, oder, wenn wir daran denken, uns so bestechen, daß wir ihm von selbst wo nicht eine schöne, doch eine gleichgültige erteilen. Am wenigsten wird er bei jedem einzeln Zuge, der nicht ausdrücklich für das Gesicht bestimmet ist, seine Rücksicht dennoch auf diesen Sinn nehmen dürfen. Wenn Virgils Laokoon schreiet, wem fällt es dabei ein, daß ein großes Maul zum Schreien nötig ist, und daß dieses große Maul häßlich läßt? Genug, daß *clamores horrendos ad sidera tollit* [Und graunvolles Geschrei hochauf zu den Sternen erhebt er] ein erhabner Zug für das Gehör ist, mag er doch für das Gesicht sein, was er will. Wer hier ein schönes Bild verlangt, auf den hat der Dichter seinen ganzen Eindruck verfehlt.

Nichts nötiget hiernächst den Dichter sein Gemälde in einen einzigen Augenblick zu konzentrieren. Er nimmt jede seiner Handlungen, wenn er will, bei ihrem Ursprunge auf, und führet sie durch alle mögliche Abänderungen bis zu ihrer Endschaft. Jede dieser Abänderungen, die dem Künstler ein ganzes besonderes Stück kosten würde, kostet ihm einen einzigen Zug; und würde dieser Zug, für sich betrachtet, die Einbildung des Zuhörers beleidigen, so war er entweder durch das Vorhergehende so vorbereitet, oder wird durch das Folgende so gemildert und vergütet, daß er seinen einzeln Eindruck verlieret, und in der Verbindung die trefflichste Wirkung von der Welt tut. Wäre es also auch wirklich einem Manne unanständig, in der Heftigkeit des Schmerzes zu schreien; was kann diese kleine überhingehende Unanständigkeit demjenigen bei uns für Nachteil bringen, dessen andere Tugenden uns schon für ihn eingenommen haben? Virgils Laokoon schreiet, aber dieser schreiende Laokoon ist eben derjenige, den wir bereits als den vorsichtigsten Patrioten, als den wärmsten Vater kennen und lieben. Wir beziehen sein Schreien nicht auf seinen Charakter, sondern lediglich auf sein unerträgliches Leiden. Dieses allein hören wir in seinem Schreien; und der Dichter konnte es uns durch dieses Schreien allein sinnlich machen.

Wer tadelt ihn also noch? Wer muß nicht vielmehr bekennen: wenn der Künstler wohl tat, daß er den Laokoon nicht schreien ließ, so tat der Dichter ebenso wohl, daß er ihn schreien ließ? Aber Virgil ist hier bloß ein erzählender Dichter. Wird in seiner Rechtfertigung auch der dramatische Dichter mitbegriffen sein? Einen andern Eindruck macht die Erzählung von jemands Geschrei; einen andern dieses Geschrei selbst. Das Drama, welches für die lebendige Malerei des Schauspielers bestimmt ist, dürfte vielleicht eben deswegen sich an die Gesetze der materiellen Malerei strenger halten müssen. In ihm glauben wir nicht bloß einen schreienden Philoktet zu sehen und zu hören; wir hören und sehen wirklich schreien. Je näher der Schauspieler der Natur kömmt, desto empfindlicher müssen unsere Augen und Ohren beleidiget werden; denn es ist unwidersprechlich, daß sie es in der Natur werden, wenn wir so laute und heftige Äußerungen des Schmerzes vernehmen. Zudem ist der körperliche Schmerz überhaupt des Mitleidens nicht fähig, welches andere Übel erwecken. Unsere Einbildung kann zu wenig in ihm unterscheiden, als daß die bloße Erblickung desselben etwas von einem gleichmäßigen Gefühl in uns hervorzubringen vermöchte. Sophokles könnte daher leicht nicht einen bloß willkürlichen, sondern in dem Wesen unserer Empfindungen selbst gegründeten Anstand übertreten haben, wenn er den Philoktet und Herkules so winseln und weinen, so schreien und brüllen läßt. Die Umstehenden können unmöglich so viel Anteil an ihrem Leiden nehmen, als diese ungemäßigten Ausbrüche zu erfordern scheinen. Sie werden uns Zuschauern vergleichungsweise kalt vorkommen, und dennoch können wir ihr Mitleiden nicht wohl anders, als wie das Maß des unsrigen betrachten. Hierzu füge man, daß der Schauspieler die Vorstellung des körperlichen Schmerzes schwerlich oder gar nicht bis zur Illusion treiben kann: und wer weiß, ob die neuern dramatischen Dichter nicht eher zu loben, als zu tadeln sind, daß sie diese Klippe entweder ganz und gar vermieden, oder doch nur mit einem leichten Kahne umfahren haben.

Wie manches würde in der Theorie unwidersprechlich scheinen, wenn es dem Genie nicht gelungen wäre, das Widerspiel durch die Tat zu erweisen. Alle diese Betrachtungen sind nicht ungegründet, und doch bleibet Philoktet eines von den Meisterstücken der Bühne. Denn ein Teil derselben trifft den Sophokles nicht eigentlich, und nur indem er sich über den andern Teil hinweggesetzet, hat er Schönheiten erreicht, von welchen dem furchtsamen Kunstrichter, ohne dieses Beispiel, nie träumen würde. Folgende Anmerkungen werden es näher zeigen.

1. Wie wunderbar hat der Dichter die Idee des körperlichen Schmerzes zu verstärken und zu erweitern gewußt! Er wählte eine Wunde – (denn auch die Umstände der Geschichte kann man betrachten, als ob sie von seiner Wahl abgehangen hätten, insofern er nämlich die ganze Geschichte, eben dieser ihm vorteilhaften Umstände wegen, wählte) – er wählte, sage ich, eine Wunde und nicht eine innerliche Krankheit; weil sich von jener eine lebhaftere Vorstellung machen läßt, als von dieser, wenn sie auch noch so schmerzlich ist. Die innere sympathetische Glut, welche den Meleager verzehrte, als ihn seine Mutter in dem fatalen Brande ihrer schwesterlichen Wut aufopferte, würde daher weniger theatralisch sein, als eine Wunde. Und diese Wunde war ein göttliches Strafgericht. Ein mehr als natürliches Gift tobte unaufhörlich darin, und nur ein stärkerer Anfall von Schmerzen hatte seine gesetzte Zeit, nach welchem jedesmal der Unglückliche in einen betäubenden Schlaf verfiel, in welchem sich seine erschöpfte Natur erholen mußte, den nämlichen Weg des Leidens wieder antreten zu können. Chateaubrun läßt ihn bloß von dem vergifteten Pfeile eines Trojaners verwundet sein. Was kann man sich von einem so gewöhnlichen Zufalle Außerordentliches versprechen? Ihm war in den alten Kriegen ein jeder ausgesetzt; wie kam es, daß er nur bei dem Philoktet so schreckliche Folgen hatte? Ein natürliches Gift, das neun ganzer Jahre wirket, ohne zu töten, ist noch dazu weit unwahrscheinlicher, als alle das fabelhafte Wunderbare, womit es der Grieche ausgerüstet hat.

2. So groß und schrecklich er aber auch die körperlichen Schmer-

zen seines Helden machte, so fühlte er es doch sehr wohl, daß sie allein nicht hinreichend wären, einen merklichen Grad des Mitleids zu erregen. Er verband sie daher mit andern Übeln, die gleichfalls für sich betrachtet nicht besonders rühren konnten, die aber durch diese Verbindung einen ebenso melancholischen Anstrich erhielten, als sie den körperlichen Schmerzen hinwiederum mitteilten. Diese Übel waren, völlige Beraubung der menschlichen Gesellschaft, Hunger und alle Unbequemlichkeiten des Lebens, welchem man unter einem rauhen Himmel in jener Beraubung ausgesetzet ist.[1] Man denke sich einen Menschen in die-

1 Wenn der Chor das Elend des Philoktet in dieser Verbindung betrachtet, so scheinet ihn die hilflose Einsamkeit desselben ganz besonders zu rühren. In jedem Worte hören wir den geselligen Griechen. Über eine von den hierher gehörigen Stellen habe ich indes meinen Zweifel. Sie ist die (v. 201–205):

Ἰν' αὐτος ἠν προσουρος, οὐκ ἐχων βασιν,/Οὐδε τιν' ἐγχωρων,/Κακογειτονα παρ' ῳ στονον ἀντιτυπον/Βαρυβρωτ' ἀποκλαυ-/σειεν αἱματηρον. [Hier wohnt er einzeln, ihm gebricht des Fußes Kraft, mangelt ein Nachbar, welchem in Tränen er den herben Schmerz an fressender, blutüberströmter Wunde rings vernehmbar klage.]

Die gemeine Winshemsche Übersetzung gibt dieses so:

Ventis expositus et pedibus captus / Nullum cohabitatorem / Nec vicinum ullum saltem malum habens, apud quem gemitum mutuum / Gravemque ac cruentum / Ederet. [Den Winden ausgesetzt, durch kranke Füße gefesselt, ohne Gesellschaft, hat er keinen Nachbar, und wäre es nur ein schlechter, dem er sein schweres und blutiges Leid klagen könnte.]

Hiervon weicht die interpolierte Übersetzung des Th. Johnson nur in den Worten ab: *Ubi ipse ventis erat expositus, firmum gradum non habens, / Nec quenquam indigenarum, / Nec malum vicinum, apud quem ploraret / Vehementer edacem / Sanguineum morbum, mutuo gemitu.*

Man sollte glauben, er habe diese veränderten Worte aus der gebundenen Übersetzung des Thomas Naogeorgus entlehnet. Denn dieser (sein Werk ist sehr selten, und Fabricius selbst hat es nur aus dem Oporinschen Bücherverzeichnisse gekannt) drückt sich so aus: - *ubi expositus fuit / Ventis ipse, gradum firmum haud habens, / Nec quenquam indigenam, nec vel malum / Vicinum, ploraret apud quem / Vehementer edacem atque cruentum / Morbum mutuo.*

Wenn diese Übersetzungen ihre Richtigkeit haben, so sagt der Chor das Stärkste, was man nur immer zum Lobe der menschlichen Gesellschaft sagen kann: Der Elende hat keinen Menschen um sich; er weiß von keinem freundlichen Nachbar; zu glücklich, wenn er auch nur einen bösen Nachbar hätte! Thomson würde sodann diese Stelle vielleicht vor Augen gehabt haben, wenn er den gleichfalls in eine wüste Insel von Bösewichtern ausgesetzten Melisander sagen läßt:

Cast on the wildest of the Cyclad isles, / Where never human foot had marked the shore, / These ruffians left me — yet beliefe me, Arcas, / Such is the rooted love we bear mankind, / All ruffians as they were, I never heard / A sound so dismal as their parting oars.

sen Umständen, man gebe ihm aber Gesundheit, und Kräfte, und Industrie, und es ist ein Robinson Crusoe, der auf unser Mitleid wenig Anspruch macht, ob uns gleich sein Schicksal sonst gar nicht gleichgültig ist. Denn wir sind selten mit der menschlichen Gesellschaft so zufrieden, daß uns die Ruhe, die wir außer derselben genießen, nicht sehr reizend dünken sollte, besonders unter der Vorstellung, welche jedes Individuum schmeichelt, daß es fremden Beistandes nach und nach kann entbehren lernen. Auf der andern Seite gebe man einem Menschen die schmerzlichste unheilbarste Krankheit, aber man denke ihn zugleich von ge-

[Dieser Schwarm setzt mich die nächste Nacht (Die nur noch schrecklich ist) an das betrübte Ufer / Der wildesten Insel: nie hat außer mir ein Mensch / Auf sie den Fuß gesetzt. Allein die Menschenliebe / (das glaube) ist so tief in unsre Brust gepflanzt, / Und unser menschlich Herz ist so mit ihr durchwachsen, / Daß ich im Leben nichts Erschrecklichers gehört, / Als den betrübten Schall, da mich ihr Boot verließ.]

Auch ihm wäre die Gesellschaft von Bösewichtern lieber gewesen, als gar keine. Ein großer vortrefflicher Sinn! Wenn es nur gewiß wäre, daß Sophokles auch wirklich so etwas gesagt hätte. Aber ich muß ungern bekennen, daß ich nichts dergleichen bei ihm finde; es wäre denn, daß ich lieber mit den Augen des alten Scholiasten, als mit meinen eigenen sehen wollte, welcher die Worte des Dichters so umschreibt:

Οὐ μονον ὁπου καλον οὐκ εἰχε τινα των ἐγχωϱιων γειτονα, ἀλλα οὐδε κακον, παϱ' οὑ ἀμοιβαιον λογον στεναζων ἀκουσειε. [Wo er nicht nur keinen guten Einheimischen zum Nachbarn hatte, sondern nicht einmal einen schlechten, von dem er eine Antwort auf sein Seufzen vernehmen könnte.]

Wie dieser Auslegung die angeführten Übersetzer gefolgt sind, so hat sich auch ebensowohl Brumoy, als unser neuer deutscher Übersetzer daran gehalten. Jener sagt, *sans société, même importune:* und dieser »jeder Gesellschaft, auch der beschwerlichsten beraubet«. Meine Gründe, warum ich von ihnen allen abgehen muß, sind diese. Erstlich ist es offenbar, daß wenn κακογειτονα [schlechten Nachbarn] von τιν' ἐγχωϱων [einem der Einheimischen] getrennt werden, und ein besonders Glied ausmachen sollte, die Partikel οὐδε vor κακογειτονα notwendig wiederholt sein müßte. Da sie es aber nicht ist, so ist es ebenso offenbar, daß κακογειτονα zu τινα gehöret, und das Komma nach ἐγχωϱων wegfallen muß. Dieses Komma hat sich aus der Übersetzung eingeschlichen, wie ich denn wirklich finde, daß es einige ganz griechische Ausgaben (z. E. die wittenbergische von 1585 in Oktav, welche dem Fabricius völlig unbekannt geblieben) auch gar nicht haben, und es erst, wie gehörig, nach κακογειτονα setzen. Zweitens ist das wohl ein böser Nachbar, von dem wir uns στονον ἀντιτυπον, ἀμοιβαιον, [entsprechenden, antwortenden Seufzer], wie es der Scholiast erklärt, versprechen können? Wechselsweise mit uns seufzen, ist die Eigenschaft eines Freundes, nicht aber eines Feindes. Kurz also: man hat das Wort κακογειτονα unrecht verstanden; man hat angenommen, daß es aus dem Adjectivo κακος zusammengesetzt sei, und es ist aus dem Substantivo το κακον zusammengesetzt; man hat es durch einen bösen Nachbar erklärt, und hätte es durch einen Nachbar des Bösen erklären sollen. So wie

fälligen Freunden umgeben, die ihn an nichts Mangel leiden lassen, die sein Übel, soviel in ihren Kräften stehet, erleichtern, gegen die er unverhohlen klagen und jammern darf: unstreitig werden wir Mitleid mit ihm haben, aber dieses Mitleid dauert nicht in die Länge, endlich zucken wir die Achsel und verweisen ihn zur Geduld. Nur wenn beide Fälle zusammenkommen, wenn der Einsame auch seines Körpers nicht mächtig ist, wenn dem Kranken ebensowenig jemand anders hilft, als er sich selbst helfen kann, und seine Klagen in der öden Luft verfliegen: alsdann sehen wir alles Elend, was die menschliche Natur treffen kann, über den Unglücklichen zusammenschlagen, und jeder flüchtige Gedanke, mit dem wir uns an seiner Stelle denken, erreget Schaudern und Entsetzen. Wir erblicken nichts als die Verzweiflung in ihrer schrecklichsten Gestalt vor uns, und kein Mitleid ist stärker, keines zerschmelzet mehr die ganze Seele, als das, welches sich mit Vorstellungen der Verzweiflung mischet. Von dieser Art ist das Mitleid, welches wir für den Philoktet empfinden, und in dem Augenblicke am stärksten empfinden, wenn wir ihn auch seines Bogens beraubt sehen, des einzigen, was ihm sein kümmerliches Leben erhalten mußte. – O des Franzosen, der keinen Verstand, dieses zu überlegen, kein Herz, dieses zu fühlen, gehabt hat! Oder wann er es gehabt hat, der klein genug war, dem armseligen Geschmacke seiner Nation alles dieses aufzuopfern. Chateaubrun gibt dem Philoktet Gesellschaft. Er läßt eine Prinzessin Tochter zu ihm in die wüste Insel kommen.

κακομαντις nicht einen bösen, das ist falschen, unwahren Propheten, sondern einen Propheten des Bösen, κακοτεχνος nicht einen bösen, ungeschickten Künstler, sondern einen Künstler im Bösen bedeuten. Unter einem Nachbar des Bösen versteht der Dichter aber denjenigen, welcher entweder mit gleichen Unfällen, als wir, behaftet ist, oder aus Freundschaft an unsern Unfällen Anteil nimmt; so daß die ganzen Worte οὐδ' ἐχων τιν' ἐγχωρων κακογειτονα [und keinen der einheimischen Gefährten im Unglück hat] bloß durch *neque quenquam indigenarum mali socium habens* zu übersetzen sind. Der neue englische Übersetzer des Sophokles, Thomas Franklin, kann nicht anders als meiner Meinung gewesen sein, indem er den bösen Nachbar in κακογειων auch nicht findet, sondern es bloß durch *fellow-mourner* [Leidensgefährte] übersetzt: *Expos'd to the inclement skies, / Deserted and forlorn he lyes, / No friend nor fellow-mourner there, / To sooth his sorrow, and divide his care.* [Ausgesetzt den unbarmherzigen Stürmen, / Liegt er vereinsamt und verlassen, / Kein Freund ist da, kein Gefährte im Leid, / Seinen Gram zu sänftigen, seine Sorge zu teilen.]

Und auch diese ist nicht allein, sondern hat ihre Hofmeisterin bei sich; ein Ding, von dem ich nicht weiß, ob es die Prinzessin oder der Dichter nötiger gebraucht hat. Das ganze vortreffliche Spiel mit dem Bogen hat er weggelassen. Dafür läßt er schöne Augen spielen. Freilich würden Pfeil und Bogen der französischen Heldenjugend sehr lustig vorgekommen sein. Nichts hingegen ist ernsthafter als der Zorn schöner Augen. Der Grieche martert uns mit der greulichen Besorgung, der arme Philoktet werde ohne seinen Bogen auf der wüsten Insel bleiben und elendiglich umkommen müssen. Der Franzose weiß einen gewissern Weg zu unserm Herzen: er läßt uns fürchten, der Sohn des Achilles werde ohne seine Prinzessin abziehen müssen. Dieses hießen denn auch die Pariser Kunstrichter, über die Alten triumphieren, und einer schlug vor, das Chateaubrunsche Stück *la difficulté vaincue* [die überwundene Schwierigkeit] zu benennen.[1]

3. Nach der Wirkung des Ganzen betrachte man die einzelnen Szenen, in welchen Philoktet nicht mehr der verlassene Kranke ist; wo er Hoffnung hat, nun bald die trostlose Einöde zu verlassen und wieder in sein Reich zu gelangen; wo sich also sein ganzes Unglück auf die schmerzliche Wunde einschränkt. Er wimmert, er schreiet, er bekömmt die gräßlichsten Zuckungen. Hierwider gehet eigentlich der Einwurf des beleidigten Anstandes. Es ist ein Engländer, welcher diesen Einwurf macht; ein Mann also, bei welchem man nicht leicht ein falsche Delikatesse argwohnen darf. Wie schon berührt, so gibt er ihm auch einen sehr guten Grund. Alle Empfindungen und Leidenschaften, sagt er, mit welchen andere nur sehr wenig symphatisieren können, werden anstößig, wenn man sie zu heftig ausdrückt.[2] »Aus diesem Grunde ist nichts unanständiger, und einem Manne unwürdiger, als wenn er den Schmerz, auch den allerheftigsten, nicht mit Geduld ertragen kann, sondern weinet und schreiet. Zwar gibt es eine Sympathie mit dem körperlichen Schmerze. Wenn

1 *Mercure de France, Avril 1755. p. 177.*

2 *The theory of moral sentiments, by Adam Smith. Part I. sect. 2. chap. 1. p. 41. (London 1761.)*

wir sehen, daß jemand einen Schlag auf den Arm oder das Schienbein bekommen soll, so fahren wir natürlicherweise zusammen, und ziehen unsern eigenen Arm, oder Schienbein, zurück; und wenn der Schlag wirklich geschieht, so empfinden wir ihn gewissermaßen ebensowohl, als der, den er getroffen. Gleichwohl aber ist es gewiß, daß das Übel, welches wir fühlen, gar nicht beträchtlich ist; wenn der Geschlagene daher ein heftiges Geschrei erregt, so ermangeln wir nicht ihn zu verachten, weil wir in der Verfassung nicht sind, ebenso heftig schreien zu können, als er.« – Nichts ist betrüglicher, als allgemeine Gesetze für unsere Empfindungen. Ihr Gewebe ist so fein und verwickelt, daß es auch der behutsamsten Spekulation kaum möglich ist, einen einzeln Faden rein aufzufassen und durch alle Kreuzfäden zu verfolgen. Gelingt es ihr aber auch schon, was für Nutzen hat es? Es gibt in der Natur keine einzelne reine Empfindung; mit einer jeden entstehen tausend andere zugleich, deren geringste die Grundempfindung gänzlich verändert, so daß Ausnahmen über Ausnahmen erwachsen, die das vermeintlich allgemeine Gesetz endlich selbst auf eine bloße Erfahrung in wenig einzeln Fällen einschränken. – Wir verachten denjenigen, sagt der Engländer, den wir unter körperlichen Schmerzen heftig schreien hören. Aber nicht immer: nicht zum ersten Male; nicht, wenn wir sehen, daß der Leidende alles mögliche anwendet, seinen Schmerz zu verbeißen; nicht, wenn wir ihn sonst als einen Mann von Standhaftigkeit kennen; noch weniger, wenn wir ihn selbst unter dem Leiden Proben von seiner Standhaftigkeit ablegen sehen, wenn wir sehen, daß ihn der Schmerz zwar zum Schreien, aber auch zu weiter nichts zwingen kann, daß er sich lieber der längern Fortdauer dieses Schmerzes unterwirft, als das geringste in seiner Denkungsart, in seinen Entschlüssen ändert, ob er schon in dieser Veränderung die gänzliche Endschaft seines Schmerzes hoffen darf. Das alles findet sich bei dem Philoktet. Die moralische Größe bestand bei den alten Griechen in einer ebenso unveränderlichen Liebe gegen seine Freunde, als unwandelbarem Hasse gegen seine Feinde. Diese Größe behält Philoktet bei allen seinen Martern. Sein Schmerz hat seine Augen nicht so vertrocknet, daß sie ihm keine Tränen über das Schicksal seiner alten Freunde gewähren könnten. Sein Schmerz hat ihn so mürbe nicht gemacht, daß er, um ihn los zu werden, seinen Feinden vergeben, und sich gern zu allen ihren eigennützigen Absichten brauchen lassen möchte. Und diesen Felsen von einem Manne hätten die Athenienser verachten sollen, weil die Wellen, die ihn nicht erschüttern können, ihn wenigstens ertönen machen? – Ich bekenne, daß ich an der Philosophie des Cicero überhaupt wenig Geschmack finde; am allerwenigsten aber an der, die er in dem zweiten Buche seiner tuskulanischen Fragen über die Erduldung des körperlichen Schmerzes auskramet. Man sollte glauben, er wolle einen Gladiator abrichten, so sehr eifert er wider den äußerlichen Ausdruck des Schmerzes. In diesem scheinet er allein die Ungeduld zu finden, ohne zu überlegen, daß er oft nichts weniger als freiwillig ist, die wahre Tapferkeit aber sich nur in freiwilligen Handlungen zeigen kann. Er hört bei dem Sophokles den Philoktet nur klagen und schreien, und übersieht sein übriges standhaftes Betragen gänzlich. Wo hätte er auch sonst die Gelegenheit zu seinem rhetorischen Ausfalle wider die Dichter hergenommen? »Sie sollen uns weichlich machen, weil sie die tapfersten Männer klagend einführen.« Sie müssen sie klagen lassen; denn ein Theater ist keine Arena. Dem verdammten oder feilen Fechter kam es zu, alles mit Anstand zu tun und zu leiden. Von ihm mußte kein kläglicher Laut gehöret, keine schmerzliche Zuckung erblickt werden. Denn da seine Wunden, sein Tod die Zuschauer ergötzen sollten: so mußte die Kunst alles Gefühl verbergen lehren. Die geringste Äußerung desselben hätte Mitleiden erweckt, und öfters erregtes Mitleiden würde diesen frostig grausamen Schauspielen bald ein Ende gemacht haben. Was aber hier nicht erregt werden sollte, ist die einzige Absicht der tragischen Bühne, und fodert daher ein gerade entgegengesetztes Betragen. Ihre Helden müssen Gefühl zeigen, müssen ihre Schmerzen äußern, und die bloße Natur in sich wirken lassen. Verraten sie Abrichtung und Zwang, so lassen sie unser Herz kalt, und Klopffechter im Kothurne können höchstens nur bewundert werden. Diese Benennung verdienen alle Personen der sogenannten Senecaschen Tragödien, und ich bin der festen Meinung, daß die gladiatorischen Spiele die vornehmste Ursache gewesen, warum die Römer in dem Tragischen noch so weit unter dem Mittelmäßigen geblieben sind. Die Zuschauer lernten in dem blutigen Amphitheater alle Natur verkennen, wo allenfalls ein Ktesias seine Kunst studieren konnte, aber nimmermehr ein Sophokles. Das tragischste Genie, an diese künstliche Todesszenen gewöhnet, mußte auf Bombast und Rodomontaden verfallen. Aber so wenig als solche Rodomontaden wahren Heldenmut einflößen können, ebensowenig können Philoktetische Klagen weichlich machen. Die Klagen sind eines Menschen, aber die Handlungen eines Helden. Beide machen den menschlichen Helden, der weder weichlich noch verhärtet ist, sondern bald dieses bald jenes scheinet, so wie ihn itzt Natur, itzt Grundsätze und Pflicht verlangen. Er ist das Höchste, was die Weisheit hervorbringen, und die Kunst nachahmen kann.

4. Nicht genug, daß Sophokles seinen empfindlichen Philoktet vor der Verachtung gesichert hat; er hat auch allem andern weislich vorgebauet, was man sonst aus der Anmerkung des Engländers wider ihn erinnern könnte. Denn verachten wir schon denjenigen nicht immer, der bei körperlichen Schmerzen schreiet, so ist doch dieses unwidersprechlich, daß wir nicht so viel Mitleiden für ihn empfinden, als dieses Geschrei zu erfordern scheinet. Wie sollen sich also diejenigen verhalten, die mit dem schreienden Philoktet zu tun haben? Sollen sie sich in einem hohen Grade gerührt stellen? Es ist wider die Natur. Sollen sie sich so kalt und verlegen bezeigen, als man wirklich bei dergleichen Fälle zu sein pflegt? Das würde die widrigste Dissonanz für den Zuschauer hervorbringen. Aber, wie gesagt, auch diesem hat Sophokles vorgebauet. Dadurch nämlich, daß die Nebenpersonen ihr eigenes Interesse haben; daß der Eindruck, welchen das Schreien des Philoktet auf sie macht, nicht das einzige ist, was sie beschäftiget, und der Zuschauer daher nicht sowohl auf die Dis-

proportion ihres Mitleids mit diesem Geschrei, als vielmehr auf die Veränderung achtgibt, die in ihren eigenen Gesinnungen und Anschlägen durch das Mitleid, sei es so schwach oder so stark es will, entstehet, oder entstehen sollte. Neoptolem und der Chor haben den unglücklichen Philoktet hintergangen; sie erkennen, in welche Verzweiflung ihn ihr Betrug stürzen werde; nun bekömmt er seinen schrecklichen Zufall vor ihren Augen; kann dieser Zufall keine merkliche sympathetische Empfindung in ihnen erregen, so kann er sie doch antreiben, in sich zu gehen, gegen so viel Elend Achtung zu haben, und es durch Verräterei nicht häufen zu wollen. Dieses erwartet der Zuschauer, und seine Erwartung findet sich von dem edelmütigen Neoptolem nicht getäuscht. Philoktet, seiner Schmerzen Meister, würde den Neoptolem bei seiner Verstellung erhalten haben. Philoktet, den sein Schmerz aller Verstellung unfähig macht, so höchst nötig sie ihm auch scheinet, damit seinen künftigen Reisegefährten das Versprechen, ihn mit sich zu nehmen, nicht zu bald gereue; Philoktet, der ganz Natur ist, bringt auch den Neoptolem zu seiner Natur wieder zurück. Diese Umkehr ist vortrefflich, und um so viel rührender, da sie von der bloßen Menschlichkeit bewirket wird. Bei dem Franzosen haben wiederum die schönen Augen ihren Teil daran.[1] Doch ich will an diese Parodie nicht mehr denken. – Des nämlichen Kunstgriffs, mit dem Mitleiden, welches das Geschrei über körperliche Schmerzen hervorbringen sollte, in den Umstehenden einen andern Affekt zu verbinden, hat sich Sophokles auch in den »Trachinerinnen« bedient. Der Schmerz des Herkules ist kein ermattender Schmerz; er treibt ihn bis zur Raserei, in der er nach nichts als nach Rache schnaubet. Schon hatte er in dieser Wut den Lichas ergriffen, und an dem Felsen zerschmettert. Der Chor ist weiblich; um so viel natürlicher muß sich Furcht und Entsetzen seiner bemeistern. Dieses, und die Erwartung, ob noch ein Gott dem Herkules zu Hilfe eilen, oder Herkules unter diesem Übel erliegen werde, macht hier das

1 *Act. II. Sc. III. De mes déguisements que penserait Sophie?* [Was würde Sophie von meiner Verstellung denken?] sagt der Sohn des Achilles.

eigentliche allgemeine Interesse, welches von dem Mitleiden nur eine geringe Schattierung erhält. Sobald der Ausgang durch die Zusammenhaltung der Orakel entschieden ist, wird Herkules ruhig, und die Bewunderung über seinen letzten Entschluß tritt an die Stelle aller andern Empfindungen. Überhaupt aber muß man bei der Vergleichung des leidenden Herkules mit dem leidenden Philoktet nicht vergessen, daß jener ein Halbgott, und dieser nur ein Mensch ist. Der Mensch schämt sich seiner Klagen nie; aber der Halbgott schämt sich, daß sein sterblicher Teil über den unsterblichen so viel vermocht habe, daß er wie ein Mädchen weinen und winseln müssen.[1] Wir Neuern glauben keine Halbgötter, aber der geringste Held soll bei uns wie ein Halbgott empfinden, und handeln.

Ob der Schauspieler das Geschrei und die Verzuckungen des Schmerzes bis zur Illusion bringen könne, will ich weder zu verneinen noch zu bejahen wagen. Wenn ich fände, daß es unsere Schauspieler nicht könnten, so müßte ich erst wissen, ob es auch ein Garrick nicht vermögend wäre: und wenn es auch diesem nicht gelänge, so würde ich mir noch immer die Skävopöie und Deklamation der Alten in einer Vollkommenheit denken dürfen, von der wir heutzutage gar keinen Begriff haben.

V.

Es gibt Kenner des Altertums, welche die Gruppe Laokoon zwar für ein Werk griechischer Meister, aber aus der Zeit der Kaiser halten, weil sie glauben, daß der Virgilische Laokoon dabei zum Vorbilde gedienet habe. Ich will von den ältern Gelehrten, die dieser Meinung gewesen sind, nur den Bartholomäus Marliani,[2]

1 *Trach. v. 1088. 1089.*
— — οστις ὡστε παρθενος / Βεβρυχα κλαιων — — [Der ich wie ein Mädchen klagend geschrien.]

2 *Topographiae Urbis Romae libr. IV. cap. 14. Et quanquam hi (Agesander et Polydorus et Athenodorus Rhodii) ex Virgilii descriptione statuam hanc formavisse videntur etc.* [Und obgleich diese – nämlich die Rhodier Agesander, Polydor und Athenodor, die die Schöpfer der Statue waren – gleichsam im Wetteifer gearbeitet haben, um ein Werk entstehen zu lassen, das der unvergleichlichen Schilderung, die Vergil von Laokoon gegeben hat, entspräche.]

und von den neuern den Montfaucon[1] nennen. Sie fanden ohne Zweifel zwischen dem Kunstwerke und der Beschreibung des Dichters eine so besondere Übereinstimmung, daß es ihnen unmöglich dünkte, daß beide von ohngefähr auf einerlei Umstände sollten gefallen sein, die sich nichts weniger, als von selbst darbieten. Dabei setzten sie voraus, daß wenn es auf die Ehre der Erfindung und des ersten Gedankens ankomme, die Wahrscheinlichkeit für den Dichter ungleich größer sei, als für den Künstler. Nur scheinen sie vergessen zu haben, daß ein dritter Fall möglich sei. Denn vielleicht hat der Dichter ebensowenig den Künstler, als der Künstler den Dichter nachgeahmt, sondern beide haben aus einerlei älteren Quelle geschöpft. Nach dem Macrobius würde Pisander diese ältere Quelle sein können.[2] Denn als die

1 *Suppl. aux Ant. Expliq. T. I. p. 242. Il semble qu'Agésandre, Polydore et Athénodore, qui en furent les ouvriers, aient travaillé comme à l'envie, pour laisser un monument, qui répondait à l'incomparable description qu'a fait Virgile de Laokoon etc.* [Es scheint, daß Agesander, Polydor und Athenodor, die die Schöpfer der Statue waren, gleichsam im Wetteifer gearbeitet haben, um ein Werk entstehen zu lassen, das der unvergleichlichen Schilderung, die Vergil von Laokoon gegeben hat, entspräche.]

2 *Saturnal. lib. V. cap. 2. Quae Virgilius traxit a Graecis, dicturumne me putetis quae vulgo nota sunt? quod Theocritum sibi fecerit pastoralis operis autorem, ruralis Hesiodum? et quod in ipsis Georgicis tempestatis serenitatisque signa de Arati Phaenomenis traxerit? vel quod eversionem Trojae, cum Sinone suo, et equo ligneo, ceterisque omnibus, quae librum secundum faciunt, a Pisandro paene ad verbum transcripserit? qui inter Graecos poetas eminet opere, quod a nuptiis Jovis et Junonis incipiens universas historias, quae mediis omnibus saeculis usque ad aetatem ipsius Pisandri contigerunt, in unam seriem coactas redegerit, et unum ex diversis hiatibus temporum corpus effecerit? in quo opere inter historias ceteras interitus quoque Trojae in hunc modum relatus est. Quae fideliter Maro interpretando, fabricatus est sibi Iliacae urbis ruinam. Sed et haec et talia ut pueris decantata praetereo.* [Glaubt ihr, daß ich das aufzählen werde, was Vergil, wie allgemein bekannt ist, von den Griechen entlehnte? Daß er sich als Vorlage für seine Hirtengedichte den Theokrit, für sein Gedicht vom Landbau den Hesiod nahm? Und daß er ebenfalls in den Georgica die Anzeichen stürmischen und heiteren Wetters aus den »Phaenomena« des Aratus entlehnte? Oder daß er die Zerstörung Trojas mit seinem Sinon und dem hölzernen Pferde und dem ganzen übrigen Inhalt des 2. Gesanges seiner Aeneis beinahe wörtlich aus dem Pisander übersetzte? Der unter den griechischen Dichtern durch ein Werk hervorragt, das, mit der Hochzeit des Jupiter und der Juno beginnend, in einer Folge sämtliche Geschichten vereinigt, die sich im Laufe aller Jahrhunderte bis zur Zeit Pisanders selbst ereigneten, und der aus den getrennten Perioden ein Werk herstellte? Darin ist auch unter anderen Geschichten der Untergang Trojas auf diese Weise berichtet worden, Vergil übersetzte dies getreu und verfertigte so seine Schilderung vom Untergang der Stadt Ilion (Troja). Aber dies und ähnliches, da es schon von den Kindern heruntergeleiert wird, übergehe ich.]

Werke dieses griechischen Dichters noch vorhanden waren, war es schulkundig, *pueris decantatum*, daß der Römer die ganze Eroberung und Zerstörung Iliums, sein ganzes zweites Buch, aus ihm nicht sowohl nachgeahmet, als treulich übersetzt habe. Wäre nun also Pisander auch in der Geschichte des Laokoon Virgils Vorgänger gewesen, so brauchten die griechischen Künstler ihre Anleitung nicht aus einem lateinischen Dichter zu holen, und die Mutmaßung von ihrem Zeitalter gründet sich auf nichts.

Indes wenn ich notwendig die Meinung des Marliani und Montfaucon behaupten müßte, so würde ich ihnen folgende Ausflucht leihen. Pisanders Gedichte sind verloren; wie die Geschichte des Laokoon von ihm erzählet worden, läßt sich mit Gewißheit nicht sagen; es ist aber wahrscheinlich, daß es mit eben den Umständen geschehen sei, von welchen wir noch itzt bei griechischen Schriftstellern Spuren finden. Nun kommen aber diese mit der Erzählung des Virgils im geringsten nicht überein, sondern der römische Dichter muß die griechische Tradition völlig nach seinem Gutdünken umgeschmolzen haben. Wie er das Unglück des Laokoon erzählet, so ist es seine eigene Erfindung; folglich, wenn die Künstler in ihrer Vorstellung mit ihm harmonieren, so können sie nicht wohl anders als nach seiner Zeit gelebt, und nach seinem Vorbilde gearbeitet haben.

Quintus Calaber läßt zwar den Laokoon einen gleichen Verdacht, wie Virgil, wider das hölzerne Pferd bezeigen; allein der Zorn der Minerva, welchen sich dieser dadurch zuziehet, äußert sich bei ihm ganz anders. Die Erde erbebt unter dem warnenden Trojaner; Schrecken und Angst überfallen ihn; ein brennender Schmerz tobet in seinen Augen; sein Gehirn leidet; er raset; er verblindet. Erst, da er blind noch nicht aufhört, die Verbrennung des hölzernen Pferdes anzuraten, sendet Minerva zwei schreckliche Drachen, die aber bloß die Kinder des Laokoon ergreifen. Umstonst strecken diese die Hände nach ihrem Vater aus; der arme blinde Mann kann ihnen nicht helfen; sie werden zerfleischt, und die Schlangen schlupfen in die Erde. Dem Laokoon selbst geschieht von ihnen nichts; und daß dieser Umstand dem

Quintus[1] nicht eigen, sondern vielmehr allgemein angenommen müsse gewesen sein, bezeiget eine Stelle des Lykophron, wo diese Schlangen[2] das Beiwort der Kinderfresser führen.

War er aber, dieser Umstand, bei den Griechen allgemein angenommen, so würden sich griechische Künstler schwerlich erkühnt haben, von ihm abzuweichen, und schwerlich würde es sich getroffen haben, daß sie auf eben die Art wie ein römischer Dichter abgewichen wären, wenn sie diesen Dichter nicht gekannt hätten, wenn sie vielleicht nicht den ausdrücklichen Auftrag gehabt hätten, nach ihm zu arbeiten. Auf diesem Punkte, meine ich, müßte man bestehen, wenn man den Marliani und Montfaucon verteidigen wollte. Virgil ist der erste und einzige,[3] welcher sowohl

1 *Paralip. lib. XII. v. 398–408 et v. 439–474.*

2 Oder vielmehr Schlange: denn Lykophron scheinet nur eine angenommen zu haben: Και παιδοβρωτος πορκεως νησους διπλας. [Und die doppelten Inseln der knabentötenden Schlange]

3 Ich erinnere mich, daß man das Gemälde hierwider anführen könnte, welches Eumolp bei dem Petron auslegt. Es stellte die Zerstörung von Troja, und besonders die Geschichte des Laokoon, vollkommen so vor, als sie Virgil erzählet; und da in der nämlichen Galerie zu Neapel, in der es stand, andere alte Gemälde vom Zeuxis, Protogenes, Apelles waren, so ließe sich vermuten, daß es gleichfalls ein altes griechisches Gemälde gewesen sei. Allein man erlaube mir, einen Romandichter für keinen Historikus halten zu dürfen. Diese Galerie, und dieses Gemälde, und dieser Eumolp haben, allem Ansehen nach, nirgends als in der Phantasie des Petrons existieret. Nichts verrät ihre gänzliche Erdichtung deutlicher, als die offenbaren Spuren einer beinahe schülermäßigen Nachahmung der Virgilischen Beschreibung. Es wird sich der Mühe verlohnen, die Vergleichung anzustellen. So Virgil: *(Aeneid. lib. II. 199–224.) Hic aliud majus miseris multoque tremendum / Objicitur magis, atque improvida pectora turbat. / Laocoon, ductus Neptuno sorte sacerdos, / Solemnis taurum ingentem mactabat ad aras. / Ecce autem gemini a Tenedo tranquilla per alta / (Horresco referens) immensis orbibus angues / Incumbunt pelago, pariterque ad litora tendunt: / Pectora quorum inter fluctus arrecta, jubaeque / Sanguineae exsuperant undas: pars cetera pontum / Pone legit, sinuatque immensa volumine terga. / Fit sonitus spumante salo: jamque arva tenebant, / Ardentesque oculos suffecti sanguine et igni / Sibila lambebant linguis vibrantibus ora. / Diffugimus visu exsangues. Illi agmine certo / Laocoonta petunt, et primum parva duorum / Corpora natorum serpens amplexus uterque / Implicat, et miseros morsu depascitur artus. / Post ipsum, auxilio subeuntem ac tela ferentem, / Corripiunt, spirisque ligant ingentibus: et jam / Bis medium amplexi, bis collo squamea circum / Terga dati, superant capite et cervicibus altis. / Ille simul manibus tendit divellere nodos, / Perfusus sanie vittas atroque veneno: / Clamores simul horrendos ad sidera tollit. / Quales mugitus, fugit cum saucius aram / Taurus et incertam excussit cervice securim.* [Noch ein größerer jetzt und weit

Vater als Kinder von den Schlangen umbringen läßt; die Bildhauer tun dieses gleichfalls; da sie es doch als Griechen nicht hätten tun sollen: also ist es wahrscheinlich, daß sie es auf Veranlassung des Virgils getan haben.

Ich empfinde sehr wohl, wieviel dieser Wahrscheinlichkeit zur historischen Gewißheit mangelt. Aber da ich auch nichts Histori-

graunvollerer Anblick / Stellt sich den Elenden dar und verwirrt die erschrockenen Herzen. / Priester, gezogen durch Los, war Laokoon dort dem Neptunus, / Dem den gewaltigen Stier am Felsenaltare er weihte. / Siehe von Tenedos her, zweifach durch stille Gewässer / Nahn (ich erzähl es mit Graun) unermeßlich kreisende Schlangen. / Über das Meer sich dehnend und eilen zugleich an das Ufer, / Denen die Brust, in den Wellen emporgebäumt, und die Mähne / Blutrot aus dem Gewog aufragt, ihr übriger Leib streift / Hinten die Flut, und sie rollen unendliche Rücken in Wölbung, / Laut mit Geräusch her schäumet die Flut, jetzt drohn sie gelandet, / Und, die entflammeten Augen mit Blut durchströmet und Feuer, / Zischen sie beid' und umlecken mit regerer Zunge die Mäuler / Alle entfliehn vor der Schau blutlos. Doch sicheren Schwunges / Gehn sie Laokoon an, und zuerst zwei schmächtige Söhnlein / Dreht um den Leib ringsher sich das Paar anringelnder Schlangen, / Schnüret sie ein, — — o Jammer — zernagt mit dem Bisse die Glieder, / Drauf ihn selbst, der, ein Helfer, sich naht und Geschosse daherträgt, / Fassen sie schnell und knüpfen die gräßlichen Windungen: und schon / Zweimal mitten umher, zweimal um den Hals die beschuppten / Rücken geschmiegt, stehn hoch sie mit Haupt und Nacken gerichtet. / Ganz von Eiter die Bind' und schwärzlichem Gifte besudelt, / Und graunvolles Geschrei hochauf zu den Sternen erhebt er: / So wie Gebrüll auftönt, wann blutend der Stier vom Altare / Floh und die wankende Axt dem verwundeten Nacken entschüttelt.]

Und so Eumolp, (von dem man sagen könnte, daß es ihm wie allen Poeten aus dem Stegreife ergangen sei: ihr Gedächtnis hat immer an ihren Versen ebensoviel Anteil, als ihre Einbildung):

Ecce alia monstra. Celsa qua Tenedos mare / Dorso repellit, tumida consurgunt freta, / Undaque resultat scissa tranquillo minor. / Qualis silenti nocte remorum sonus. / Longe refertur, cum premunt classes mare, / Pulsumque marmor abiete imposita gemit. / Respicimus, angues orbibus geminis ferunt / Ad saxa fluctus: tumida quorum pectora / Rates ut altae, lateribus spumas agunt: / Dant caudae sonitum; liberae ponto jubae / Coruscant luminibus, fulmineum jubar / Incendit aequor, sibilisque undae tremunt. / Stupuere mentes. Infulis stabant sacri / Phrygioque cultu gemina nati pignora / Laocoonte, quos repente tergoribus ligant / Angues corusci: parvulas illi manus / Ad ora referunt: neuter auxilio sibi / Uterque fratri transtulit pias vices, / Morsque ipsa miseros mutuo perdit metu. / Accumulat ecce liberum funus parens, / Infirmus auxiliator; invadunt virum / Jam morte pasti, membraque ad terram trahunt. / Jacet sacerdos inter aras victima. [Doch sieh, indem 's geschieht, ein neues Wunder! / Dort, wo das hohe Tenedos die Wogen / Mit seinem Felsenrücken von sich schüttelt, / Daß von der Tiefe sie zurückprallen, / Die Flut aufschwillt und sich in Schaum verwandelt, / Und wie bei stiller Nacht der Schlag der Ruder / Von weitem einer ganzen Flotte rauschet — / Hier sehen wir

sches weiter daraus schließen will, so glaube ich wenigstens daß man sie als eine Hypothesis kann gelten lassen, nach welcher der Kritikus seine Betrachtungen anstellen darf. Bewiesen oder nicht bewiesen, daß die Bildhauer dem Virgil nachgearbeitet haben, ich will es bloß annehmen, um zu sehen, wie sie ihm sodann nachgearbeitet hätten. Über das Geschrei habe ich mich schon erklärt.

zwo Schlangen Fluten werfen / Hoch mit verschlungnen Kreisen an die Felsen – / Sie gleichen aufgeschwollen hohen Schiffen! / Aufstrudelt hier der Schaum an ihren Leibern! / Die Schwänze klatschen, ihre Mähnen ragen / Mit roten Feuerstrahlen aus dem Meere! / Von ihren Blitzen brennen alle Wogen, / Und aller Augen stehen starr und staunen. / In ihre heil'gen phrygischen Gewänder / Gekleidet standen da Laokoons Söhne, / Zwei Pfänder von der allerreinsten Liebe / Und plötzlich haben sie die glühenden Schlangen / Umwunden! – wie strecken sie die Händchen / Nach Hülf' empor! ach, keiner kann sich helfen! / Ach, jeder jammert über seinen Bruder! / Der schwache Vater eilet, sie zu retten – / Sie dehnen hoch sich über seine Kinder, / Ergreifen ihn und ziehen ihn darnieder / Und winden ihren Gift in jede Nerve! / Da liegt der Priester am Altar ein Opfer.]

Die Hauptzüge sind in beiden Stellen eben dieselben, und verschiedenes ist mit den nämlichen Worten ausgedrückt. Doch das sind Kleinigkeiten, die von selbst in die Augen fallen. Es gibt andere Kennzeichen der Nachahmung, die feiner, aber nicht weniger sicher sind. Ist der Nachahmer ein Mann, der sich etwas zutrauet, so ahmet er selten nach, ohne verschönern zu wollen; und wenn ihm dieses Verschönern, nach seiner Meinung, geglückt ist, so ist er Fuchs genug, seine Fußtapfen, die den Weg, welchen er hergekommen, verraten würden, mit dem Schwanze zuzukehren. Aber eben diese eitle Begierde zu verschönern, und diese Behutsamkeit Original zu scheinen, entdeckt ihn. Denn sein Verschönern ist nichts als Übertreibung und unnatürliches Raffinieren. Virgil sagt, *sanguineae jubae:* Petron, *liberae jubae luminibus coruscant.* Virgil, *ardentes oculos suffecti sanguine et igni:* Petron, *fulmineum jubar incendit aequor.* Virgil, *fit sonitus spumante salo:* Petron, *sibilis undae tremunt.* So geht der Nachahmer immer aus dem Großen ins Ungeheuere; aus dem Wunderbaren ins Unmögliche. Die von den Schlangen umwundenen Knaben sind dem Virgil ein Parergon, das er mit wenigen bedeutenden Strichen hinsetzt, in welchen man nichts als ihr Unvermögen und ihren Jammer erkennet. Petron malt dieses Nebenwerk aus, und macht aus den Knaben ein Paar heldenmütige Seelen, – – – – *neuter auxilio sibi, / Uterque fratri transtulit pias vices, / Morsque ipsa miseros mutuo perdit metu.* [Ach, keiner kann sich helfen! / Ach, jeder jammert über seinen Bruder! / Und jeder stirbt aus Furcht für seinen Bruder!]

Wer erwartet von Menschen, von Kindern, diese Selbstverleugnung? Wie viel besser kannte der Grieche die Natur, *(Quintus Calaber lib. XII. v. 459–461.)* welcher, bei Erscheinung der schrecklichen Schlangen, sogar die Mütter ihrer Kinder vergessen läßt, so sehr war jedes nur auf seine eigene Erhaltung bedacht.

– – – ἐνθα γυναικες/Οἰμωζον, και που τις ἑων ἐπελησατο τεκνων,/Αὐτη ἀλευομενη στυγερον μορον – – [Da klagten die Weiber und da vergaß wohl eine der eigenen Kinder auf der Flucht vor dem fürchterlichen Verderben.]

Zu verbergen sucht sich der Nachahmer gemeiniglich dadurch, daß er den Gegen-

Vielleicht, daß mich die weitere Vergleichung auf nicht weniger unterrichtende Bemerkungen leitet.

Der Einfall, den Vater mit seinen beiden Söhnen durch die mördrischen Schlangen in einen Knoten zu schürzen, ist ohnstreitig ein sehr glücklicher Einfall, der von einer ungemein malerischen Phantasie zeuget. Wem gehört er? Dem Dichter, oder den Künstlern? Montfaucon will ihn bei dem Dichter nicht finden.[1] Aber ich meine, Montfaucon hat den Dichter nicht aufmerksam genug gelesen.

– – – illi agmine certo
Laocoonta petunt, et primum parva duorum
Corpora natorum serpens amplexus uterque
Implicat et miseros morsu depascitur artus.
Post ipsum, auxilio subeuntem et tela ferentem
Corripiunt, spirisque ligant ingentibus – –
[Doch sicheren Schwunges ...]

Der Dichter hat die Schlangen von einer wunderbaren Länge geschildert. Sie haben die Knaben umstrickt, und da der Vater

ständen eine andere Beleuchtung gibt, die Schatten des Originals heraus-, und die Lichter zurücktreibt. Virgil gibt sich Mühe, die Größe der Schlangen recht sichtbar zu machen, weil von dieser Größe die Wahrscheinlichkeit der folgenden Erscheinung abhängt; das Geräusche, welches sie verursachen, ist nur eine Nebenidee, und bestimmt, den Begriff der Größe auch dadurch lebhafter zu machen. Petron hingegen macht diese Nebenidee zur Hauptsache, beschreibt das Geräusch mit aller möglichen Üppigkeit, und vergißt die Schilderung der Größe so sehr, daß wir sie nur fast aus dem Geräusche schließen müssen. Es ist schwerlich zu glauben, daß er in diese Ungeschicklichkeit verfallen wäre, wenn er bloß aus seiner Einbildung geschildert, und kein Muster vor sich gehabt hätte, dem er nachzeichnen, dem er aber nachgezeichnet zu haben, nicht verraten wollen. So kann man zuverlässig jedes poetische Gemälde, das in kleinen Zügen überladen, und in den großen fehlerhaft ist, für eine verunglückte Nachahmung halten, es mag sonst so viele kleine Schönheiten haben als es will, und das Original mag sich lassen angeben können oder nicht.

1 *Suppl. aux Antiq. Expl. T. I. p. 243. Il y a quelque petite différence entre ce que dit Virgile, et ce que le marbre représente. Il semble, selon ce que dit le poète, que les serpents quittèrent les deux enfants pour venir entortiller le père, au lieu que dans ce marbre ils lient en même temps les enfants et leur père.* [Es besteht ein kleiner Unterschied zwischen dem, was Virgil sagt, und dem, was der Marmor darstellt. Nach den Worten des Dichters scheint es, daß die Schlangen die beiden Kinder verließen, um den Vater zu umschlingen, während sie im Marmor Vater und Kinder zugleich umfangen.]

ihnen zu Hilfe kömmt, ergreifen sie auch ihn *(corripiunt)*. Nach ihrer Größe konnten sie sich nicht auf einmal von den Knaben loswinden; es mußte also einen Augenblick geben, da sie den Vater mit ihren Köpfen und Vorderteilen schon angefallen hatten, und mit ihren Hinterteilen die Knaben noch verschlungen hielten. Dieser Augenblick ist in der Fortschreitung des poetischen Gemäldes notwendig; der Dichter läßt ihn sattsam empfinden; nur ihn auszumalen, dazu war itzt die Zeit nicht. Daß ihn die alten Ausleger auch wirklich empfunden haben, scheinet eine Stelle des Donatus[1] zu bezeigen. Wieviel weniger wird er den Künstlern entwischt sein, in deren verständiges Auge alles, was ihnen vorteilhaft werden kann, so schnell und deutlich einleuchtet?

In den Windungen selbst, mit welchen der Dichter die Schlangen um den Laokoon führet, vermeidet er sehr sorgfältig die Arme, um den Händen alle ihre Wirksamkeit zu lassen.

Ille simul manibus tendit divellere nodos.
[Jener ringt mit den Händen, hinweg die
Umknotung drängend.]

Hierin mußten ihm die Künstler notwendig folgen. Nichts gibt mehr Ausdruck und Leben, als die Bewegung der Hände; im Affekte besonders, ist das sprechendste Gesicht ohne sie unbedeutend. Ärme, durch die Ringe der Schlangen fest an den Körper geschlossen, würden Frost und Tod über die ganze Gruppe ver-

1 *Donatus ad v. 227. lib. II. Aeneid. Mirandum non est, clipeo et simulacri vestigiis tegi potuisse, quos supra et longos et validos dixit, et multiplici ambitu circumdedisse Laocoontis corpus ac liberorum, et fuisse superfluam partem.* [Man darf sich nicht darüber wundern, daß der Schild und die Gewänder des Götterbildes die Schlangen verdecken konnte, von denen der Dichter vorher sagte, daß sie groß und gewaltig seien und daß sie die Körper des Laokoon und seiner Kinder mit vielen Windungen umgeben hätten und daß dabei noch ein Teil von ihnen übrigblieb.] Mich dünkt übrigens, daß in dieser Stelle aus den Worten *mirandum non est* entweder das *non* wegfallen muß oder am Ende der ganze Nachsatz mangelt. Denn da die Schlangen so außerordentlich groß waren, so ist es allerdings zu verwundern, daß sie sich unter dem Schilde der Göttin verbergen können, wenn dieses Schild nicht selbst sehr groß war und zu einer kolossalischen Figur gehörte. Und die Versicherung hievon mußte der mangelnde Nachsatz sein; oder das *non* hat keinen Sinn.

breitet haben. Also sehen wir sie, an der Hauptfigur sowohl als an den Nebenfiguren, in völliger Tätigkeit, und da am meisten beschäftiget, wo gegenwärtig der heftigste Schmerz ist.
Weiter aber auch nichts, als diese Freiheit der Arme, fanden die Künstler zuträglich, in Ansehung der Verstrickung der Schlangen, von dem Dichter zu entlehnen. Virgil läßt die Schlangen doppelt um den Leib, und doppelt um den Hals des Laokoon sich winden, und hoch mit ihren Köpfen über ihn herausragen.

> Bis medium amplexi, bis collo squamea circum
> Terga dati, superant capite et cervicibus altis.
> [Zweimal mittenumher, zweimal um den Hals die beschuppten Rücken geschmiegt, stehn hoch sie mit Haupt und Nacken gerichtet.]

Dieses Bild füllet unsere Einbildungskraft vortrefflich; die edelsten Teile sind bis zum Ersticken gepreßt, und das Gift gehet gerade nach dem Gesichte. Demohngeachtet war es kein Bild für Künstler, welche die Wirkungen des Giftes und des Schmerzes in dem Körper zeigen wollten. Denn um diese bemerken zu können, mußten die Hauptteile so frei sein als möglich, und durchaus mußte kein äußrer Druck auf sie wirken, welcher das Spiel der leidenden Nerven und arbeitenden Muskeln verändern und schwächen könnte. Die doppelten Windungen der Schlangen würden den ganzen Leib verdeckt haben, und jene schmerzliche Einziehung des Unterleibes, welche so sehr ausdrückend ist, würde unsichtbar geblieben sein. Was man über, oder unter, oder zwischen den Windungen, von dem Leibe noch erblickt hätte, würde unter Pressungen und Aufschwellungen erschienen sein, die nicht von dem innern Schmerze, sondern von der äußern Last gewirket worden. Der ebenso oft umschlungene Hals würde die pyramidalische Zuspitzung der Gruppe, welche dem Auge so angenehm ist, gänzlich verdorben haben; und die aus dieser Wulst ins Freie hinausragende spitze Schlangenköpfe hätten einen so plötzlichen Abfall von Mensur gehabt, daß die Form des Ganzen äußerst anstößig geworden wäre. Es gibt Zeichner, welche unverständig genug gewesen sind, sich demohngeachtet an den Dichter zu binden. Was denn aber auch daraus geworden, läßt sich unter andern aus einem Blatte des Franz Cleyn[1] mit Abscheu erkennen. Die alten Bildhauer übersahen es mit einem Blicke, daß ihre Kunst hier eine gänzliche Abänderung erfordere. Sie verlegten alle Windungen von dem Leibe und Halse, um die Schenkel und Füße. Hier konnten diese Windungen, dem Ausdrucke unbeschadet, so viel decken und pressen, als nötig war. Hier erregten sie zugleich die Idee der gehemmten Flucht und einer Art von Unbeweglichkeit, die der künstlichen Fortdauer des nämlichen Zustandes sehr vorteilhaft ist.

Ich weiß nicht, wie es gekommen, daß die Kunstrichter diese Verschiedenheit, welche sich in den Windungen der Schlangen zwischen dem Kunstwerke und der Beschreibung des Dichters so deutlich zeiget, gänzlich mit Stillschweigen übergangen haben. Sie erhebet die Weisheit der Künstler ebensosehr als die andre, auf die sie alle fallen, die sie aber nicht sowohl anzupreisen wagen, als vielmehr nur zu entschuldigen suchen. Ich meine die Verschiedenheit in der Bekleidung. Virgils Laokoon ist in seinem priesterlichen Ornate, und in der Gruppe erscheinet er, mit beiden seinen Söhnen, völlig nackend. Man sagt, es gebe Leute, welche eine große Ungereimtheit darin fänden, daß ein Königssohn, ein Priester, bei einem Opfer, nackend vorgestellet werde. Und diesen Leuten antworten Kenner der Kunst in allem Ernste, daß es allerdings ein Fehler wider das Übliche sei, daß aber die Künstler dazu gezwungen worden, weil sie ihren Figuren keine anständige Kleidung geben können. Die Bildhauerei, sagen sie, könne keine Stoffe nachahmen; dicke Falten machten ein üble Wirkung; aus zwei Unbequemlichkeiten habe man also die geringste wählen, und lieber gegen die Wahrheit selbst verstoßen,

1 In der prächtigen Ausgabe von Drydens englischem Virgil. (London 1697 in groß Folio.) Und doch hat auch dieser die Windungen der Schlangen um den Leib nur einfach, und um den Hals fast gar nicht geführt. Wenn ein so mittelmäßiger Künstler anders eine Entschuldigung verdient, so könnte ihm nur die zustatten kommen, daß Kupfer zu einem Buche als bloße Erläuterungen, nicht aber als für sich bestehende Kunstwerke zu betrachten sind.

als in den Gewändern tadelhaft werden müssen.[1] Wenn die alten Artisten bei dem Einwurfe lachen würden, so weiß ich nicht, was sie zu der Beantwortung sagen dürften. Man kann die Kunst nicht tiefer herabsetzen, als es dadurch geschiehet. Denn gesetzt, die Skulptur könnte die verschiednen Stoffe ebensogut nachahmen, als die Malerei: würde sodann Laokoon notwendig bekleidet sein müssen? Würden wir unter dieser Bekleidung nichts verlieren? Hat ein Gewand, das Werk sklavischer Hände, ebensoviel Schönheit als das Werk der ewigen Weisheit, ein organi-

1 So urteilet selbst De Piles in seinen Anmerkungen über den Du Fresnoy v. 210. *Remarquez, s'il vous plaît, que les draperies tendres et légères n'étant données qu'au sexe féminin, les anciens sculpteurs ont évité autant qu'ils ont pu, d'habiller les figures d'hommes; parce qu'ils ont pensé, comme nous l'avons déjà dit, qu'en sculpture on ne pouvait imiter les étoffes et que les gros plis faisaient un mauvais effet. Il y a presque autant d'exemples de cette vérité, qu'il y a parmi les antiques de figures d'hommes nus. Je rapporterai seulement celui du Laocoon, lequel selon la vraisemblance devrait être vêtu. En effet, quelle apparence y-a-t-il qu'un fils de roi, qu'un prêtre d'Apollon se trouvât tout nu dans la cérémonie actuelle d'un sacrifice; car les serpents passèrent de l'île de Ténédos au rivage de Troie, et surprirent Laocoon et ses fils dans le temps même qu'il sacrifiait à Neptune sur le bord de la mer, comme le marque Virgile dans le second livre de son Enéide. Cependant les artistes, qui sont les auteurs de ce bel ouvrage, ont bien vu, qu'ils ne pouvaient pas leur donner de vêtements convenables à leur qualité, sans faire comme un amas de pierres, dont la masse ressemblerait à un rocher, au lieu des trois admirables figures, qui ont été et qui sont toujours l'admiration des siècles. C'est pour cela que de deux inconvénients, ils ont jugé celui draperies beaucoup plus fâcheux, que celui d'aller contre la vérité même.* [Man beachte, daß die zarten und leichten Gewänder nur dem weiblichen Geschlecht gegeben wurden und daß es die alten Bildhauer so sehr als möglich vermieden, Männerfiguren zu bekleiden, weil sie, wie schon gesagt, dachten, daß der Bildhauer Stoffe nicht wiedergeben könne und die dicken Falten schlecht wirkten. Es gibt fast ebenso viel Beispiele dieser Wahrheit wie nackte Männerfiguren unter den Antiken. Ich will nur den Laokoon erwähnen, der aller Wahrscheinlichkeit nach bekleidet sein mußte. Ist es tatsächlich wahrscheinlich, daß ein Königssohn, ein Apollopriester bei der feierlichen Handlung eines Opfers ganz nackt gewesen sei; denn die Schlangen kamen von der Insel Tenedos nach Troja und überraschten Laokoon und seine Söhne, als er gerade am Meeresufer dem Neptun opferte, wie Vergil im zweiten Buch seiner Aeneis bemerkt. Doch die Künstler, die dieses schöne Bildwerk schufen, haben wohl gesehen, daß sie den Gestalten keine zu ihrer Stellung passenden Gewänder geben konnten, ohne eine Art von Steinhaufen zu machen, dessen Masse einem Felsen geähnelt hätte, an Stelle der drei bewundernswerten Gestalten, die das Staunen der Jahrhunderte waren und immer bleiben werden. Deshalb haben sie von zwei Übeln das der Gewänder für weit schlimmer gehalten als das, gegen die Wahrheit selbst zu verstoßen.]

sierter Körper? Erfordert es einerlei Fähigkeiten, ist es einerlei Verdienst, bringt es einerlei Ehre, jenes oder diesen nachzuahmen? Wollen unsere Augen nur getäuscht sein, und ist es ihnen gleich viel, womit sie getäuscht werden?

Bei dem Dichter ist ein Gewand kein Gewand; es verdeckt nichts; unsere Einbildungskraft sieht überall hindurch. Laokoon habe es bei dem Virgil, oder habe es nicht, sein Leiden ist ihr an jedem Teile seines Körpers einmal so sichtbar, wie das andere. Die Stirne ist mit der priesterlichen Binde für sie umbunden, aber nicht umhüllet. Ja sie hindert nicht allein nicht, diese Binde; sie verstärkt auch noch den Begriff, den wir uns von dem Unglücke des Leidenden machen.

> Perfusus sanie vittas atroque veneno.
> [Ganz von Eiter die Bind' und schwärzlichem Gifte besudelt.]

Nichts hilft ihm seine priesterliche Würde; selbst das Zeichen derselben, das ihm überall Ansehen und Verehrung verschafft, wird von dem giftigen Geifer durchnetzt und entheiliget.

Aber diesen Nebenbegriff mußte der Artist aufgeben, wenn das Hauptwerk nicht leiden sollte. Hätte er dem Laokoon auch nur diese Binde gelassen, so würde er den Ausdruck um ein Großes geschwächt haben. Die Stirne wäre zum Teil verdeckt worden, und die Stirne ist der Sitz des Ausdruckes. Wie er also dort, bei dem Schreien, den Ausdruck der Schönheit aufopferte, so opferte er hier das Übliche dem Ausdrucke auf. Überhaupt war das Übliche bei den Alten eine sehr geringschätzige Sache. Sie fühlten, daß die höchste Bestimmung ihrer Kunst sie auf die völlige Entbehrung desselben führte. Schönheit ist diese höchste Bestimmung; Not erfand die Kleider, und was hat die Kunst mit der Not zu tun? Ich gebe es zu, daß es auch eine Schönheit der Bekleidung gibt; aber was ist sie, gegen die Schönheit der menschlichen Form? Und wird der, der das Größere erreichen kann, sich mit dem Kleinern begnügen? Ich fürchte sehr, der vollkommenste Meister in Gewändern zeigt durch diese Geschicklichkeit selbst, woran es ihm fehlt.

VI.

Meine Voraussetzung, daß die Künstler dem Dichter nachgeahmet haben, gereicht ihnen nicht zur Verkleinerung. Ihre Weisheit erscheinet vielmehr durch diese Nachahmung in dem schönsten Lichte. Sie folgten dem Dichter, ohne sich in der geringsten Kleinigkeit von ihm verführen zu lassen. Sie hatten ein Vorbild, aber da sie dieses Vorbild aus einer Kunst in die andere hinübertragen mußten, so fanden sie genug Gelegenheit selbst zu denken. Und diese ihre eigene Gedanken, welche sich in den Abweichungen von ihrem Vorbilde zeigen, beweisen, daß sie in ihrer Kunst ebenso groß gewesen sind, als er in der seinigen.

Nun will ich die Voraussetzung umkehren: der Dichter soll den Künstlern nachgeahmet haben. Es gibt Gelehrte, die diese Voraussetzung als eine Wahrheit behaupten.[1] Daß sie historische Gründe dazu haben könnten, wüßte ich nicht. Aber, da sie das Kunstwerk so überschwenglich schön fanden, so konnten sie sich nicht bereden, daß es aus so später Zeit sein sollte. Es mußte aus der Zeit sein, da die Kunst in ihrer vollkommensten Blüte war, weil es daraus zu sein verdiente.

Es hat sich gezeigt, daß, so vortrefflich das Gemälde des Virgils ist, die Künstler dennoch verschiedene Züge desselben nicht brauchen können. Der Satz leidet also seine Einschränkung, daß eine gute poetische Schilderung auch ein gutes wirkliches Gemälde geben müsse, und daß der Dichter nur insoweit gut geschildert habe, als ihm der Artist in allen Zügen folgen könne. Man ist geneigt, diese Einschränkung zu vermuten, noch ehe man sie durch Beispiele erhärtet sieht; bloß aus Erwägung der weitern Sphäre der Poesie, aus dem unendlichen Felde unserer Einbildungskraft, aus der Geistigkeit ihrer Bilder, die in größter Menge

1 Maffei, Richardson und noch neuerlich der Herr von Hagedorn. (»Betrachtungen über die Malerei« S. 37. *Richardson, Traité de la peinture. Tome III. p. 513.)* De Fontaines verdient es wohl nicht, daß ich ihn diesen Männern beifüge. Er hält zwar, in den Anmerkungen zu seiner Übersetzung des Virgils, gleichfalls dafür, daß der Dichter die Gruppe in Augen gehabt habe; er ist aber so unwissend, daß er sie für ein Werk des Phidias ausgibt.

und Mannigfaltigkeit nebeneinander stehen können, ohne daß eines das andere deckt oder schändet, wie es wohl die Dinge selbst, oder die natürlichen Zeichen derselben in den engen Schranken des Raumes oder der Zeit tun würden.

Wenn aber das Kleinere das Größere nicht fassen kann, so kann das Kleinere in dem Größern enthalten sein. Ich will sagen: wenn nicht jeder Zug, den der malende Dichter braucht, eben die gute Wirkung auf der Fläche oder in dem Marmor haben kann: so möchte vielleicht jeder Zug, dessen sich der Artist bedienet, in dem Werke des Dichters von ebenso guter Wirkung sein können? Ohnstreitig; denn was wir in einem Kunstwerke schön finden, das findet nicht unser Auge, sondern unsere Einbildungskraft, durch das Auge, schön. Das nämliche Bild mag also in unserer Einbildungskraft durch willkürliche oder natürliche Zeichen wieder erregt werden, so muß auch jederzeit das nämliche Wohlgefallen, obschon nicht in dem nämlichen Grade, wieder entstehen.

Dieses aber eingestanden, muß ich bekennen, daß mir die Voraussetzung, Virgil habe die Künstler nachgeahmet, weit unbegreiflicher wird, als mir das Widerspiel derselben geworden ist. Wenn die Künstler dem Dichter gefolgt sind, so kann ich mir von allen ihren Abweichungen Rede und Antwort geben. Sie mußten abweichen, weil die nämlichen Züge des Dichters in ihrem Werke Unbequemlichkeiten verursacht haben würden, die sich bei ihm nicht äußern. Aber warum mußte der Dichter abweichen? Wann er der Gruppe in allen und jeden Stücken treulich nachgegangen wäre, würde er uns nicht immer noch ein vortreffliches Gemälde geliefert haben?[1] Ich begreife wohl, wie seine vor sich selbst arbeitende Phantasie ihn auf diesen und jenen Zug

1 Ich kann mich desfalls auf nichts Entscheidenderes berufen, als auf das Gedichte des Sadolet. Es ist eines alten Dichters würdig, und da es sehr wohl die Stelle eines Kupfers vertreten kann, so glaube ich es hier ganz einrücken zu dürfen.

DE LAOCOONTIS STATUA

Jacobi Sadoleti Carmen.

Ecce alto terrae e cumulo, ingentisque ruinae / Visceribus, iterum reducem longinqua reduxit / Laocoonta dies; aulis regalibus olim / Qui stetit, atque tuos ornabat, Tite, penates. / Divinae simulacrum artis, nec docta vetustas / Nobilius spectabat opus, nunc celsa revisit / Exemptum tenebris redivivae moenia Romae. / Quid primum sum-

bringen können; aber die Ursachen, warum seine Beurteilungskraft schöne Züge, die er vor Augen gehabt, in diese andere Züge verwandeln zu müssen glaubte, diese wollen mir nirgends einleuchten.

Mich dünket sogar, wenn Virgil die Gruppe zu seinem Vorbilde

mumve loquar? miserumne parentem / Et prolem geminam? an sinuatos flexibus angues / Terribili aspectu? caudasque irasque draconum / Vulneraque et veros, saxo moriente, dolores? / Horret ad haec animus, mutaque ab imagine pulsat / Pectora non parvo pietas commixta tremori. / Prolixum bini spiris glomerantur in orbem / Ardentes colubri, et sinuosis orbibus errant / Ternaque multiplici constringunt corpora nexu. / Vix oculi sufferre valent, crudele tuendo / Exitium, casusque feros: micat alter, et ipsum / Laocoonta petit, totumque infraque supraque / Implicat et rabido tandem ferit ilia morsu. / Connexum refugit corpus, torquentia sese / Membra, latusque retro sinuatum a vulnere cernas / Ille dolore acri, et laniatu impulsus acerbo, / Dat gemitum ingentem, crudosque evellere dentes / Connixus, laevam impatiens ad terga Chelydri / Objicit: intendunt nervi, collectaque ab omni / Corpore vis frustra, summis conatibus instat. / Ferre nequit rabiem, et de vulnere murmur anhelum est. / At serpens lapsu crebro redeunte subintrat / Lubricus, intortoque ligat genua infima nodo. / Absistunt surae, spirisque prementibus arctum / Crus tumet, obsepto turgent vitalia pulsu, / Liventesque atro distendunt sanguine venas. / Nec minus in natos eadem vis effera saevit / Implexuque angit rapido, miserandaque membra / Dilacerat: jamque alterius depasita cruentum / Pectus, suprema genitorem voce cientis, / Circumjectu orbis, validoque volumine fulcit. / Alter adhuc nullo violatus corpora morsu, / Dum parat adducta caudam divellere planta, / Horret ad adspectum miseri patris, haeret in illo, / Et jam jam ingentes fletus, lacrimasque cadentes / Anceps in dubio retinet timor. Ergo perenni / Qui tantum statuistis opus jam laude nitentes, / Artifices magni (quanquam et melioribus actis / Quaeritur aeternum nomen, multoque licebat / Clarius ingenium venturae tradere famae) / Attamen ad laudem quaecunque oblata facultas / Egregium hanc rapere, et summa ad fastigia niti. / Vos rigidum lapidem vivis animare figuris / Eximii, et vivos spiranti in marmore sensus / Inserere, aspicimus motumque iramque doloremque, / Et paene audimus gemitus: vos extulit olim / Clara Rhodos, vestrae jacuerunt artis honores / Tempore ab immenso, quos rursum in luce secunda / Roma videt, celebratque frequens: operisque vetusti / Gratia parta recens. Quanto praestantius ergo est / In genio, aut quovis extendere fata labore, / Quam fastus et opes et inanem extendere luxum.

[Über die Statue des Laokoon
Gedicht von Jacobus Sadoletus

Sieh! aus gewaltigem Schutt, aus der mächt'gen Ruine Gewölben / Hat der zögernde Tag nun wieder gebracht uns / Jenen Laokoon, welcher in Romas fürstlichen Hallen / Einst gestanden und deine Penaten, o Titus, geschmückt hat. / Bildwerk göttlicher Kunst! – es hat selbst die herrliche Vorzeit / Edleres nie gesehen – der Nacht entstiegen, besuchst du / Wieder die stolzen Mauern der neugeborenen Roma. / Was erheb' ich hier mehr? was zuerst? den gepeinigten Vater? / Oder das Söhnepaar und die Schlangenverstrickung – ein Anblick / Schaudererregend! – die Wut der giftdurchschwollenen Drachen? / Oder die Wunden, den Schmerz, so wahr im sterbenden Marmor? / Seele, du schauderst zurück voll Graun, und vom stummen Gebilde /

gehabt hätte, daß er sich schwerlich würde haben mäßigen können, die Verstrickung aller drei Körper in einen Knoten gleichsam nur erraten zu lassen. Sie würde sein Auge zu lebhaft gerührt haben, er würde eine zu treffliche Wirkung von ihr empfunden haben, als daß sie nicht auch in seiner Beschreibung mehr

Abgewendet, ergreift gleich stark dich Schrecken und Mitleid / Gierig rollen daher zwei Schlangen zum mächtigen Kreis sich, / Ziehen herum rastlos, stets engere Kreise verknüpfend, / Bis sie endlich die drei mit unendlichen Schlingen umstricken. / Kaum vermag's zu ertragen der Blick und das gräßliche Schicksal / Anzuschaun und den schrecklichen Tod. Die eine erhebt sich, / Schnellt auf Laokoon sich, umschlingt ihn von oben und unten, / Schlägt mit zerfleischendem Biß in die Weichen den giftigen Zahn ihm, / Sieh, wie der Leib vor den Ringen sich sträubt, wie die Glieder sich winden! / Sieh, wie die Seite zurück sich krümmt, von der Wunde getroffen! / Er, vom bitteren Schmerz gequält und der herben Zerfleischung, / Hebt ein mächtig Geschrei, und sich mühend, die blutigen Zähne / Wegzureißen, ergreift mit der linken Hand er des Drachen Rücken; / Es spannen die Muskeln sich an; im gewaltigen Drucke / Bietet er, ach, umsonst! des Körpers gesammelte Kraft auf. / Schon erliegt er der Wut; zum Seufzer erstirbt ihm der Angstruf. / Aber es schlüpfet der Wurm, in häufiger Schlingung sich kehrend, / Schnell hindurch, ihm die Knie mit gewundenen Knoten umstrickend. / Da entschwinden die Waden, es schwillt von der Schnürung das Bein auf; / So auch schwellen empor vom gehemmten Pulse die Adern, / Und die bläulichen Venen erfüllen mit schwarzem Geblüt sich. / Gleich sehr wütet die wilde Gewalt jetzt gegen die Söhne, / Würgt sie mit schneller Verschlingung, zerfleischt die umwundenen Glieder: / Schon hat die blutige Brust des einen die Schlange zerrissen, / Der, mit ersterbendem Mund vom Erzeuger sich Hülfe erflehend / Nur vom umschlingenden Kreis und der mächtigen Windung gestürzt wird. / Während der zweite, dem keinerlei Biß noch die Glieder verletzt hat, / Mit gehobenem Fuß den Wurm zu entfernen sich anschickt, / Sieht er den Vater; vor Schauder erstarrt ihm jede Bewegung, / Und so hält die gedoppelte Furcht ihm zweifelnd das Jammern / Noch auf der Lippe zurück und im Aug' die Träne. – Daher war's / Herrliche Künstler, die ihr, von dauerndem Ruhme erstrahlend, / Solch ein Werk uns geschaffen (obgleich wohl besseren Taten / Ein unsterblicher Name gebührt und wohl euch vergönnt war, / Manchen erhabneren Geist dem künftigen Rufe zu melden), / Trefflich, daß ihr, wieviel sich zum Lob auch Gelegenheit darbot, / Diese ergriffet und euch zur höchsten Höhe hinaufschwangt. / Ihr habt das starre Gestein zu lebenswarmen Gestalten / Schaffend beseelt, habt lebende Sinne dem atmenden Marmor / Eingehaucht; wir erblicken die Wut, die Bewegung; die Schmerzen / Ja, wir vernehmen sogar das Jammergeschrei. – Es hat Rhodos / Einst Euch Ehre verliehen; es lag unendliche Zeit schon / Euere Kunst verborgen, die jetzt am glücklichen Tage / Roma wieder erblickt und verehrt; des vergessenen Kunstwerks / Ruhm ist wieder erneut. – Wieviel herrlicher ist's, mit dem Geiste, / Ja, mit Arbeit und Mühe sogar zu verlängern das Dasein, / Als zur Vermehrung der Pracht und der leeren Verschwendung zu dienen.] *(v. Leodegarii a Quercu Farrago poematum T. II. p. 63.)* Auch Gruter hat dieses Gedicht, nebst andern des Sadolets, seiner bekannten Sammlung *(Delic. Poet. Italorum Parte alt. p. 582)* mit einverleibet; allein sehr fehlerhaft. Für *bini* [je zwei] (v. 14) lieset er *vivi* [lebendige]; für *errant* [sie irren] (v. 15) *oram* [Küste] usw.

vorstechen sollte. Ich habe gesagt: es war itzt die Zeit nicht, diese Verstrickung auszumalen. Nein; aber ein einziges Wort mehr würde ihr in dem Schatten, worin sie der Dichter lassen mußte, einen sehr entscheidenden Druck vielleicht gegeben haben. Was der Artist, ohne dieses Wort, entdecken konnte, würde der Dichter, wenn er es bei dem Artisten gesehen hätte, nicht ohne dasselbe gelassen haben.

Der Artist hatte die dringendsten Ursachen, das Leiden des Laokoon nicht in Geschrei ausbrechen zu lassen. Wenn aber der Dichter die so rührende Verbindung von Schmerz und Schönheit in dem Kunstwerke vor sich gehabt hätte, was hätte ihn ebenso unvermeidlich nötigen können, die Idee von männlichem Anstande und großmütiger Geduld, welche aus dieser Verbindung des Schmerzes und der Schönheit entspringt, so völlig unangedeutet zu lassen, und uns auf einmal mit dem gräßlichen Geschrei seines Laokoons zu schrecken? Richardson sagt: Virgils Laokoon muß schreien, weil der Dichter nicht sowohl Mitleid für ihn, als Schrecken und Entsetzen bei den Trojanern, erregen will. Ich will es zugeben, obgleich Richardson nicht erwogen zu haben scheinet, daß der Dichter die Beschreibung nicht in seiner eignen Person macht, sondern sie den Aeneas machen läßt, und gegen die Dido machen läßt, deren Mitleid Aeneas nicht genug bestürmen konnte. Allein mich befremdet nicht das Geschrei, sondern der Mangel aller Gradation bis zu diesem Geschrei, auf welche das Kunstwerk den Dichter natürlicherweise hätte bringen müssen, wann er es, wie wir voraussetzen, zu seinem Vorbilde gehabt hätte. Richardson füget hinzu:[1] die Geschichte des

1 *De la peinture, Tome III. p. 516. C'est l'horreur que les Troïens ont conçue contre Laocoon, qui était nécessaire à Virgile pour la conduite de son poème; et cela le mène à cette description pathétique de la destruction de la patrie de son héros. Aussi Virgile n'avait garde de diviser l'attention sur la dernière nuit, pour une grande ville entière, par la peinture d'un petit malheur d'un particulier.* [Gerade das Entsetzen, das die Trojaner vor dem Laokoon ergriffen hat, war dem Vergil für den Gang seiner Dichtung notwendig; und das führt ihn zu dieser erschütternden Schilderung der Zerstörung der Vaterstadt seines Helden. Daher vermied es Vergil, die Aufmerksamkeit an der letzten Nacht einer ganzen Stadt durch die Ausmalung eines kleinen Unglücks eines einzelnen zu zerstreuen.]

Laokoon solle bloß zu der pathetischen Beschreibung der endlichen Zerstörung leiten; der Dichter habe sie also nicht interessanter machen dürfen, um unsere Aufmerksamkeit, welche diese letzte schreckliche Nacht ganz fordere, durch das Unglück eines einzeln Bürgers nicht zu zerstreuen. Allein das heißt die Sache aus einem malerischen Augenpunkte betrachten wollen, aus welchem sie gar nicht betrachtet werden kann. Das Unglück des Laokoon und die Zerstörung sind bei dem Dichter keine Gemälde nebeneinander; sie machen beide kein Ganzes aus, das unser Auge auf einmal übersehen könnte oder sollte; und nur in diesem Falle wäre es zu besorgen, daß unsere Blicke mehr auf den Laokoon, als auf die brennende Stadt fallen dürften. Beider Beschreibungen folgen aufeinander, und ich sehe nicht, welchen Nachteil es der folgenden bringen könnte, wenn uns die vorhergehende auch noch so sehr gerührt hätte. Es sei denn, daß die folgende an sich selbst nicht rührend genug wäre.
Noch weniger Ursache würde der Dichter gehabt haben, die Windungen der Schlangen zu verändern. Sie beschäftigen in dem Kunstwerke die Hände, und verstricken die Füße. So sehr dem Auge diese Verteilung gefällt, so lebhaft ist das Bild, welches in der Einbildung davon zurückbleibt. Es ist so deutlich und rein, daß es sich durch Worte nicht viel schwächer darstellen läßt, als durch natürliche Zeichen.

> – – – – micat alter, et ipsum
> Laocoonta petit, totumque infraque supraque
> Implicat et rabido tandem ferit ilia morsu
> –
> At serpens lapsu crebro redeunte subintrat
> Lubricus, intortoque ligat genua infima nodo.

[Die eine erhebt sich,
Schnellt auf Laokoon sich, umschlingt von oben und unten,
Schlägt mit zerfleischendem Biß in die Weichen den giftigen Zahn ihm.

Aber es schlüpfet der Wurm, in häufiger Schlingung sich kehrend,
Schnell hindurch, ihm die Knie mit gewundenen Knoten
umstrickend.]

Das sind Zeilen des Sadolet, die von dem Virgil ohne Zweifel noch malerischer gekommen wären, wenn ein sichtbares Vorbild seine Phantasie befeuert hätte, und die alsdann gewiß besser gewesen wären, als was er uns itzt dafür gibt:

Bis medium amplexi, bis collo squamea circum
Terga dati, superant capite et cervicibus altis.
[Zweimal mittenumher etc. . . . (s. o.)]

Diese Züge füllen unsere Einbildungskraft allerdings; aber sie muß nicht dabei verweilen, sie muß sie nicht aufs reine zu bringen suchen, sie muß itzt nur die Schlangen, itzt nur den Laokoon sehen, sie muß sich nicht vorstellen wollen, welche Figur beide zusammen machen. Sobald sie hierauf verfällt, fängt ihr das Virgilische Bild an zu mißfallen, und sie findet es höchst unmalerisch.

Wären aber auch schon die Veränderungen, welche Virgil mit dem ihm geliehenen Vorbilde gemacht hätte, nicht unglücklich, so wären sie doch bloß willkürlich. Man ahmet nach, um ähnlich zu werden; kann man aber ähnlich werden, wenn man über die Not verändert? Vielmehr wenn man dieses tut, ist der Vorsatz klar, daß man nicht ähnlich werden wollen, daß man also nicht nachgeahmet habe.

Nicht das Ganze, könnte man einwenden, aber wohl diesen und jenen Teil. Gut; doch welches sind denn diese einzeln Teile, die in der Beschreibung und in dem Kunstwerke so genau übereinstimmen, daß sie der Dichter aus diesem entlehnet zu haben scheinen könnte? Den Vater, die Kinder, die Schlangen, das alles gab dem Dichter sowohl als dem Artisten, die Geschichte. Außer dem Historischen kommen sie in nichts überein, als darin, daß sie Kinder und Vater in einen einzigen Schlangenknoten verstricken. Allein der Einfall hierzu entsprang aus dem veränderten Umstande, daß den Vater eben dasselbe Unglück betroffen habe, als die Kinder. Diese Veränderung aber, wie oben erwähnt worden, scheinet Virgil gemacht zu haben; denn die griechische Tradition sagt ganz etwas anders. Folglich, wenn in Ansehung jener gemeinschaftlichen Verstrickung, auf einer oder der andern Seite Nachahmung sein soll, so ist sie wahrscheinlicher auf der Seite der Künstler, als des Dichters zu vermuten. In allem übrigen weicht einer von dem andern ab; nur mit dem Unterschiede, daß wenn es der Künstler ist, der die Abweichungen gemacht hat, der Vorsatz den Dichter nachzuahmen, noch dabei bestehen kann, indem ihn die Bestimmung und die Schranken seiner Kunst dazu nötigten; ist es hingegen der Dichter, welcher dem Künstler nachgeahmet haben soll, so sind alle die berührten Abweichungen ein Beweis wider diese vermeintliche Nachahmung, und diejenigen, welche sie demohngeachtet behaupten, können weiter nichts damit wollen, als daß das Kunstwerk älter sei, als die poetische Beschreibung.

VII.

Wenn man sagt, der Künstler ahme dem Dichter, oder der Dichter ahme dem Künstler nach, so kann dieses zweierlei bedeuten. Entweder der eine macht das Werk des andern zu dem wirklichen Gegenstande seiner Nachahmung, oder sie haben beide einerlei Gegenstände der Nachahmung, und der eine entlehnet von dem andern die Art und Weise es nachzuahmen.

Wenn Virgil das Schild des Aeneas beschreibet, so ahmet er dem Künstler, welcher dieses Schild gemacht hat, in der ersten Bedeutung nach. Das Kunstwerk, nicht das was auf dem Kunstwerke vorgestellet worden, ist der Gegenstand seiner Nachahmung, und wenn er auch schon das mitbeschreibt, was man darauf vorgestellet sieht, so beschreibt er es doch nur als ein Teil des Schildes, und nicht als die Sache selbst. Wenn Virgil hingegen die Gruppe Laokoon nachgeahmet hätte, so würde dieses eine Nachahmung von der zweiten Gattung sein. Denn er würde nicht diese Gruppe, sondern das, was diese Gruppe vorstellet, nachgeahmet, und nur die Züge seiner Nachahmung von ihr entlehnt haben.

Bei der ersten Nachahmung ist der Dichter Original, bei der andern ist er Kopist. Jene ist ein Teil der allgemeinen Nachahmung, welche das Wesen seiner Kunst ausmacht, und er arbeitet als Genie, sein Vorwurf mag ein Werk anderer Künste, oder der Natur sein. Diese hingegen setzt ihn gänzlich von seiner Würde herab; anstatt der Dinge selbst ahmet er ihre Nachahmungen nach, und gibt uns kalte Erinnerungen von Zügen eines fremden Genies, für ursprüngliche Züge seines eigenen.

Wenn indes Dichter und Künstler diejenigen Gegenstände, die sie miteinander gemein haben, nicht selten aus dem nämlichen Gesichtspunkte betrachten müssen: so kann es nicht fehlen, daß ihre Nachahmungen nicht in vielen Stücken übereinstimmen sollten, ohne daß zwischen ihnen selbst die geringste Nachahmung oder Beeiferung gewesen. Diese Übereinstimmungen können bei zeitverwandten Künstlern und Dichtern, über Dinge, welche nicht mehr vorhanden sind, zu wechselsweisen Erläuterungen führen; allein dergleichen Erläuterungen dadurch aufzustutzen suchen, daß man aus dem Zufalle Vorsatz macht, und besonders dem Poeten bei jeder Kleinigkeit ein Augenmerk auf diese Statue, oder auf jenes Gemälde andichtet, heißt ihm einen sehr zweideutigen Dienst erweisen. Und nicht allein ihm, sondern auch dem Leser, dem man die schönste Stelle dadurch, wenn Gott will, sehr deutlich, aber auch trefflich frostig macht.

Dieses ist die Absicht und der Fehler eines berühmten englischen Werks. Spence schrieb seinen »Polymetis«[1] mit vieler klassischen Gelehrsamkeit, und in einer sehr vertrauten Bekanntschaft mit den übergebliebenen Werken der alten Kunst. Seinen Vorsatz, aus diesen die römischen Dichter zu erklären, und aus den Dich-

1 Die erste Ausgabe ist von 1747; die zweite von 1755 und führet den Titel: *Polymetis, or an enquiry concerning the agreement between the works of the Roman poets, and the remains of the ancient artists, being an attempt to illustrate them mutually from one another. In ten books, by the Revd. Mr. Spence. London, printed for Dodsley. fol.* Auch ein Auszug, welchen N. Tindal aus diesem Werke gemacht hat, ist bereits mehr als einmal gedruckt worden.

tern hinwiederum Aufschlüsse für noch unerklärte alte Kunstwerke herzuholen, hat er öfters glücklich erreicht. Aber demohngeachtet behaupte ich, daß sein Buch für jeden Leser von Geschmack ein ganz unerträgliches Buch sein muß.

Es ist natürlich, daß wenn Valerius Flaccus den geflügelten Blitz auf den römischen Schilden beschreibt,

(Nec primus radios, miles Romane, corusci
Fulminis et rutilas scutis diffuderis alas)
[Und du hast nicht als erster, römischer Krieger, die Strahlen des funkelnden Blitzes und die rötlichen Flügel auf den Schilden geführt].

mir diese Beschreibung weit deutlicher wird, wenn ich die Abbildung eines solchen Schildes auf einem alten Denkmale erblicke.[1] Es kann sein, daß Mars in eben der schwebenden Stellung, in welcher ihn Addison über der Rhea auf einer Münze zu sehen glaubte,[2] auch von den alten Waffenschmieden auf den Helmen

1 *Val. Flaccus lib. VI. v. 55. 56. Polymetis Dial. VI. p. 50.*

2 Ich sage, es kann sein. Doch wollte ich zehne gegen eins wetten, daß es nicht ist. – Juvenal redet von den ersten Zeiten der Republik, als man noch von keiner Pracht und Üppigkeit wußte und der Soldat das erbeutete Gold und Silber nur auf das Geschirr seines Pferdes und auf seine Waffen verwandte. *(Sat. XI. v. 100–107.)*
Tunc rudis et Grajas mirari nescius artes / Urbibus eversis praedarum in parte reperta / Magnorum artificum frangebat pocula miles, / Ut phaleris gauderet equus, caelataque cassis / Romuleae simulacra ferae mansuescere jussae / Imperii fato, geminos sub rupe Quirinos, / Ac nudam effigiem clipeo fulgentis et hasta / Pendentisque dei perituro ostenderet hosti.
[Damals zerbrach der rohe Krieger, der die griechischen Künste nicht zu bewundern wußte, nach der Zerstörung der Städte die im Beuteanteil gefundenen Becher großer Künstler, damit sein Roß sich des Schmuckes freue und der ziselierte Helm dem todgeweihten Feinde die Bilder der Romulischen Bestie zeige, der das Schicksal des Reiches zahm zu werden gebot, und die Quirinischen Zwillinge (Romulus und Remus) unter den Felsen und das nackte Bild des mit Schild und Lanze blitzenden und herabschwebenden Gottes.]
Der Soldat zerbrach die kostbarsten Becher, die Meisterstücke großer Künstler, um eine Wölfin, einen kleinen Romulus und Remus daraus arbeiten zu lassen, womit er seinen Helm ausschmückte. Alles ist verständlich, bis auf die letzten zwei Zeilen, in welchen der Dichter fortfährt, noch ein solches getriebenes Bild auf den Helmen der alten Soldaten zu beschreiben. So viel sieht man wohl, daß dieses Bild der Gott Mars sein soll; aber was soll das Beiwort *pendentis,* welches er ihm gibt, bedeuten? Rigaltius fand eine alte Glosse, die es durch *quasi ad ictum se inclinantis* [gleichsam zum

und Schilden vorgestellet wurde, und daß Juvenal einen solchen Helm oder Schild in Gedanken hatte, als er mit einem Worte darauf anspielte, welches bis auf den Addison ein Rätsel für alle Ausleger gewesen. Mich dünkt selbst, daß ich die Stelle des Ovids, wo der ermattete Cephalus den kühlenden Lüften ruft:

Werfen sich beugend] erklärt. Lubinus meinet, das Bild sei auf dem Schilde gewesen, und da das Schild an dem Arme hänge, so habe der Dichter auch das Bild hängend nennen können. Allein dieses ist wider die Konstruktion; denn das zu *ostenderet* [zeige] gehörige Subjektum ist nicht *miles* [Soldat], sondern *cassis* [Helm] Britannicus will, alles was hoch in der Luft stehe, könne hangend heißen, und also auch dieses Bild über oder auf dem Helme. Einige wollen gar *perdentis* [verderbenden] dafür lesen, um einen Gegensatz mit dem folgenden *perituro* [dem Todgeweihten] zu machen, den aber nur sie allein schön finden dürften. Was sagt nun Addison bei dieser Ungewißheit? Die Ausleger, sagt er, irren sich alle, und die wahre Meinung ist ganz gewiß diese. (S. dessen Reisen deut. Übers. S. 249.) »Da die römischen Soldaten sich nicht wenig auf den Stifter und kriegerischen Geist ihrer Republik einbildeten, so waren sie gewohnt auf ihren Helmen die erste Geschichte des Romulus zu tragen, wie er von einem Gotte erzeugt, und von einer Wölfin gesäuget worden. Die Figur des Gottes war vorgestellt, wie er sich auf die Priesterin Ilia, oder wie sie andere nennen, Rhea Sylvia, herabläßt, und in diesem Herablassen schien sie über der Jungfrau in der Luft zu schweben, welches denn durch das Wort *pendentis* sehr eigentlich und poetisch ausgedruckt wird. Außer dem alten Basrelief beim Bellori, welches mich zuerst auf diese Auslegung brachte, habe ich seitdem die nämliche Figur auf einer Münze gefunden, die unter der Zeit des Antoninus Pius geschlagen worden.« – Da Spence diese Entdeckung des Addison so außerordentlich glücklich findet, daß er sie als ein Muster in ihrer Art, und als das stärkste Beispiel anführet, wie nützlich die Werke der alten Artisten zur Erklärung der klassischen römischen Dichter gebraucht werden können: so kann ich mich nicht enthalten, sie ein wenig genauer zu betrachten. *(Polymetis Dial. VII. p. 77.)* – Vors erste muß ich anmerken, daß bloß das Basrelief und die Münze dem Addison wohl schwerlich die Stelle des Juvenals in die Gedanken gebracht haben würde, wenn er sich nicht zugleich erinnert hätte, bei dem alten Scholiasten, der in der letzten ohn' einen Zeile anstatt *fulgentis, venientis* [blitzenden, kommenden] gefunden, die Glosse gelesen zu haben: *Martis ad Iliam venientis ut concumberet* [Mars, der zu Ilia kommt, um mit ihr zu schlafen]. Nun nehme man aber diese Lesart des Scholiasten nicht an, sondern man nehme die an, welche Addison selbst annimmt, und sage, ob man sodann die geringste Spur findet, daß der Dichter die Rhea in Gedanken gehabt habe? Man sage, ob es nicht ein wahres Hysteronproteron von ihm sein würde, daß er von der Wölfin und den jungen Knaben rede, und sodann erst von dem Abenteuer, dem sie ihr Dasein zu danken haben? Die Rhea ist noch nicht Mutter, und die Kinder liegen schon unter dem Felsen. Man sage, ob eine Schäferstunde wohl ein schickliches Emblema auf dem Helme eines römischen Soldaten gewesen wäre? Der Soldat war auf den göttlichen Ursprung seines Stifters stolz; das zeigten die Wölfin und die Kinder genugsam; mußte er auch noch den Mars im Begriffe einer Handlung zeigen, in der er nichts weniger als der fürchterliche Mars war? Seine Überraschung der Rhea mag auf noch so viel alten Marmorn und Münzen

Aura – – – venias – –
Meque juves, intresque sinus, gratissima, nostros
[Liebliches Lüftchen, o komm und erfreue mich – –
– – und schmiege dich mir an den Busen]

zu finden sein, paßt sie darum auf das Stück einer Rüstung? Und welches sind denn die Marmor und Münzen auf welchen sie Addison fand, und wo er den Mars in dieser schwebenden Stellung sahe? Das alte Basrelief, worauf er sich beruft, soll Bellori haben. Aber die Admiranda, welches seine Sammlung der schönsten alten Basreliefs ist, wird man vergebens darnach durchblättern. Ich habe es nicht gefunden, und auch Spence muß es weder da, noch sonst wo gefunden haben, weil er es gänzlich mit Stillschweigen übergeht. Alles kömmt also auf die Münze an. Nun betrachte man diese bei dem Addison selbst. Ich erblicke eine liegende Rhea; und da dem Stempelschneider der Raum nicht erlaubte, die Figur des Mars mit ihr auf gleichem Boden zu stellen, so stehet er ein wenig höher. Das ist alles; Schwebendes hat sie außer diesem nicht das geringste. Es ist wahr, in der Abbildung, die Spence davon gibt, ist das Schweben sehr stark ausgedruckt; die Figur fällt mit dem Oberteile weit vor; und man sieht deutlich, daß es kein stehender Körper ist, sondern daß, wenn es kein fallender Körper sein soll, es notwendig ein schwebender sein muß. Spence sagt, er besitze diese Münze selbst. Es wäre hart, obschon in einer Kleinigkeit, die Aufrichtigkeit eines Mannes in Zweifel zu ziehen. Allein ein gefaßtes Vorurteil kann auch auf unsere Augen Einfluß haben; zudem konnte er es zum Besten seiner Leser für erlaubt halten, den Ausdruck, welchen er zu sehen glaubte, durch seinen Künstler so verstärken zu lassen, daß uns ebensowenig Zweifel desfalls übrigbliebe, als ihm selbst. So viel ist gewiß, daß Spence und Addison eben dieselbe Münze meinen, und daß sie sonach entweder bei diesem sehr verstellt, oder bei jenem sehr verschönert sein muß. Doch ich habe noch eine andere Anmerkung wider dieses vermeintliche Schweben des Mars. Diese nämlich: daß ein schwebender Körper, ohne eine scheinbare Ursache, durch welche die Wirkung seiner Schwere verhindert wird, eine Ungereimtheit ist, von der man in den alten Kunstwerken kein Exempel findet. Auch die neue Malerei erlaubet sich dieselbe nie, sondern wenn ein Körper in der Luft hangen soll, so müssen ihn entweder Flügel halten, oder er muß auf etwas zu ruhen scheinen, und sollte es auch nur eine bloße Wolke sein. Wenn Homer die Thetis von dem Gestade sich zu Fuße in den Olymp erheben läßt, Την μεν ἀρ Ουλυμπονδε ποδες φέρον [die aber trugen zum Olymp ihre Füße] *(Iliad. Σ. v. 148)*, so verstehet der Graf Caylus die Bedürfnisse der Kunst zu wohl, als daß er dem Maler raten sollte, die Göttin so frei die Luft durchschreiten zu lassen. Sie muß ihren Weg auf einer Wolke nehmen *(Tableaux tirés de l'Iliade p. 91)*, so wie er sie ein andermal auf einen Wagen setzt *(p. 131)*, obgleich der Dichter das Gegenteil von ihr sagt. Wie kann es auch wohl anders sein? Ob uns schon der Dichter die Göttin ebenfalls unter einer menschlichen Figur denken läßt, so hat er doch alle Begriffe eines groben und schweren Stoffes davon entfernet, und ihren menschenähnlichen Körper mit einer Kraft belebt, die ihn von den Gesetzen unserer Bewegung ausnimmt. Wodurch aber könnte die Malerei die körperliche Figur einer Gottheit von der körperlichen Figur eines Menschen so vorzüglich unterscheiden, daß unser Auge nicht beleidiget würde, wenn es bei der

und seine Prokris diese *Aura* für den Namen einer Nebenbuhlerin hält, daß ich, sage ich, diese Stelle natürlicher finde, wenn ich aus den Kunstwerken der Alten ersehe, daß sie wirklich die sanften Lüfte personifieret, und eine Art weiblicher Sylphen, unter

einen ganz andere Regeln der Bewegung, der Schwere, des Gleichgewichts beobachtet fände, als bei der andern? Wodurch anders als durch verabredete Zeichen? In der Tat sind ein Paar Flügel, eine Wolke auch nichts andres, als dergleichen Zeichen. Doch von diesem ein mehreres an einem andren Orte. Hier ist es genug, von den Verteidigern der Addisonschen Meinung zu verlangen, mir eine andere ähnliche Figur auf alten Denkmälern zu zeigen, die so frei und bloß in der Luft hange. Sollte dieser Mars die einzige in ihrer Art sein? Und warum? Hatte vielleicht die Tradition einen Umstand überliefert, der ein dergleichen Schweben in diesem Falle notwendig macht? Beim Ovid *(Fast. lib. 3.)* läßt sich nicht die geringste Spur davon entdecken. Vielmehr kann man zeigen, daß es keinen solchen Umstand könne gegeben haben. Denn es finden sich andere alte Kunstwerke, welche die nämliche Geschichte vorstellen, und wo Mars offenbar nicht schwebet, sondern gehet. Man betrachte das Basrelief beim Montfaucon *(Suppl. T. I. p. 183)*, das sich, wenn ich nicht irre, zu Rom in dem Palast der Mellini befindet. Die schlafende Rhea liegt unter einem Baume, und Mars nähert sich ihr mit leisen Schritten, und mit der bedeutenden Zurückstreckung der rechten Hand, mit der wir denen hinter uns, entweder zurückzubleiben, oder sachte zu folgen, befehlen. Es ist vollkommen die nämliche Stellung in der er auf der Münze erscheinet, nur daß er hier die Lanze in der rechten und dort in der linken Hand führet. Man findet öftrer berühmte Statuen und Basreliefe auf alten Münzen kopieret, als daß es auch nicht hier könnte geschehen sein, wo der Stempelschneider den Ausdruck der zurückgewandten rechten Hand vielleicht nicht fühlte und sie daher besser mit der Lanze füllen zu können glaubte. – Alles dieses nun zusammengenommen, wie viel Wahrscheinlichkeit bleibet dem Addison noch übrig? Schwerlich mehr, als soviel deren die bloße Möglichkeit hat. Doch woher eine bessere Erklärung, wenn diese nichts taugt? Es kann sein, daß sich schon eine bessere unter den vom Addison verworfenen Erklärungen findet. Findet sich aber auch keine, was mehr? Die Stelle des Dichters ist verdorben; sie mag es bleiben. Und sie wird es bleiben, wenn man auch noch zwanzig neue Vermutungen darüber auskramen wollte. Dergleichen könnte z. E. diese sein, daß *pendentis* in seiner figürlichen Bedeutung genommen werden müsse, nach welcher es soviel als ungewiß, unentschlossen, unentschieden, heißet. *Mars pendens* wäre alsdenn soviel als *Mars incertus* oder *Mars communis. Dii communes sunt,* sagt Servius, *(ad v. 118 lib. XII. Aeneid.), Mars, Bellona, Victoria, quia hi in bello utrique parti favere possunt* [gemeinschaftliche Götter sind Mars, Bellona und Victoria, weil diese im Kriege jede der beiden Parteien begünstigen können]. Und die ganze Zeile,

Pendentisque dei (effigiem) perituro ostenderet hosti,

würde diesen Sinn haben, daß der alte römische Soldat das Bildnis des gemeinschaftlichen Gottes seinem demohngeachtet bald unterliegenden Feinde unter die Augen zu tragen gewohnt gewesen sei. Ein sehr feiner Zug, der die Siege der alten Römer mehr zur Wirkung ihrer eignen Tapferkeit, als zur Frucht des parteiischen Beistandes ihres Stammvaters macht. Demohngeachtet: *non liquet* [es ist nicht klar].

dem Namen *Aurae*, verehret haben.[1] Ich gebe es zu, daß wenn Juvenal einen vornehmen Taugenichts mit einer Hermessäule vergleicht, man das Ähnliche in dieser Vergleichung schwerlich finden dürfte, ohne eine solche Säule zu sehen, ohne zu wissen, daß es ein schlechter Pfeiler ist, der bloß das Haupt, höchstens mit dem Rumpfe, des Gottes trägt, und weil wir weder Hände noch Füße daran erblicken, den Begriff der Untätigkeit erwecket.[2] – Erläuterungen von dieser Art sind nicht zu verachten,

1 »Ehe ich«, sagt Spence *(Polymetis Dialogue XIII. p. 208)* »mit diesen *Aurae*, Luftnymphen, bekannt ward, wußte ich mich in die Geschichte vom Cephalus und Prokris, beim Ovid, gar nicht zu finden. Ich konnte auf keine Weise begreifen, wie Cephalus durch seine Ausrufung, *Aura venias,* sie mochte auch in einem noch so zärtlichen schmachtenden Tone erschollen sein, jemanden auf den Argwohn bringen können, daß er seiner Prokris untreu sei. Da ich gewohnt war, unter dem Worte *Aura,* nichts als die Luft überhaupt, oder einen sanften Wind insbesondere, zu verstehen, so kam mir die Eifersucht der Prokris noch weit ungegründeter vor, als auch die allerausschweifendste gemeiniglich zu sein pflegt. Als ich aber einmal gefunden hatte, daß *Aura* ebensowohl ein schönes junges Mädchen, als die Luft bedeuten könnte, so bekam die Sache ein ganz anderes Ansehen, und die Geschichte dünkte mich eine ziemlich vernünftige Wendung zu bekommen.« Ich will den Beifall, den ich dieser Entdeckung, mit der sich Spence so sehr schmeichelt, in dem Texte erteile, in der Note nicht wieder zurücknehmen. Ich kann aber doch nicht unangemerkt lassen, daß auch ohne sie die Stelle des Dichters ganz natürlich und begreiflich ist. Man darf nämlich nur wissen, daß *Aura* bei den Alten ein ganz gewöhnlicher Name für Frauenzimmer war. So heißt z. E. beim Nonnus *(Dionys. lib. XLVIII.)* die Nymphe aus dem Gefolge der Diana, die, weil sie sich einer männlichern Schönheit rühmte, als selbst der Göttin ihre war, zur Strafe für ihre Vermessenheit, schlafend den Umarmungen des Bacchus preisgegeben ward.

2 *Juvenalis Satir. VIII. v. 52–55.*
– – – – At tu / Nil nisi Cecropides; truncoque simillimus Hermae: / Nullo quippe alio vincis discrimine, quam quod / Illi marmoreum caput est, tua vivit imago. [– – – doch du bist / Nichts, als von Kekrops Stamm, / und der Herme Rumpfe vergleichbar. / Denn von jener voraus hast du nichts anderes, als daß / Jener von Marmor das Haupt, daß dein Haupt aber belebt ist.]
Wenn Spence die griechischen Schriftsteller mit in seinen Plan gezogen gehabt hätte, so würde ihm vielleicht, vielleicht aber auch nicht, eine alte Aesopische Fabel beigefallen sein, die aus der Bildung einer solchen Hermessäule ein noch weit schöneres, und zu ihrem Verständnisse weit unentbehrlicheres Licht erhält, als diese Stelle des Juvenals. »Merkur«, erzählet Aesopus, »wollte gern erfahren, in welchem Ansehen er bei den Menschen stünde. Er verbarg seine Gottheit, und kam zu einem Bildhauer. Hier erblickte er die Statue des Jupiters, und fragte den Künstler, wie teuer er sie halte? ›Eine Drachme‹, war die Antwort. Merkur lächelte; ›Und diese Juno?‹ fragte er weiter. ›Ohngefähr ebensoviel.‹ Indem ward er sein eigenes Bild gewahr, und dachte bei sich selbst: ich bin der Bote der Götter; von mir kömmt aller Ge-

wenn sie auch schon weder allezeit notwendig noch allezeit hinlänglich sein sollten. Der Dichter hatte das Kunstwerk als ein für sich bestehendes Ding, und nicht als Nachahmung, vor Augen; oder Künstler und Dichter hatten einerlei angenommene Begriffe, demzufolge sich auch Übereinstimmung in ihren Vorstellungen zeigen mußte, aus welcher sich auf die Allgemeinheit jener Begriffe zurückschließen läßt.

Allein wenn Tibull die Gestalt des Apollo malet, wie er ihm im Traume erschienen: – der schönste Jüngling, die Schläfe mit dem keuschen Lorbeer umwunden; syrische Gerüche duften aus dem güldenen Haare, das um den langen Nacken schwimmet; glänzendes Weiß und Purpurröte mischen sich auf dem ganzen Körper, wie auf der zarten Wange der Braut, die itzt ihrem Geliebten zugeführet wird: – warum müssen diese Züge von alten berühmten Gemälden erborgt sein? Echions *nova nupta vere-*

winn; mich müssen die Menschen notwendig weit höher schätzen. ›Aber hier dieser Gott?‹ (Er wies auf sein Bild.) ›Wie teuer möchte wohl der sein?‹ ›Dieser?‹ antwortete der Künstler. ›O, wenn Ihr mir jene beide abkauft, so sollt Ihr diesen obendrein haben.‹« Merkur war abgeführt. Allein der Bildhauer kannte ihn nicht, und konnte also auch nicht die Absicht haben, seine Eigenliebe zu kränken, sondern es mußte in der Beschaffenheit der Statuen selbst gegründet sein, warum er die letztere so geringschätzig hielt, daß er sie zur Zugabe bestimmte. Die geringere Würde des Gottes, welchen sie vorstellte, konnte dabei nichts tun, denn der Künstler schätzet seine Werke nach der Geschicklichkeit, dem Fleiße und der Arbeit, welche sie erfordern, und nicht nach dem Range und dem Werte der Wesen, welche sie ausdrücken. Die Statue des Merkurs mußte weniger Geschicklichkeit, weniger Fleiß und Arbeit verlangen, wenn sie weniger kosten sollte, als eine Statue des Jupiters oder der Juno. Und so war es hier wirklich. Die Statuen des Jupiters und der Juno zeigten die völlige Person dieser Götter; die Statue des Merkurs hingegen war ein schlechter viereckichter Pfeiler, mit dem bloßen Brustbilde desselben. Was Wunder also, daß sie obendrein gehen konnte? Merkur übersahe diesen Umstand, weil er sein vermeintliches überwiegendes Verdienst nur allein vor Augen hatte, und so war seine Demütigung ebenso natürlich, als verdient. Man wird sich vergebens bei den Auslegern und Übersetzern und Nachahmern der Fabeln des Aesopus nach der geringsten Spur von dieser Erklärung umsehen; wohl aber könnte ich ihrer eine ganze Reihe anführen, wenn es sich der Mühe lohnte, die das Märchen geradezu verstanden, das ist, ganz und gar nicht verstanden haben. Sie haben die Ungereimtheit, welche darin liegt, wenn man die Statuen alle für Werke von einerlei Ausführung annimmt, entweder nicht gefühlt, oder wohl noch gar übertrieben. Was sonst in dieser Fabel anstößig sein könnte, wäre vielleicht der Preis, welchen der Künstler seinem Jupiter setzet. Für eine Drachma kann ja wohl auch kein Töpfer eine Puppe machen. Eine Drachma muß also hier überhaupt für etwas sehr Geringes stehen. *(Fab. Aesop. 90. Edit. Haupt. p. 70.)*

cundia notabilis [Neuvermählte, ausgezeichnet durch ihr Schamgefühl] mag in Rom gewesen sein, mag tausend- und tausendmal sein kopieret worden, war darum die bräutliche Scham selbst aus der Welt verschwunden? Seit sie der Maler gesehen hatte, war sie für keinen Dichter mehr zu sehen, als in der Nachahmung des Malers?[1] Oder wenn ein anderer Dichter den Vulkan ermüdet, und sein vor der Esse erhitztes Gesicht rot, brennend nennet: mußte er es erst aus dem Werke eines Malers lernen, daß Arbeit ermattet und Hitze rötet?[2] Oder wenn Lucrez den Wechsel der Jahreszeiten beschreibet, und sie, mit dem ganzen Gefolge ihrer Wirkungen in der Luft und auf der Erde, in ihrer natürlichen Ordnung vorüberführet: war Lucrez ein Ephemeron, hatte er kein ganzes Jahr durchlebet, um alle die Veränderungen selbst erfahren zu haben, daß er sie nach einer Prozession schildern mußte, in welcher ihre Statuen herumgetragen wurden? Mußte er erst von diesen Statuen den alten poetischen Kunstgriff lernen, dergleichen Abstrakta zu wirklichen Wesen zu machen?[3]

1 *Tibullus Eleg. 4. lib. III. Polymetis Dial. VIII. p. 84.*

2 *Statius lib. I. Silv. 5. v. 8. Polymetis Dial. VIII. p. 81.*

3 *Lucretius de R. N. lib. V. v. 736–747.*

It Ver, et Venus, et Veneris praenuntius ante / Pinnatus graditur Zephyrus; vestigia propter / Flora quibus mater praespargens ante viai / Cuncta coloribus egregiis et odoribus opplet. / Inde loci sequitur Calor aridus, et comes una / Pulverulenta Ceres; et Etesia flabra Aquilonum. / Inde Autumnus adit; graditur simul Evius Evan: / Inde aliae tempestates ventique sequuntur, / Altitonans Volturnus et Auster fulmine pollens. / Tandem Bruma nives adfert, pigrumque rigorem / Reddit, Hiems sequitur, crepitans ac dentibus Algus.

[Lenz und Venus erscheint und ihr Bote, der Knabe mit Flügeln, / Schreitet vorauf, auch Flora, die Mutter, die neben dem Zephyr / Wandelnd die Wege vorher mit den Blüten des Lenzes bestreuet, / Alles mit herrlichen Farben und Wohlgerüchen erfüllend. / Dann folgt trockene Glut und zugleich als Begleiterin Ceres, / Die sich in Staub einhüllt, und die wehenden Nordpassate. / Hierauf naht auch der Herbst und der »Nhoi!« jauchzende Bacchus. / Ihnen folgen im Zuge die anderen Wetter und Winde: / Erst Südost mit dem Donner, dann Blitze versendend der Südwind. / Schnee bringt endlich das Ende des Jahres und erstarrende Kälte / Bringt es uns wieder, ihm folgt der zähneklappernde Winter.]

Spence erkennet diese Stelle für eine von den schönsten in dem ganzen Gedichte des Lucrez. Wenigstens ist sie eine von denen, auf welche sich die Ehre des Lucrez als Dichter gründet. Aber wahrlich, es heißt ihm diese Ehre schmälern, ihn völlig darum bringen wollen, wenn man sagt: Diese ganze Beschreibung scheinet nach einer alten Prozession der vergötterten Jahreszeiten, nebst ihrem Gefolge, gemacht zu sein.

Oder Virgils *pontem indignatus Araxes* [der über die Brücke ergrimmte Araxes], dieses vortreffliche poetische Bild eines über seine Ufer sich ergießenden Flusses, wie er die über ihn geschlagene Brücke zerreißt, verliert es nicht seine ganze Schönheit, wenn der Dichter auf ein Kunstwerk damit angespielet hat, in welchem dieser Flußgott als wirklich eine Brücke zerbrechend vorgestellet wird?[1] – Was sollen wir mit dergleichen Erläuterungen, die aus der klärsten Stelle den Dichter verdrängen, um den Einfall eines Künstlers durchschimmern zu lassen?

Ich bedaure, daß ein so nützliches Buch, als »Polymetis« sonst sein könnte, durch diese geschmacklose Grille, den alten Dichtern statt eigentümlicher Phantasie, Bekanntschaft mit fremder unterzuschieben, so ekel, und den klassischen Schriftstellern weit nachteiliger geworden ist, als ihnen die wäßrigen Auslegungen der schalsten Wortforscher nimmermehr sein können. Noch mehr bedauere ich, daß Spencen selbst Addison hierin vorgegangen, der aus löblicher Begierde, die Kenntnis der alten Kunstwerke zu einem Auslegungsmittel zu erheben, die Fälle ebensowenig unterschieden hat, in welchen die Nachahmung des Künstlers dem Dichter anständig, in welchen sie ihm verkleinerlich ist.[2]

Und warum das? »Darum«, sagt der Engeländer, »weil bei den Römern ehedem dergleichen Prozessionen mit ihren Göttern überhaupt, ebenso gewöhnlich waren, als noch itzt in gewissen Ländern die Prozessionen sind, die man den Heiligen zu Ehren anstellet; und weil hiernächst alle Ausdrücke, welche der Dichter hier braucht, auf eine Prozession recht sehr wohl passen« *(come in very aptly, if applied to a procession).* Treffliche Gründe! Und wie vieles wäre gegen den letzteren noch einzuwenden. Schon die Beiwörter, welche der Dichter den personifierten Abstrakten gibt, *Calor aridus, Ceres pulverulenta, Volturnus altitonans, fulmine pollens Auster, Algus dentibus crepitans,* zeigen, daß sie das Wesen von ihm, und nicht von dem Künstler haben, der sie ganz anders hätte charakterisieren müssen. Spence scheinet übrigens auf diesen Einfall von einer Prozession durch Abraham Preigern gekommen zu sein, welcher in seinen Anmerkungen über die Stelle des Dichters sagt: *Ordo est quasi pompae cujusdam, Ver et Venus, Zephyrus et Flora etc.* [Die Ordnung ist gleichsam die einer Prozession: Frühling und Venus, Zephyr und Flora usw.] Allein dabei hätte es auch Spence nur sollen bewenden lassen. Der Dichter führet die Jahreszeiten gleichsam in einer Prozession auf; das ist gut. Aber er hat es von einer Prozession gelernt, sie so aufzuführen; das ist sehr abgeschmackt.

1 *Aeneid. Lib. VIII. v. 728. Polymetis Dial. XIV. p. 230.*

2 In verschiedenen Stellen seiner Reisen und seines Gespräches über die alten Münzen.

VIII.

Von der Ähnlichkeit, welche die Poesie und Malerei miteinander haben, macht sich Spence die allerseltsamsten Begriffe. Er glaubet, daß beide Künste bei den Alten so genau verbunden gewesen, daß sie beständig Hand in Hand gegangen, und der Dichter nie den Maler, der Maler nie den Dichter aus den Augen verloren habe. Daß die Poesie die weitere Kunst ist, daß ihr Schönheiten zu Gebote stehen, welche die Malerei nicht zu erreichen vermag; daß sie öfters Ursachen haben kann, die unmalerischen Schönheiten den malerischen vorzuziehen: daran scheinet er gar nicht gedacht zu haben, und ist daher bei dem geringsten Unterschiede, den er unter den alten Dichtern und Artisten bemerkt, in einer Verlegenheit, die ihn auf die wunderlichsten Ausflüchte von der Welt bringt.

Die alten Dichter geben dem Bacchus meistenteils Hörner. Es ist also doch wunderbar, sagt Spence, daß man diese Hörner an seinen Statuen so selten erblickt.[1] Er fällt auf diese, er fällt auf eine andere Ursache; auf die Unwissenheit der Antiquare, auf die Kleinheit der Hörner selbst, die sich unter den Trauben und Efeublättern, dem beständigen Kopfputze des Gottes, möchten verkrochen haben. Er windet sich um die wahre Ursache herum, ohne sie zu argwohnen. Die Hörner des Bacchus waren keine natürliche Hörner, wie sie es an den Faunen und Satyren waren. Sie waren ein Stirnschmuck, den er aufsetzen und ablegen konnte.

– Tibi, cum sine cornibus adstas
Virgineum caput est: – –
[Stehst du ohne Hörner da, so hast
du das Haupt einer Jungfrau]

heißt es in der feierlichen Anrufung des Bacchus beim Ovid.[2] Er konnte sich also auch ohne Hörner zeigen; und zeigte sich ohne

1 *Polymetis Dial. IX. p. 129.*
2 *Metamorph. lib. IV. v. 19. 20.*

Hörner, wenn er in seiner jungfräulichen Schönheit erscheinen wollte. In dieser wollten ihn nun auch die Künstler darstellen, und mußten daher alle Zusätze von übler Wirkung an ihm vermeiden. Ein solcher Zusatz wären die Hörner gewesen, die an dem Diadem befestiget waren, wie man an einem Kopfe in dem königlichen Kabinett zu Berlin sehen kann.[1] Ein solcher Zusatz war das Diadem selbst, welches die schöne Stirne verdeckte, und daher an den Statuen des Bacchus ebenso selten vorkömmt, als die Hörner, ob es ihm schon, als seinem Erfinder, von den Dichtern ebenso oft beigeleget wird. Dem Dichter gaben die Hörner und das Diadem feine Anspielungen auf die Taten und den Charakter des Gottes: dem Künstler hingegen wurden sie Hinderungen größere Schönheiten zu zeigen, und wenn Bacchus, wie ich glaube eben darum den Beinamen *Biformis*, Διμορφος [der Zweigestaltige] hatte, weil er sich sowohl schön als schrecklich zeigen konnte, so war es wohl natürlich, daß der Künstler diejenige von seiner Gestalt am liebsten wählte, die der Bestimmung seiner Kunst am meisten entsprach.

Minerva und Juno schleudern bei den römischen Dichtern öfters den Blitz. Aber warum nicht auch in ihren Abbildungen? fragt Spence.[2] Er antwortet: es war ein besonderes Vorrecht dieser zwei Göttinnen, wovon man den Grund vielleicht erst in den samothracischen Geheimnissen erfuhr; weil aber die Artisten bei den alten Römern als gemeine Leute betrachtet, und daher zu diesen Geheimnissen selten zugelassen wurden, so wußten sie ohne Zweifel nichts davon, und was sie nicht wußten, konnten sie nicht vorstellen. Ich möchte Spencen dagegen fragen: arbeiteten diese gemeinen Leute vor ihren Kopf, oder auf Befehl Vornehmerer, die von den Geheimnissen unterrichtet sein konnten? Stunden die Artisten auch bei den Griechen in dieser Verachtung? Waren die römischen Artisten nicht mehrenteils geborne Griechen? Und so weiter.

Statius und Valerius Flaccus schildern eine erzürnte Venus, und

1 *Begeri Thes. Brandenb. Vol. III. p. 240.*
2 *Polymetis Dial. VI. p. 63.*

mit so schrecklichen Zügen, daß man sie in diesem Augenblicke eher für eine Furie, als für die Göttin der Liebe halten sollte. Spence siehet sich in den alten Kunstwerken vergebens nach einer solchen Venus um. Was schließt er daraus? Daß dem Dichter mehr erlaubt ist als dem Bildhauer und Maler? Das hätte er daraus schließen sollen; aber er hat es einmal für allemal als einen Grundsatz angenommen, daß in einer poetischen Beschreibung nichts gut sei, was unschicklich sein würde, wenn man es in einem Gemälde, oder an einer Statue vorstellte.[1] Folglich müssen die Dichter gefehlt haben. »Statius und Valerius sind aus einer Zeit, da die römische Poesie schon in ihrem Verfalle war. Sie zeigen auch hierin ihren verderbten Geschmack, und ihre schlechte Beurteilungskraft. Bei den Dichtern aus einer bessern Zeit wird man dergleichen Verstoßungen wider den malerischen Ausdruck nicht finden.[2]«

So etwas zu sagen, braucht es wahrlich wenig Unterscheidungskraft. Ich will indes mich weder des Statius noch des Valerius in diesem Fall annehmen, sondern nur eine allgemeine Anmerkung machen. Die Götter und geistigen Wesen, wie sie der Künstler vorstellet, sind nicht völlig ebendieselben, welche der Dichter braucht. Bei dem Künstler sind sie personifierte Abstrakta, die beständig die nämliche Charakterisierung behalten müssen, wenn sie erkenntlich sein sollen. Bei dem Dichter hingegen sind sie wirkliche handelnde Wesen, die über ihren allgemeinen Charakter noch andere Eigenschaften und Affekten haben, welche nach Gelegenheit der Umstände vor jenen vorstechen können. Venus ist dem Bildhauer nichts als die Liebe; er muß ihr also alle die sittsame verschämte Schönheit, alle die holden Reize geben, die uns an geliebten Gegenständen entzücken, und die wir daher mit in den abgesonderten Begriff der Liebe bringen. Die geringste

1 *Polymetis Dialogue XX. p. 311. Scarce any thing can be good in a poetical description, which would appear absurd, if represented in a statue or picture* [Schwerlich kann irgend etwas in einer dichterischen Beschreibung gut sein, was, in einer Statue oder einem Gemälde dargestellt, als widersinnig erscheinen würde].

2 *Polymetis Dial. VII. p. 74.*

Abweichung von diesem Ideal läßt uns sein Bild verkennen. Schönheit, aber mit mehr Majestät als Scham, ist schon keine Venus, sondern eine Juno. Reize, aber mehr gebieterische, männliche, als holde Reize, geben eine Minerva statt einer Venus. Vollends eine zürnende Venus, eine Venus von Rache und Wut getrieben, ist dem Bildhauer ein wahrer Widerspruch; denn die Liebe, als Liebe, zürnet nie, rächet sich nie. Bei dem Dichter hingegen ist Venus zwar auch die Liebe, aber die Göttin der Liebe, die außer diesem Charakter, ihre eigne Individualität hat, und folglich der Triebe des Abscheues ebenso fähig sein muß, als der Zuneigung. Was Wunder also, daß sie bei ihm in Zorn und Wut entbrennet, besonders wenn es die beleidigte Liebe selbst ist, die sie darein versetzet?

Es ist zwar wahr, daß auch der Künstler in zusammengesetzten Werken, die Venus, oder jede andere Gottheit, außer ihrem Charakter, als ein wirklich handelndes Wesen, so gut wie der Dichter, einführen kann. Aber alsdenn müssen wenigstens ihre Handlungen ihrem Charakter nicht widersprechen, wenn sie schon keine unmittelbare Folgen desselben sind. Venus übergibt ihrem Sohne die göttlichen Waffen: diese Handlung kann der Künstler, sowohl als der Dichter, vorstellen. Hier hindert ihn nichts, der Venus alle die Anmut und Schönheit zu geben, die ihr als Göttin der Liebe zukommen; vielmehr wird sie eben dadurch in seinem Werke um so viel kenntlicher. Allein wenn sich Venus an ihren Verächtern, den Männern zu Lemnos, rächen will, in vergrößerter wilder Gestalt, mit fleckigten Wangen, in verwirrtem Haare, die Pechfackel ergreift, ein schwarzes Gewand um sich wirft, und auf einer finstern Wolke stürmisch herabfährt: so ist das kein Augenblick für den Künstler, weil er sie durch nichts in diesem Augenblicke kenntlich machen kann. Es ist nur ein Augenblick für den Dichter, weil dieser das Vorrecht hat, einen andern, in welchem die Göttin ganz Venus ist, so nahe, so genau damit zu verbinden, daß wir die Venus auch in der Furie nicht aus den Augen verlieren. Dieses tut Flaccus:

– – Neque enim alma videri
Jam tumet; aut tereti crinem subnectitur auro,
Sidereos diffusa sinus. Eadem effera et ingens
Et maculis suffecta genas; pinumque sonantem
Virginibus Stygiis, nigramque simillima pallam.[1]
[Auch will sie nicht mehr huldreich scheinen,
Ihr Haar aus der goldnen Spange gelöst,
Fällt wild auf ihren himmlischen Busen herab.
Wild und gewaltig,
Die Wangen befleckt, mit knisternder Fackel und schwarzem Gewand
Gleicht sie völlig den stygischen Jungfraun].

Eben dieses tut Statius:

Illa Paphon veterem centumque altaria linquens,
Nec vultu nec crine prior, solvisse jugalem
Ceston, et Idalias procul ablegasse volucres
Fertur. Erant certe, media qui noctis in umbra
Divam, alios ignes majoraque tela gerentem,
Tartarias inter thalamis volitasse sorores
Vulgarent: utque implicitis arcana domorum
Anguibus et saeva formidine cuncta replerit
Limina.[2] –

[Jene (Venus) – so sagt man – verließ das alte Paphos, und ihre
Hundert Altäre, Gesicht und Haar verändert; sie löste
Ihren Eh'gürtel und trieb weit von sich ihre idealischen
Vögel hinweg: man versichert sogar, es sei in der Mitternacht
Dunkel, andere Pfeil' und Fackeln in Händen, die Göttin
Von den stygischen Schwestern umringt, in die Kammern der Gatten
Eingedrungen. Sobald sie mit ihren verwickelten Schlangen
Jeglichen Winkel der Häuser und alles mit Schrecken erfüllt.]

1 *Argonaut. Lib. II. v. 102–106.*
2 *Thebaid. Lib. V. v. 61–69.*

Oder man kann sagen: der Dichter allein besitzet das Kunststück, mit negativen Zügen zu schildern, und durch Vermischung dieser negativen mit positiven Zügen, zwei Erscheinungen in eine zu bringen. Nicht mehr die holde Venus; nicht mehr das Haar mit goldenen Spangen geheftet; von keinem azurnen Gewande umflattert; ohne ihren Gürtel; mit andern Flammen, mit größern Pfeilen bewaffnet; in Gesellschaft ihr ähnlicher Furien. Aber weil der Artist dieses Kunststückes entbehren muß, soll sich seiner darum auch der Dichter enthalten? Wenn die Malerei die Schwester der Dichtkunst sein will: so sei sie wenigstens keine eifersüchtige Schwester; und die jüngere untersage der älteren nicht alle den Putz, der sie selbst nicht kleidet.

IX.

Wenn man in einzeln Fällen den Maler und Dichter miteinander vergleichen will, so muß man vor allen Dingen wohl zusehen, ob sie beide ihre völlige Freiheit gehabt haben, ob sie ohne allen äußerlichen Zwang auf die höchste Wirkung ihrer Kunst haben arbeiten können.

Ein solcher äußerlicher Zwang war dem alten Künstler öfters die Religion. Sein Werk, zur Verehrung und Anbetung bestimmt, konnte nicht allezeit so vollkommen sein, als wenn er einzig das Vergnügen des Betrachters dabei zur Absicht gehabt hätte. Der Aberglaube überladete die Götter mit Sinnbildern, und die schönsten von ihnen wurden nicht überall als die schönsten verehret.

Bacchus stand in seinem Tempel zu Lemnos, aus welchem die fromme Hypsipyle ihren Vater unter der Gestalt des Gottes rettete,[1] mit Hörnern, und so erschien er ohne Zweifel in allen sei-

1 *Valerius Flaccus Lib. II. Argonaut. v. 265–273.*
Serta patri, juvenisque comam vestesque Lyaei / Induit, et medium curru locat; aeraque circum / Tympanaque et plenas tacita formidine cistas. / Ipsa sinus hederisque ligat famularibus artus: / Pampineamque quatit ventosis ictibus hastam, / Respiciens; teneat virides velatus habenas / Ut pater, et nivea tumeant ut cornua mitra, / Et sacer ut Bacchum referat scyphus. [Und sie schmückt mit dem Kranz und dem Haar und Kleidern des Bacchus / Jetzt den Vater und setzt ihn dann auf den Wagen, und

nen Tempeln, denn die Hörner waren ein Sinnbild, welches sein Wesen mit bezeichnete. Nur der freie Künstler, der seinen Bacchus für keinen Tempel arbeitete, ließ dieses Sinnbild weg; und wenn wir, unter den noch übrigen Statuen von ihm, keine mit Hörnern finden,[1] so ist dieses vielleicht ein Beweis, daß es keine von den geheiligten sind, in welchen er wirklich verehret worden. Es ist ohnedem höchst wahrscheinlich, daß auf diese letzteren die Wut der frommen Zerstörer in den ersten Jahrhunderten des Christentums vornehmlich gefallen ist, die nur hier und da ein Kunstwerk schonte, welches durch keine Anbetung verunreiniget war.

Da indes unter den aufgegrabenen Antiken sich Stücke sowohl von der einen als von der andern Art finden, so wünschte ich, daß man den Namen der Kunstwerke nur denjenigen beilegen möchte, in welchen sich der Künstler wirklich als Künstler zeigen können, bei welchen die Schönheit seine erste und letzte Absicht gewesen. Alles andere, woran sich zu merkliche Spuren

ringsum / Stellt sie Becken und Trommeln und Kisten voll heimlicher Schrecken / Sie selbst schlingt wie die Priester um Brust und Glieder den Efeu, / Und sie schwinget den rebenumrankten Speer durch die Lüfte, / Rückwärts schau'nd, ob verschleiert der Cater die grünenden Zügel / Halte, und ob die Hörner entquellen der schneeigen Mitra, / Ob der heil'ge Pokal an Bacchus erinnre.]

Das Wort *tumeant*, in der letzten ohn' einen Zeile, scheinet übrigens anzuzeigen, daß man die Hörner des Bacchus nicht so klein gemacht, als sich Spence einbildet.

1 Der sogenannte Bacchus in dem Mediceischen Garten zu Rom (beim Montfaucon *Suppl. aux Ant. Expl. T. I. p. 154)* hat kleine aus der Stirne hervorsprossende Hörner; aber es gibt Kenner, die ihn eben darum lieber zu einem Faune machen wollen. In der Tat sind solche natürliche Hörner eine Schändung der menschlichen Gestalt, und können nur Wesen geziemen, denen man eine Art von Mittelgestalt zwischen Menschen und Tier erteilte. Auch ist die Stellung, der lüsterne Blick nach der über sich gehaltenen Traube, einem Begleiter des Weingottes anständiger als dem Gotte selbst. Ich erinnere mich hier, was Clemens Alexandrinus von Alexander dem Großen sagt *(Protrept. p. 48. Edit. Pott.)*

'Εβουλετο δε και 'Αλεξανδρος 'Αμμωνος υίος εἰναι δοκειν, και κερασφορος ἀναπλαττεσθαι προς των ἀγαλματοποιων, το καλον ἀνθρωπου ὑβρισαι σπευδων κερατι [Alexander wollte als Sohn des Zeus Ammon gelten und von den Bildhauern deshalb mit Hörnern dargestellt werden, obwohl das dazu führte, daß durch die Hörner die Schönheit des Menschenbildes geschändet wurde]. Es war Alexanders ausdrücklicher Wille, daß ihn der Bildhauer mit Hörnern vorstellen sollte: er war es gern zufrieden, daß die menschliche Schönheit in ihm mit Hörnern beschimpft ward, wenn man ihn nur eines göttlichen Ursprunges zu sein glaubte.

gottesdienstlicher Verabredungen zeigen, verdienet diesen Namen nicht, weil die Kunst hier nicht um ihrer selbst willen gearbeitet, sondern ein bloßes Hilfsmittel der Religion war, die bei den sinnlichen Vorstellungen, die sie ihr aufgab, mehr auf das Bedeutende als auf das Schöne sahe; ob ich schon dadurch nicht sagen will, daß sie nicht auch öfters alles Bedeutende in das Schöne gesetzt, oder aus Nachsicht für die Kunst und den feinern Geschmack des Jahrhunderts, von jenem so viel nachgelassen habe, daß dieses allein zu herrschen scheinen können.

Macht man keinen solchen Unterschied, so werden der Kenner und der Antiquar beständig miteinander im Streite liegen, weil sie einander nicht verstehen. Wenn jener, nach seiner Einsicht in die Bestimmung der Kunst, behauptet, daß dieses oder jenes der alte Künstler nie gemacht habe, nämlich als Künstler nicht, freiwillig nicht: so wird dieser es dahin ausdehnen, daß es auch weder die Religion, noch sonst eine außer dem Gebiete der Kunst liegende Ursache, von dem Künstler habe machen lassen, von dem Künstler nämlich als Handarbeiter. Er wird also mit der ersten mit der besten Figur den Kenner widerlegen zu können glauben, die dieser ohne Bedenken, aber zu großem Ärgernisse der gelehrten Welt, wieder zu dem Schutte verdammet, woraus sie gezogen worden.[1]

1 Als ich oben behauptete, daß die alten Künstler keine Furien gebildet hätten, war es mir nicht entfallen, daß die Furien mehr als einen Tempel gehabt, die ohne ihre Statuen gewiß nicht gewesen sind. In dem zu Cerynea fand Pausanias dergleichen von Holz; sie waren weder groß, noch sonst besonders merkwürdig; es schien, daß die Kunst, die sich nicht an ihnen zeigen können, es an den Bildsäulen ihrer Priesterinnen, die in der Halle des Tempels standen, einbringen wollen, als welche von Stein, und von sehr schöner Arbeit waren. *(Pausanias Achaic. cap. XXV. p. 589. Edit. Kuhn.)* Ich hatte ebensowenig vergessen, daß man Köpfe von ihnen auf einem Abraxas, den Chiffletius bekannt gemacht, und auf einer Lampe beim Licetus zu sehen glaube. *(Dissertat. sur les Furies par Banier, Mémoires de l'Académie des Inscript. T. V. p. 48.)* Auch sogar die Urne von hetrurischer Arbeit beim Gorius *(Tabl. 151 Musei Etrusci)*, auf welcher Orestes und Pylades erscheinen, wie ihnen zwei Furien mit Fackeln zusetzen, war mir nicht unbekannt. Allein ich redete von Kunstwerken, von welchen ich alle diese Stücke ausschließen zu können glaubte. Und wäre auch das letztere nicht sowohl als die übrigen davon auszuschließen, so dienet es von einer andern Seite, mehr meine Meinung zu bestärken, als zu widerlegen. Denn so wenig auch die hetrurischen Künstler überhaupt auf das Schöne gearbeitet, so scheinen sie doch auch die Furien nicht sowohl durch schreckliche Gesichtszüge, als vielmehr durch

Gegenteils kann man sich aber auch den Einfluß der Religion auf die Kunst zu groß vorstellen. Spence gibt hiervon ein sonderbares Beispiel. Er fand beim Ovid, daß Vesta in ihrem Tempel unter keinem persönlichen Bilde verehret worden; und dieses dünkte ihm genug, daraus zu schließen, daß es überhaupt keine Bildsäulen von dieser Göttin gegeben habe, und daß alles, was man bisher dafür gehalten, nicht die Vesta, sondern eine Vestalin vorstelle.[1] Eine seltsame Folge! Verlor der Künstler darum sein Recht, ein Wesen, dem die Dichter eine bestimmte Persönlichkeit geben, das sie zur Tochter des Saturnus und der Ops machen, das sie in Gefahr kommen lassen, unter die Mißhandlungen des Priapus zu fallen, und was sie sonst von ihr erzählen, verlor er, sage ich, darum sein Recht, dieses Wesen auch nach seiner Art

ihre Tracht und Attributa ausgedruckt zu haben. Diese stoßen mit so ruhigem Gesichte dem Orestes und Pylades ihre Fackeln unter die Augen, daß sie fast scheinen, sie nur im Scherze erschrecken zu wollen. Wie fürchterlich sie dem Orestes und Pylades vorgekommen, läßt sich nur aus ihrer Furcht, keineswegs aber aus der Bildung der Furien selbst abnehmen. Es sind also Furien, und sind auch keine; sie verrichten das Amt der Furien, aber nicht in der Verstellung von Grimm und Wut, welche wir mit ihrem Namen zu verbinden gewohnt sind; nicht mit der Stirne, die, wie Catull sagt, *expirantis praeportat pectoris iras* [schon im voraus die Ausbrüche ihrer Wut sehen läßt]. – Noch kürzlich glaubte Herr Winckelmann, auf einem Karniole in dem Stoschischen Kabinette, eine Furie im Laufe mit fliegendem Rocke und Haaren, und einem Dolche in der Hand, gefunden zu haben. (Bibliothek der sch. Wiss. V Band S. 30.) Der Herr von Hagedorn riet hierauf auch den Künstlern schon an, sich diese Anzeige zunutze zu machen und die Furien in ihren Gemälden so vorzustellen. (Betrachtungen über die Malerei S. 222.) Allein Herr Winckelmann hat hernach diese seine Entdeckung selbst wiederum ungewiß gemacht, weil er nicht gefunden, daß die Furien, anstatt mit Fackeln, auch mit Dolchen von den Alten bewaffnet worden. *(Descript. des pierres gravées p. 84.)* Ohne Zweifel erkennt er also die Figuren, auf Münzen der Städte Lyrba und Mastaura, die Spanheim für Furien ausgibt *(Les Césars de Julien p. 44)* nicht dafür, sondern für eine Hekate *triformis* [dreigestaltig]; denn sonst fände sich allerdings hier eine Furie, die in jeder Hand einen Dolch führet, und es ist sonderbar, daß eben diese auch in bloßen ungebundenen Haaren erscheint, die an den andern mit einem Schleier bedeckt sind. Doch gesetzt auch, es wäre wirklich so, wie es dem Herrn Winckelmann zuerst vorgekommen: so würde es auch mit diesem geschnittenen Steine eben die Bewandtnis haben, die es mit der hetrurischen Urne hat, es wäre denn, daß sich wegen Kleinheit der Arbeit gar keine Gesichtszüge erkennen ließen. Überdem gehören auch die geschnittenen Steine überhaupt, wegen ihres Gebrauchs als Siegel, schon mit zur Bildersprache, und ihre Figuren mögen öfterer eigensinnige Symbola der Besitzer, als freiwillige Werke der Künstler sein.

1 *Polymetis Dial. VII. p. 81.*

zu personifieren, weil es in einem Tempel nur unter dem Sinnbilde des Feuers verehret ward? Denn Spence begehet dabei noch diesen Fehler, daß er das, was Ovid nur von einem gewissen Tempel der Vesta, nämlich von dem zu Rom sagt,[1] auf alle Tempel dieser Göttin ohne Unterschied, und auf ihre Verehrung überhaupt, ausdehnet. Wie sie in diesem Tempel zu Rom verehret ward, so ward sie nicht überall verehret, so war sie selbst nicht in Italien verehret worden, ehe ihn Numa erbaute. Numa wollte keine Gottheit in menschlicher oder tierischer Gestalt vorgestellet wissen; und darin bestand ohne Zweifel die Verbesserung, die er in dem Dienste der Vesta machte, daß er alle persönliche Vorstellung von ihr daraus verbannte. Ovid selbst lehret uns, daß es vor den Zeiten des Numa Bildsäulen der Vesta in ihrem Tempel gegeben habe, die, als ihre Priesterin Sylvia Mutter ward, vor Scham die jungfräulichen Hände vor die Augen hoben.[2] Daß sogar in den Tempeln, welche die Göttin

1 *Fast. lib. VI. v. 295–98.*
Esse diu stultus Vestae simulacra putavi: / Mox didici curvo nulla subesse tholo. / Ignis inexstinctus templo celatur in illo. / Effigiem nullam Vesta, nec ignis habet. [Tor, der lang ich geglaubt, daß auch Bilder es gäbe der Vesta! / Keins ist, erfuhr ich gar bald, unter dem Kuppelgewölk, / Nimmer erloschenes Feuer allein ist im Tempel geborgen. / Kein Abbild ist von euch, Feuer und Vesta zu sehen.]
Ovid redet nur von dem Gottesdienste der Vesta in Rom, nur von dem Tempel, den ihr Numa daselbst erbauet hatte, von dem er kurz zuvor *(v. 259. 260)* sagt:
Regis opus placidi, quo non metuentius ullum / Numinis ingenium terra Sabina tulit. [Dein Werk war es, o Fürst, friedfertiger, der im Sabinerlande vor allen hervorragt' an frommem Gemüt.]

2 *Fast. lib. III. v. 45. 46.*
Sylvia fit mater: Vestae simulacra feruntur / Virgineas oculis opposuisse manus. [Mutter ist Sylvia da; Vestas jungfräuliches Bildnis / Deckte die Augen sich zu, heißt es, mit schämiger Hand.]
Auf diese Weise hätte Spence den Ovid mit sich selbst vergleichen sollen. Der Dichter redet von verschiedenen Zeiten. Hier von den Zeiten vor dem Numa, dort von den Zeiten nach ihm. In jenen ward sie in Italien unter persönlichen Vorstellungen verehret, so wie sie in Troja war verehret worden, von wannen Aeneas ihren Gottesdienst mit herübergebracht hatte.
– – *Manibus vittas, Vestamque potentem, / Aeternumque adytis effert penetralibus ignem:* [Spricht's und bringt in den Händen die mächtige Vesta, die Binden, / Und das ewige Feuer heraus aus dem Innern des Tempels]
sagt Virgil von dem Geiste des Hektors, nachdem er dem Aeneas zur Flucht geraten. Hier wird das ewige Feuer von der Vesta selbst, oder ihrer Bildsäule, ausdrücklich

außer der Stadt in den römischen Provinzen hatte, ihre Verehrung nicht völlig von der Art gewesen, als die Numa verordnet, scheinen verschiedene alte Inschriften zu beweisen, in welchen eines *Pontificis Vestae* [Oberpriester der Vesta] gedacht wird.[1] Auch zu Korinth war ein Tempel der Vesta ohne alle Bildsäule, mit einem bloßen Altare, worauf der Göttin geopfert ward.[2] Aber hatten die Griechen darum gar keine Statuen der Vesta? Zu Athen war eine im Prytaneo, neben der Statue des Friedens.[3] Die Jasseer rühmten von einer, die bei ihnen unter freiem Himmel stand, daß weder Schnee noch Regen jemals auf sie falle.[4] Plinius gedenkt einer sitzenden, von der Hand des Skopas, die sich zu seiner Zeit in den Servilianischen Gärten zu Rom befand.[5] Zugegeben, daß es uns itzt schwer wird, eine bloße Vestalin von einer Vesta selbst zu unterscheiden, beweiset dieses, daß sie auch die Alten nicht unterscheiden können, oder wohl gar nicht unterscheiden wollen? Gewisse Kennzeichen sprechen offenbar mehr für die eine, als für die andere. Das Zepter, die Fackel, das Palladium, lassen sich nur in der Hand der Göttin vermuten. Das Tympanum, welches ihr Codinus beileget, kömmt ihr vielleicht nur als der Erde zu; oder Codinus wußte selbst nicht recht, was er sahe.[6]

unterschieden. Spence muß die römischen Dichter zu seinem Behufe doch noch nicht aufmerksam genug durchgelesen haben, weil ihm diese Stelle entwischt ist.

1 *Lipsius de Vesta et Vestalibus cap. 13.*

2 *Pausanias Corinth. cap. XXXV. p. 198. Edit. Kuh.*

3 *Idem Attic. cap. XVIII. p. 41.*

4 *Polyb. Hist. lib. XVI. §. 11. Op. T. II. p. 443. Edit. Ernest.*

5 *Plinius lib. XXXVI sec. 4. p. 727. Edit. Hard. Scopas fecit. – Vestam sedentem laudatam in Servilianis hortis.* [Skopas schuf die berühmte sitzende Vesta in den Servilianischen Gärten.] Diese Stelle muß Lipsius in Gedanken gehabt haben als er *(de Vesta cap. 3.)* schrieb: *Plinius Vestam sedentem effingi solitam ostendit, a stabilitate.* [Plinius zeigt, daß Vesta gewöhnlich sitzend dargestellt wurde, zum Zeichen ihrer Stetigkeit.] Allein was Plinius von einem einzeln Stücke des Skopas sagt, hätte er nicht für einen allgemein angenommenen Charakter ausgeben sollen. Er merkt selbst an, daß auf den Münzen die Vesta ebensooft stehend als sitzend erscheine. Allein er verbessert dadurch nicht den Plinius, sondern seine eigne falsche Einbildung.

6 *Georg. Codinus de Originib. Constant. Edit. Venet. p. 12.*
Την γην λεγουσιν Ἑστιαν, και πλαττουσι αὐτην γυναικα, τυμπανον βασταζουσαν, ἐπειδη τους ἀνεμους ἡ γη ὑφ᾽ ἑαυτην συγκλειει. Suidas, aus ihm, oder beide aus einem

X.

Ich merke noch eine Befremdung des Spence an, welche deutlich zeiget, wie wenig er über die Grenzen der Poesie und Malerei muß nachgedacht haben.

»Was die Musen überhaupt betrifft,« sagt er, »so ist es doch sonderbar, daß die Dichter in Beschreibung derselben so sparsam sind, weit sparsamer, als man es bei Göttinnen, denen sie so große Verbindlichkeit haben, erwarten sollte.[1]«

Was heißt das anders, als sich wundern, daß wenn die Dichter von ihnen reden, sie es nicht in der stummen Sprache der Maler tun? Urania ist den Dichtern die Muse der Sternkunst; aus ihrem Namen, aus ihren Verrichtungen erkennen wir ihr Amt. Der Künstler, um es kenntlich zu machen, muß sie mit einem Stabe auf eine Himmelskugel weisen lassen; dieser Stab, diese Himmelskugel, diese ihre Stellung sind seine Buchstaben, aus welchen er uns den Namen Urania zusammensetzen läßt. Aber wenn der Dichter sagen will: Urania hatte seinen Tod längst aus den Sternen vorhergesehn;

> Ipsa diu positis lethum praedixerat astris.
> Uranie –[2]

ältern, sagt unter dem Worte Ἑστια eben dieses. »Die Erde wird unter dem Namen Vesta als eine Frau gebildet, welche ein Tympanon trägt, weil sie die Winde in sich verschlossen hält.« Die Ursache ist ein wenig abgeschmackt. Es würde sich eher haben hören lassen, wenn er gesagt hätte, daß ihr deswegen ein Tympanon beigegeben werde, weil die Alten zum Teil geglaubt, daß ihre Figur damit übereinkomme; σχυμα αὐτης τυμπανοειδες εἰναι. [ihre Form sei die eines Tympanon.] *(Plutarchus de placitis philos. cap. 10. id. de facie in orbe Lunae.)* Wo sich aber Codinus nur nicht entweder in der Figur, oder in dem Namen, oder gar in beiden geirret hat. Er wußte vielleicht, was er die Vesta tragen sahe, nicht besser zu nennen, als ein Tympanum; oder hörte es ein Tympanum nennen, und konnte sich nichts anders dabei gedenken, als das Instrument, welches wir eine Heerpauke nennen. *Tympana* waren aber auch eine Art von Rädern: *Hinc radios trivere rotis, hinc tympana plaustris / Agricolae* – [Hieraus drehen sich die Landleute Speichen für ihre Wagenräder und Tellerräder für ihre Lastwagen.] *Virgilius Georgic. lib. II. v. 444.)* Und einem solchen Rade scheinet mir das, was sich an der Vesta des Fabretti zeiget *(Ad tabulam Iliadis p. 339.)* und dieser Gelehrte für eine Handmühle hält, sehr ähnlich zu sein.

1 *Polymetis Dial. VIII. p. 91.*

2 *Statius Theb. VIII. v. 551.*

warum soll er, in Rücksicht auf den Maler, darzusetzen: Urania, den Radius in der Hand, die Himmelskugel vor sich? Wäre es nicht, als ob ein Mensch, der laut reden kann und darf, sich noch zugleich der Zeichen bedienen sollte, welche die Stummen im Serraglio des Türken, aus Mangel der Stimme, unter sich erfunden haben?

Eben dieselbe Befremdung äußert Spence nochmals bei den moralischen Wesen, oder denjenigen Gottheiten, welche die Alten den Tugenden und der Führung des menschlichen Lebens vorsetzten.[1] »Es verdient angemerkt zu werden,« sagt er, »daß die römischen Dichter von den besten dieser moralischen Wesen weit weniger sagen, als man erwarten sollte. Die Artisten sind in diesem Stücke viel reicher, und wer wissen will, was jedes derselben für einen Aufzug gemacht, darf nur die Münzen der römischen Kaiser zu Rate ziehen.[2] – Die Dichter sprechen von diesen Wesen zwar öfters, als von Personen; überhaupt aber sagen sie von ihren Attributen, ihrer Kleidung und übrigem Ansehen sehr wenig.« –

Wenn der Dichter Abstrakta personifieret, so sind sie durch den Namen, und durch das, was er sie tun läßt, genugsam charakterisieret.

Dem Künstler fehlen diese Mittel. Er muß also seinen personifierten Abstraktis Sinnbilder zugeben, durch welche sie kenntlich werden. Diese Sinnbilder weil sie etwas anders sind, und etwas anders bedeuten, machen sie zu allegorischen Figuren.

Eine Frauensperson mit einem Zaum in der Hand; eine andere an eine Säule gelehnet, sind in der Kunst allegorische Wesen. Allein die Mäßigung, die Standhaftigkeit bei dem Dichter, sind keine allegorische Wesen, sondern bloß personifierte Abstrakta.

Die Sinnbilder dieser Wesen bei dem Künstler hat die Not erfunden. Denn er kann sich durch nichts anders verständlich machen, was diese oder jene Figur bedeuten soll. Wozu aber den Künstler die Not treibet, warum soll sich das der Dichter aufdringen lassen, der von dieser Not nichts weiß?

1 *Polym. Dial. X. p. 137.*
2 *Ibid. p. 139.*

Was Spencen so sehr befremdet, verdienet den Dichtern als eine Regel vorgeschrieben zu werden. Sie müssen die Bedürfnisse der Malerei nicht zu ihrem Reichtume machen. Sie müssen die Mittel, welche die Kunst erfunden hat, um der Poesie nachzukommen, nicht als Vollkommenheiten betrachten, auf die sie neidisch zu sein Ursache hätten. Wenn der Künstler eine Figur mit Sinnbildern auszieret, so erhebt er eine bloße Figur zu einem höhern Wesen. Bedienet sich aber der Dichter dieser malerischen Ausstaffierungen, so macht er aus einem höhern Wesen eine Puppe.

So wie diese Regel durch die Befolgung der Alten bewähret ist, so ist die geflissentliche Übertretung derselben ein Lieblingsfehler der neuern Dichter. Alle ihre Wesen der Einbildung gehen in Maske, und die sich auf diese Maskeraden am besten verstehen, verstehen sich meistenteils auf das Hauptwerk am wenigsten: nämlich, ihre Wesen handeln zu lassen, und sie durch die Handlungen derselben zu charakterisieren.

Doch gibt es unter den Attributen, mit welchen die Künstler ihre Abstrakta bezeichnen, eine Art, die des poetischen Gebrauchs fähiger und würdiger ist. Ich meine diejenigen, welche eigentlich nichts Allegorisches haben, sondern als Werkzeuge zu betrachten sind, deren sich die Wesen, welchen sie beigeleget werden, falls sie als wirkliche Personen handeln sollten, bedienen würden oder könnten. Der Zaum in der Hand der Mäßigung, die Säule, an welche sich die Standhaftigkeit lehnet, sind lediglich allegorisch, für den Dichter also von keinem Nutzen. Die Wage in der Hand der Gerechtigkeit ist es schon weniger, weil der rechte Gebrauch der Wage wirklich ein Stück der Gerechtigkeit ist. Die Leier oder Flöte aber in der Hand einer Muse, die Lanze in der Hand des Mars, Hammer und Zange in den Händen des Vulkans, sind ganz und gar keine Sinnbilder, sind bloße Instrumente, ohne welche diese Wesen die Wirkungen, die wir ihnen zuschreiben, nicht hervorbringen können. Von dieser Art sind die Attribute, welche die alten Dichter in ihre Beschreibungen etwa noch einflechten, und die ich deswegen, zum Unterschiede jener allegorischen, die poetischen nennen möchte. Diese bedeuten die Sache selbst, jene nur etwas Ähnliches.[1]

1 Man mag in dem Gemälde, welches Horaz von der Notwendigkeit macht, und welches vielleicht das an Attributen reichste Gemälde bei allen alten Dichtern ist: *(Lib. I. Od. 35.)*

Te semper anteit saeva Necessitas: / Clavos trabales et cuneos manu / Gestans ahenea; nec severus / Uncus abest liquidumque plumbum – [Vor dir einher tritt grause Notwendigkeit, / Im ehernen Griff handhabend der Nägel Wucht, / Die Keile fürs Gebälk und strengen / Klammern zumal und das Lot im Tiegel –]

man mag, sage ich, in diesem Gemälde die Nägel, die Klammern, das fließende Blei, für Mittel der Befestigung oder für Werkzeuge der Bestrafung annehmen, so gehören sie doch immer mehr zu den poetischen, als allegorischen Attributen. Aber auch als solche sind sie zu sehr gehäuft, und die Stelle ist eine von den frostigsten des Horaz. Sanadon sagt: *J'ose dire que ce tableau pris dans le détail serait plus beau sur la toile que dans une ode héroïque. Je ne puis souffrir cet attirail patibulaire de clous, de coins, de crocs, et de plomp fondu. J'ai cru en devoir décharger la traduction, en substituant les idées générales aux idées singulières. C'est dommage que le poète ait eu besoin de ce correctif.* [Ich wage zu sagen, daß dies Gemälde, im einzelnen genommen, auf der Leinwand schöner wäre als in einer heroischen Ode. Ich kann das Galgengerät von Nägeln, Keilen, Haken und geschmolzenem Blei nicht ertragen. Ich habe geglaubt, die Übersetzung davon entlasten zu müssen, indem ich die allgemeinen Vorstellungen an Stelle der Einzelvorstellungen setzte. Es ist schade, daß der Dichter dieser Korrektur bedurfte.] Sanadon hatte ein feines und richtiges Gefühl, nur der Grund, womit er es bewähren will, ist nicht der rechte. Nicht weil die gebrauchten Attributa ein *attirail patibulaire* [Galgengerät] sind; denn es stand nur bei ihm, die andere Auslegung anzunehmen, und das Galgengeräte in die festesten Bindemittel der Baukunst zu verwandeln: sondern, weil alle Attributa eigentlich für das Auge, und nicht für das Gehör gemacht sind, und alle Begriffe, die wir durch das Auge erhalten sollten, wenn man sie uns durch das Gehör beibringen will, eine größere Anstrengung erfordern, und einer geringern Klarheit fähig sind. – Der Verfolg von der angeführten Strophe des Horaz erinnert mich übrigens an ein paar Versehen des Spence, die von der Genauigkeit, mit welcher er die angezogenen Stellen der alten Dichter will erwogen haben, nicht den vorteilhaftesten Begriff erwecken. Er redet von dem Bilde, unter welchem die Römer die Treue oder Ehrlichkeit vorstellten. *(Dial. X. p. 145.)* »Die Römer«, sagt er, »nannten sie *Fides;* und wenn sie sie *Sola Fides* nannten, so scheinen sie den hohen Grad dieser Eigenschaft, den wir durch grundehrlich (im Englischen *downright honesty*) ausdrücken, darunter verstanden zu haben. Sie wird mit einer freien offenen Gesichtsbildung und in nichts als einem dünnen Kleide vorgestellet, welches so fein ist, daß es für durchsichtig gelten kann. Horaz nennet sie daher, in einer von seinen Oden, dünnbekleidet; und in einer anderen, durchsichtig.« In dieser kleinen Stelle sind nicht mehr als drei ziemlich grobe Fehler. Erstlich ist es falsch, daß *sola* [allein] ein besonderes Beiwort sei, welches die Römer der Göttin *Fides* gegeben. In den beiden Stellen des Livius, die er desfalls zum Beweise anführt *(Lib. I. c. 21. Lib. II. c. 3.)*, bedeutet es weiter nichts, als was es überall bedeutet, die Ausschließung alles übrigen. In der einen Stelle scheinet den Criticis das *soli* sogar verdächtig und durch einen Schreibefehler, der durch das gleich danebenstehende *solenne* [feierliche] veranlasset worden, in den Text

XI.

Auch der Graf Caylus scheinet zu verlangen, daß der Dichter seine Wesen der Einbildung mit allegorischen Attributen ausschmücken solle.[1] Der Graf verstand sich besser auf die Malerei, als auf die Poesie.

Doch ich habe in seinem Werke, in welchem er dieses Verlangen äußert, Anlaß zu erheblichern Betrachtungen gefunden, wovon ich das Wesentlichste, zu besserer Erwägung, hier anmerke.

gekommen zu sein. In der andern aber ist nicht von der Treue, sondern von der Unschuld, der Unsträflichkeit, *Innocentia*, die Rede. Zweitens: Horaz soll, in einer seiner Oden, der Treue das Beiwort dünnbekleidet geben; nämlich in der oben angezogenen fünfunddreißigsten des ersten Buchs:

Te spes, et albo rara fides colit / Velata panno. [Dir frönt die Hoffnung, Treue, die seltne dir / Im frommen Schleier.]

Es ist wahr, *rarus* heißt auch dünne; aber hier heißt es bloß selten, was wenig vorkömmt, und ist das Beiwort der Treue selbst, und nicht ihrer Bekleidung. Spence würde recht haben, wenn der Dichter gesagt hätte: *Fides raro velata panno* [Die Treue, eingehüllt in ein dünnes Gewand]. Drittens, an einem andern Orte soll Horaz die Treue oder Redlichkeit durchsichtig nennen; um eben das damit anzudeuten, was wir in unsern gewöhnlichen Freundschaftsversicherungen zu sagen pflegen: ich wünschte, Sie könnten mein Herz sehen. Und dieser Ort soll die Zeile der achtzehnten Ode des ersten Buchs sein:

Arcanique Fides prodiga, pellucidior vitro. [Und die Treue, die Verräterin des Geheimnisses, durchscheinender als Glas.]

Wie kann man sich aber von einem bloßen Worte so verführen lassen? Heißt denn *Fides arcani prodiga* die Treue? Oder heißt es nicht vielmehr, die Treulosigkeit? Von dieser sagt Horaz, und nicht von der Treue, daß sie durchsichtig wie Glas sei, weil sie die ihr anvertrauten Geheimnisse eines jeden Blicke bloßstellet.

1 Apollo übergibt den gereinigten und balsamierten Leichnam des Sarpedon dem Tode und dem Schlafe, ihn nach seinem Vaterlande zu bringen. *(Il. π v. 681. 82.)*

Πεμπε δε μιν πομποισιν ἁμα κραιπνοισι φερεσθαι
Ὑπνῳ και Θανατῳ διδυμαοσιν.
[Dann ihn wegzutragen vertraut' er den schnellen Geleitern,
Beiden, dem Schlaf und dem Tode, den Zwillingen.]

Caylus empfiehlt diese Erdichtung dem Maler, fügt aber hinzu: *Il est fâcheux, qu'Homère ne nous ait rien laissé sur les attributs qu'on donnait de son temps au Sommeil; nous ne connaissons, pour caractériser ce dieu, que son action même, et nous le couronnons de pavots. Ces idées sont modernes; la première est d'un médiocre service, mais elle ne peut être employée dans le cas présent, où même les fleurs me paraissent déplacées, surtout pour une figure qui groupe avec la mort.* [Es ist ärgerlich, daß Homer uns nichts über die Attribute hinterlassen hat, die man zu seiner Zeit dem Schlaf gab. Wir kennen, um diesen Gott zu bezeichnen, nur seine

Der Künstler, ist des Grafen Absicht, soll sich mit dem größten malerischen Dichter, mit dem Homer, mit dieser zweiten Natur, näher bekannt machen. Er zeigt ihm, welchen reichen noch nie genutzten Stoff zu den trefflichsten Schildereien die von dem Griechen behandelte Geschichte darbiete, und wie so viel vollkommner ihm die Ausführung gelingen müsse, je genauer er sich an die kleinsten von dem Dichter bemerkten Umstände halten könne.

Tätigkeit selbst, und wir bekränzen ihn mit Mohnblumen. Diese Ideen sind modern; die erste leistet einige Hilfe, kann aber im vorliegenden Fall nicht angewandt werden, wo selbst die Blumen mir nicht am Platze zu sein scheinen, zumal an einer Gestalt, die mit dem Tod eine Gruppe bildet.] (S. *Tableaux tirés de l'Iliade, de l'Odyssée d'Homère et de l'Enéide de Virgile, avec des observations générales sur le costume, à Paris 1757. 8.)* Das heißt von dem Homer eine von den kleinen Zieraten verlangen, die am meisten mit seiner großen Manier streiten. Die sinnreichsten Attributa, die er dem Schlafe hätte geben können, würden ihn bei weitem nicht so vollkommen charakterisieret, bei weitem kein so lebhaftes Bild bei uns erregt haben, als der einzige Zug, durch den er ihn zum Zwillingsbruder des Todes macht. Diesen Zug suche der Künstler auszudrücken, und er wird alle Attributa entbehren können. Die alten Künstler haben auch wirklich den Tod und den Schlaf mit der Ähnlichkeit unter sich vorgestellet, die wir an Zwillingen so natürlich erwarten. Auf einer Kiste von Zedernholz, in dem Tempel der Juno zu Elis, ruhten sie beide als Knaben in den Armen der Nacht. Nur war der eine weiß, der andere schwarz; jener schlief, dieser schien zu schlafen; beide mit übereinander geschlagenen Füßen. Denn so wollte ich die Worte des Pausanias *(Eliac. cap. XVIII. p. 422. Edit. Kuh.)* ἀμφοτερους διεστραμμενους τους ποδας [mit verkrüppelten Füßen] lieber übersetzen, als mit krummen Füßen, oder wie es Gedoyn in seiner Sprache gegeben hat: *les pieds contrefaits.* Was sollten die krummen Füße hier ausdrücken? Übereinander geschlagene Füße hingegen sind die gewöhnliche Lage der Schlafenden, und der Schlaf beim Maffei *(Raccol. Pl. 151)* liegt nicht anders. Die neuen Artisten sind von dieser Ähnlichkeit, welche Schlaf und Tod bei den Alten miteinander haben, gänzlich abgegangen, und der Gebrauch ist allgemein geworden, den Tod als ein Skelett, höchstens als ein mit Haut bekleidetes Skelett vorzustellen. Vor allen Dingen hätte Caylus dem Künstler also hier raten müssen, ob er in Vorstellung des Todes dem alten oder dem neuen Gebrauche folgen solle. Doch er scheinet sich für den neuern zu erklären, da er den Tod als eine Figur betrachtet, gegen die eine andere mit Blumen gekrönet, nicht wohl gruppieren möchte. Hat er aber hierbei auch bedacht, wie unschicklich diese moderne Idee in einem Homerischen Gemälde sein dürfte? Und wie hat ihm das Ekelhafte derselben nicht anstößig sein können? Ich kann mich nicht bereden, daß das kleine metallene Bild in der herzoglichen Galerie zu Florenz, welches ein liegendes Skelett vorstellet, das mit dem einen Arme auf einem Aschenkruge ruhet *(Spence's Polymetis Tab. XLI.)*, eine wirkliche Antike sei. Den Tod überhaupt kann es wenigstens nicht vorstellen sollen, weil ihn die Alten anders vorstellten. Selbst ihre Dichter haben ihn unter diesem widerlichen Bilde nie gedacht.

In diesem Vorschlage vermischt sich also die oben getrennte doppelte Nachahmung. Der Maler soll nicht allein das nachahmen, was der Dichter nachgeahmet hat, sondern er soll es auch mit den nämlichen Zügen nachahmen; er soll den Dichter nicht bloß als Erzähler, er soll ihn als Dichter nutzen.

Diese zweite Art der Nachahmung aber, die für den Dichter so verkleinerlich ist, warum ist sie es nicht auch für den Künstler? Wenn vor dem Homer eine solche Folge von Gemälden, als der Graf Caylus aus ihm angibt, vorhanden gewesen wäre, und wir wüßten, daß der Dichter aus diesen Gemälden sein Werk genommen hätte: würde er nicht von unserer Bewunderung unendlich verlieren? Wie kömmt es, daß wir dem Künstler nichts von unserer Hochachtung entziehen, wenn er schon weiter nichts tut, als daß er die Worte des Dichters mit Figuren und Farben ausdrücket?

Die Ursach' scheinet diese zu sein. Bei dem Artisten dünket uns die Ausführung schwerer, als die Erfindung; bei dem Dichter hingegen ist es umgekehrt, und seine Ausführung dünket uns gegen die Erfindung das Leichtere. Hätte Virgil die Verstrickung des Laokoon und seiner Kinder von der Gruppe genommen, so würde ihm das Verdienst, welches wir bei diesem seinem Bilde für das schwerere und größere halten, fehlen, und nur das geringere übrigbleiben. Denn diese Verstrickung in der Einbildungskraft erst schaffen, ist weit wichtiger, als sie in Worten ausdrücken. Hätte hingegen der Künstler diese Verstrickung von dem Dichter entlehnet, so würde er in unsern Gedanken doch noch immer Verdienst genug behalten, ob ihm schon das Verdienst der Erfindung abgehet. Denn der Ausdruck in Marmor ist unendlich schwerer als der Ausdruck in Worten; und wenn wir Erfindung und Darstellung gegeneinander abwägen, so sind wir jederzeit geneigt, dem Meister an der einen so viel wiederum zu erlassen, als wir an der andern zu viel erhalten zu haben meinen.

Es gibt sogar Fälle, wo es für den Künstler ein größeres Verdienst ist, die Natur durch das Medium der Nachahmung des

Dichters nachgeahmet zu haben, als ohne dasselbe. Der Maler, der nach der Beschreibung eines Thomsons eine schöne Landschaft darstellet, hat mehr getan, als der sie gerade von der Natur kopieret. Dieser siehet sein Urbild vor sich; jener muß erst seine Einbildungskraft so anstrengen, bis er es vor sich zu sehen glaubet. Dieser macht aus lebhaften sinnlichen Eindrücken etwas Schönes; jener aus schwanken und schwachen Vorstellungen willkürlicher Zeichen.

So natürlich aber die Bereitwilligkeit ist, dem Künstler das Verdienst der Erfindung zu erlassen, ebenso natürlich hat daraus die Lauigkeit gegen dasselbe bei ihm entspringen müssen. Denn da er sahe, daß die Erfindung seine glänzende Seite nie werden könne, daß sein größtes Lob von der Ausführung abhange, so ward es ihm gleich viel, ob jene alt oder neu, einmal oder unzähligmal gebraucht sei, ob sie ihm oder einem anderen zugehöre. Er blieb in dem engen Bezirke weniger, ihm und dem Publico geläufig gewordener Vorwürfe, und ließ seine ganze Erfindsamkeit auf die bloße Veränderung in dem Bekannten gehen, auf neue Zusammensetzungen alter Gegenstände. Das ist auch wirklich die Idee, welche die Lehrbücher der Malerei mit dem Worte Erfindung verbinden. Denn ob sie dieselbe schon sogar in malerische und dichterische einteilen, so gehet doch auch die dichterische nicht auf die Hervorbringung des Vorwurfs selbst, sondern lediglich auf die Anordnung oder den Ausdruck.[1] Es ist Erfindung, aber nicht Erfindung des Ganzen, sondern einzelner Teile, und ihrer Lage untereinander. Es ist Erfindung, aber von jener geringern Gattung, die Horaz seinem tragischen Dichter anriet:

— — — Tuque
Rectius Iliacum carmen deducis in actus,
Quam si proferres ignota indictaque primus.[2]
[Du tust besser daran, die Ilias in Akte zu bringen,
als Unbekanntes und Ungesagtes als erster vorzutragen].

1 v. Hagedorn, »Betrachtungen über die Malerei« S. 159 u. f.
2 *Ad Pisones v. 128–130.*

Anriet, sage ich, aber nicht befahl. Anriet, als für ihn leichter, bequemer, zuträglicher; aber nicht befahl, als besser und edler an sich selbst.

In der Tat hat der Dichter einen großen Schritt voraus, welcher eine bekannte Geschichte, bekannte Charaktere behandelt. Hundert frostige Kleinigkeiten, die sonst zum Verständnisse des Ganzen unentbehrlich sein würden, kann er übergehen; und je geschwinder er seinen Zuhörern verständlich wird, desto geschwinder kann er sie intressieren. Diesen Vorteil hat auch der Maler, wenn uns sein Vorwurf nicht fremd ist, wenn wir mit dem ersten Blicke die Absicht und Meinung seiner ganzen Komposition erkennen, wenn wir auf eins seine Personen nicht bloß sprechen sehen, sondern auch hören, was sie sprechen. Von dem ersten Blicke hangt die größte Wirkung ab, und wenn uns dieser zu mühsamen Nachsinnen und Raten nötiget, so erkaltet unsere Begierde gerühret zu werden; um uns an dem unverständlichen Künstler zu rächen, verhärten wir uns gegen den Ausdruck, und weh ihm, wann er die Schönheit dem Ausdrucke aufgeopfert hat! Wir finden sodann gar nichts, was uns reizen könnte, vor seinem Werke zu verweilen; was wir sehen, gefällt uns nicht, und was wir dabei denken sollen, wissen wir nicht.

Nun nehme man beides zusammen; einmal, daß die Erfindung und Neuheit des Vorwurfs das Vornehmste bei weitem nicht ist, was wir von dem Maler verlangen; zweitens, daß ein bekannter Vorwurf die Wirkung seiner Kunst befödert und erleichtert: und ich meine, man wird die Ursache, warum er sich so selten zu neuen Vorwürfen entschließt, nicht mit dem Grafen Caylus, in seiner Bequemlichkeit, in seiner Unwissenheit, in der Schwierigkeit des mechanischen Teiles der Kunst, welche allen seinen Fleiß, alle seine Zeit erfordert, suchen dürfen; sondern man wird sie tiefer gegründet finden, und vielleicht gar, was anfangs Einschränkung der Kunst, Verkümmerung unsers Vergnügens, zu sein scheinet, als eine weise und uns selbst nützliche Enthaltsamkeit an dem Artisten zu loben geneigt sein. Ich fürchte auch nicht, daß mich die Erfahrung widerlegen werde. Die Maler werden dem Grafen für seinen guten Willen danken, aber ihn schwerlich so allgemein nutzen, als er es erwartet. Geschähe es jedoch: so würde über hundert Jahr' ein neuer Caylus nötig sein, der die alten Vorwürfe wieder ins Gedächtnis brächte, und den Künstler in das Feld zurückführte, wo andere vor ihm so unsterbliche Lorbeeren gebrochen haben. Oder verlangt man, daß das Publikum so gelehrt sein soll, als der Kenner aus seinen Büchern ist? Daß ihm alle Szenen der Geschichte und der Fabel, die ein schönes Gemälde geben können, bekannt und geläufig sein sollen? Ich gebe es zu, daß die Künstler besser getan hätten, wenn sie seit Raffaels Zeiten, anstatt des Ovids, den Homer zu ihrem Handbuche gemacht hätten. Aber da es nun einmal nicht geschehen ist, so lasse man das Publikum in seinem Gleise, und mache ihm sein Vergnügen nicht saurer, als ein Vergnügen zu stehen kommen muß, um das zu sein, was es sein soll.

Protogenes hatte die Mutter des Aristoteles gemalt. Ich weiß nicht wie viel ihm der Philosoph dafür bezahlte. Aber entweder anstatt der Bezahlung, oder noch über die Bezahlung, erteilte er ihm einen Rat, der mehr als die Bezahlung wert war. Denn ich kann mir nicht einbilden, daß sein Rat eine bloße Schmeichelei gewesen sei. Sondern vornehmlich weil er das Bedürfnis der Kunst erwog, allen verständlich zu sein, riet er ihm, die Taten des Alexanders zu malen; Taten, von welchen damals alle Welt sprach, und von welchen er voraussehen konnte, daß sie auch der Nachwelt unvergeßlich sein würden. Doch Protogenes war nicht gesetzt genug, diesem Rate zu folgen; *impetus animi*, sagt Plinius, *et quaedam artis libido*,[1] ein gewisser Übermut der Kunst, eine gewisse Lüsternheit nach dem Sonderbaren und Unbekannten, trieben ihn zu ganz andern Vorwürfen. Er malte lieber die Geschichte eines Jalysus,[2] einer Cydippe und dergleichen, von welchen man itzt auch nicht einmal mehr erraten kann, was sie vorgestellet haben.

1 *Lib. XXXV. sect. 36. p. 700. Edit. Hard.*

2 Richardson nennet dieses Werk, wenn er die Regel erläutern will, daß in einem Gemälde die Aufmerksamkeit des Betrachters durch nichts, es möge auch noch so vor-

XII.

Homer bearbeitet eine doppelte Gattung von Wesen und Handlungen; sichtbare und unsichtbare. Diesen Unterschied kann die Malerei nicht angeben: bei ihr ist alles sichtbar; und auf einerlei Art sichtbar.

Wenn also der Graf Caylus die Gemälde der unsichtbaren Handlungen in unzertrennter Folge mit den sichtbaren fortlaufen läßt; wenn er in den Gemälden der vermischten Handlungen, an welchen sichtbare und unsichtbare Wesen teilnehmen, nicht angibt, und vielleicht nicht angeben kann, wie die letztern, welche nur wir, die wir das Gemälde betrachten, darin entdecken sollten, so anzubringen sind, daß die Personen des Gemäldes sie nicht sehen, wenigstens sie nicht notwendig sehen zu müssen scheinen können: so muß notwendig sowohl die ganze Folge, als auch manches einzelne Stück dadurch äußerst verwirrt, unbegreiflich und widersprechend werden.

Doch diesem Fehler wäre, mit dem Buche in der Hand, noch end-

trefflich sein, von der Hauptfigur abgezogen werden müsse. »Protogenes«, sagt er, »hatte in seinem berühmten Gemälde Jalysus ein Rebhuhn mit angebracht, und es mit so vieler Kunst ausgemalet, daß es zu leben schien, und von ganz Griechenland bewundert ward; weil es aber aller Augen, zum Nachteil des Hauptwerks, zu sehr an sich zog, so löschte er es gänzlich wieder aus.« *(Traité de la peinture T. I. p. 46.)* Richardson hat sich geirret. Dieses Rebhuhn war nicht in dem Jalysus, sondern in einem andern Gemälde des Protogenes gewesen, welches der ruhende oder müßige Satyr, Σατυρος ἀναπαυομενος, hieß. Ich würde diesen Fehler, welcher aus einer mißverstandenen Stelle des Plinius entsprungen ist, kaum anmerken, wenn ich ihn nicht auch beim Meursius fände: *(Rhodi lib. I. cap. 14. p. 38.) In eadem, tabula sc. in qua Ialysus, Satyrus erat, quem dicebant Anapauomenon, tibias tenens.* [Auf demselben Gemälde, nämlich dem des Jalysus, war ein Satyr, den man den ruhenden nannte, und der eine Flöte hielt.] Desgleichen bei dem Herrn Winckelmann selbst. (Von der Nachahm. der Gr. W. in der Mal. und Bildh. S. 56.) Strabo ist der eigentliche Währmann dieses Histörchens mit dem Rebhuhne, und dieser unterscheidet den Jalysus, und den an eine Säule sich lehnenden Satyr, auf welcher das Rebhuhn saß, ausdrücklich. *(Lib. XIV. p. 750. Edit. Xyl.)* Die Stelle des Plinius *(Lib. XXXV. sect. 36. p. 699)* haben Meursius und Richardson und Winckelmann deswegen falsch verstanden, weil sie nicht achtgegeben, daß von zwei verschiedenen Gemälden daselbst die Rede ist: dem einen, dessenwegen Demetrius die Stadt nicht überkam, weil er den Ort nicht angreifen wollte, wo es stand; und dem andern, welches Protogenes während dieser Belagerung malte. Jenes war der Jalysus, und dieses der Satyr.

lich abzuhelfen. Das Schlimmste dabei ist nur dieses, daß durch die malerische Aufhebung des Unterschiedes der sichtbaren und unsichtbaren Wesen, zugleich alle die charakteristischen Züge verloren gehen, durch welche sich diese höhere Gattung über jene geringere erhebet.

Z. E. Wenn endlich die über das Schicksal der Trojaner geteilten Götter unter sich selbst handgemein werden: so gehet bei dem Dichter[1] dieser ganze Kampf unsichtbar vor, und diese Unsichtbarkeit erlaubet der Einbildungskraft die Szene zu erweitern, und läßt ihr freies Spiel, sich die Personen der Götter und ihre Handlungen so groß, und über das gemeine Menschliche so weit erhaben zu denken, als sie nur immer will. Die Malerei aber muß eine sichtbare Szene annehmen, deren verschiedene notwendige Teile der Maßstab für die darauf handelnden Personen werden; ein Maßstab, den das Auge gleich darneben hat, und dessen Unproportion gegen die höhern Wesen, diese höhern Wesen, die bei dem Dichter groß waren, auf der Fläche des Künstlers ungeheuer macht.

Minerva, auf welche Mars in diesem Kampfe den ersten Angriff waget, tritt zurück, und fasset mit mächtiger Hand von dem Boden einen schwarzen, rauhen, großen Stein auf, den vor alten Zeiten vereinigte Männerhände zum Grenzsteine hingewälzet hatten:

> Ἡ δ' ἀναχασσαμενη λιθον εἱλετο χειρι παχειῃ,
> Κειμενον ἐν πεδιῳ, μελανα, τρηχυν τε, μεγαν τε,
> Τον ῥ' ἀνδρες προτεροι θεσαν ἐμμεναι οὐρον ἀρουρης.
> [Da sprang jene zurück und erhub mit der markigen Rechten
> Einen im Blachfeld liegenden Stein, groß, dunkel und zackig,
> Den zur Grenze der Flur aufrichteten Männer der Vorzeit.]

Um die Größe dieses Steins gehörig zu schätzen, erinnere man sich, daß Homer seine Helden noch einmal so stark macht, als die stärksten Männer seiner Zeit, jene aber von den Männern, wie sie Nestor in seiner Jugend gekannt hatte, noch weit an Stärke übertreffen läßt. Nun frage ich, wenn Minerva einen

1 *Iliad. Φ. v. 385 et s.*

Stein, den nicht *ein* Mann, den Männer aus Nestors Jugendjahren zum Grenzsteine aufgerichtet hatten, wenn Minerva einen solchen Stein gegen den Mars schleudert, von welcher Statur soll die Göttin sein? Soll ihre Statur der Größe des Steins proportioniert sein, so fällt das Wunderbare weg. Ein Mensch, der dreimal größer ist als ich, muß natürlicherweise auch einen dreimal größern Stein schleudern können. Soll aber die Statur der Göttin der Größe des Steins nicht angemessen sein, so enstehet eine anschauliche Unwahrscheinlichkeit in dem Gemälde, deren Anstößigkeit durch die kalte Überlegung, daß eine Göttin übermenschliche Stärke haben müsse, nicht gehoben wird. Wo ich eine größere Wirkung sehe, will ich auch größere Werkzeuge wahrnehmen.

Und Mars, von diesem gewaltigen Steine niedergeworfen,

῾Επτα δ' ἐπεσχε πελεϑρα – –

bedeckte sieben Hufen. Unmöglich kann der Maler dem Gotte diese außerordentliche Größe geben. Gibt er sie ihm aber nicht, so liegt nicht Mars zu Boden, nicht der Homerische Mars, sondern ein gemeiner Krieger.[1]

1 Diesen unsichtbaren Kampf der Götter hat Quintus Calaber in seinem zwölften Buche (v. 158–185) nachgeahmet, mit der nicht undeutlichen Absicht, sein Vorbild zu verbessern. Es scheinet nämlich, der Grammatiker habe es unanständig gefunden, daß ein Gott mit einem Steine zu Boden geworfen werde. Er läßt also zwar auch die Götter große Felsenstücke, die sie von dem Ida abreißen, gegeneinander schleudern; aber diese Felsen zerschellen an den unsterblichen Gliedern der Götter und stieben wie Sand um sie her.

———Οἱ δε κολωνας / Χερσιν ἀπορρηξαντες ἀπ' οὐδεος 'Ιδαιοιο / Βαλλον ἐπ' ἀλληλους· αἱ δε ψαμαϑοισι ὁμοιαι / 'Ρεια διεσκιδναντο· ϑεων περι δ' ἀοχετα γυια / ῾Ρηγνυμεναι δια τυτϑα——

[Sie aber warfen einander mit Felsen, die sie dort losrissen. / Doch diese stäubten leicht auseinander wie Sand und zerbrachen / an den unverletzbaren Gliedern der Götter in / kleinste Teile.]

Eine Künstelei, welche die Hauptsache verdirbt. Sie erhöhet unsern Begriff von den Körpern der Götter und macht die Waffen, welche sie gegeneinander brauchen, lächerlich. Wenn Götter einander mit Steinen werfen, so müssen diese Steine auch die Götter beschädigen können, oder wir glauben mutwillige Buben zu sehen, die sich mit Erdklößen werfen. So bleibt der alte Homer immer der Weisere, und aller Tadel, mit dem ihn der alte Kunstrichter belegt, aller Wettstreit, in welchen sich geringere Genies mit ihm einlassen, dienen zu weiter nichts, als seine Weisheit in ihr bestes Licht zu setzen. Indes will ich nicht leugnen, daß in der Nachahmung des Quintus

Longin sagt, es komme ihm öfters vor, als habe Homer seine Menschen zu Göttern erheben, und seine Götter zu Menschen herabsetzen wollen. Die Malerei vollführet diese Herabsetzung. In ihr verschwindet vollends alles, was bei dem Dichter die Götter noch über die göttlichen Menschen setzet. Größe, Stärke, Schnelligkeit, wovon Homer noch immer einen höhern, wunderbarern Grad für seine Götter in Vorrat hat, als er seinen vorzüglichsten Helden beileget,[1] müssen in dem Gemälde auf das

nicht auch sehr treffliche Züge vorkommen, und die ihm eigen sind. Doch sind es Züge, die nicht sowohl der bescheidenen Größe des Homers geziemen, als dem stürmischen Feuer eines neuern Dichters Ehre machen würden. Daß das Geschrei der Götter, welches hoch bis in den Himmel und tief bis in den Abgrund ertönet, welches den Berg und die Stadt und die Flotte erschüttert, von den Menschen nicht gehöret wird, dünket mich eine sehr vielbedeutende Wendung zu sein. Das Geschrei war größer, als daß es die kleinen Werkzeuge des menschlichen Gehörs fassen konnten.

1 In Ansehung der Stärke und Schnelligkeit wird niemand, der den Homer auch nur ein einziges Mal flüchtig durchlaufen hat, diese Assertion in Abrede sein. Nur dürfte er sich vielleicht der Exempel nicht gleich erinnern, aus welchen es erhellet, daß der Dichter seinen Göttern auch eine körperliche Größe gegeben, die alle natürliche Maße weit übersteiget. Ich verweise ihn also, außer der angezogenen Stelle von dem zu Boden geworfnen Mars, der sieben Hufen bedecket, auf den Helm der Minerva (Κυνεην ἑκατον πολεων πρυλεεσσ' ἀραρυιαν. [ein Helm, geschmückt mit den Vorkämpfern von hundert Städten] *(Iliad. E. v. 744)*, unter welchem sich so viel Streiter, als hundert Städte in das Feld zu stellen vermögen, verbergen können; auf die Schritte des Neptunus *(Iliad. N. v. 20)*, vornehmlich aber auf die Zeilen aus der Beschreibung des Schildes, wo Mars und Minerva die Truppen der belagerten Stadt anführen: *(Iliad. Σ. v. 516–519.)*

— — 'Ηρχε δ' ἀρα σφιν 'Αρης και Παλλας 'Αθηνη / 'Αμφω χρυσειω, χρυσεια δε εἱματα ἑσθην, / Καλω και μεγαλω συν τευχεσιν, ὡς τε θεω περ, / 'Αμφις ἀριζηλω· λαοι δ' ὑπολιζονες ἠσαν.

[Jen enteilten, vom Ares geführt und Pallas Athene; / Beide sie waren von Gold und in goldene Kleider gehüllet, / Beide schon in den Waffen, wie unsterbliche Götter, / Weit umher vorstrahlend; denn kleiner an Wuchs war die Heerschar.] Selbst Ausleger des Homers, alte sowohl als neue, scheinen sich nicht allezeit dieser wunderbaren Statur seiner Götter genugsam erinnert zu haben; welches aus den lindernden Erklärungen abzunehmen, die sie über den großen Helm der Minerva geben zu müssen glauben. (S. die Clarkisch-Ernestische Ausgabe des Homers an der angezogenen Stelle.) Man verliert aber von der Seite des Erhabenen unendlich viel, wenn man sich die Homerischen Götter nur immer in der gewöhnlichen Größe denkt, in welcher man sie, in Gesellschaft der Sterblichen, auf der Leinewand zu sehen verwöhnet wird. Ist es indes schon nicht der Malerei vergönnet, sie in diesen übersteigenden Dimensionen darzustellen, so darf es doch die Bildhauerei gewissermaßen tun; und ich bin überzeugt, daß die alten Meister, so wie die Bildung der Götter überhaupt, also auch das Kolossalische, das sie öfters ihren Statuen erteilten, aus dem

gemeine Maß der Menschheit herabsinken, und Jupiter und Agamemnon, Apollo und Achilles, Ajax und Mars, werden vollkommen einerlei Wesen, die weiter an nichts als an äußerlichen verabredeten Merkmalen zu kennen sind.

Das Mittel, dessen sich die Malerei bedienet, uns zu verstehen zu geben, daß in ihren Kompositionen dieses oder jenes als unsichtbar betrachtet werden müsse, ist eine dünne Wolke, in welche sie es von der Seite der mithandelnden Personen einhüllet. Diese Wolke scheinet aus dem Homer selbst entlehnet zu sein. Denn wenn im Getümmel der Schlacht einer von den wichtigern Helden in Gefahr kömmt, aus der ihn keine andere, als göttliche Macht retten kann: so läßt der Dichter ihn von der schützenden Gottheit in einen dicken Nebel, oder in Nacht verhüllen, und so davon führen; als den Paris von der Venus,[1] den Idäus vom Neptun,[2] den Hektor vom Apollo.[3] Und diesen Nebel, diese Wolke, wird Caylus nie vergessen, dem Künstler bestens zu empfehlen, wenn er ihm die Gemälde von dergleichen Begebenheiten vorzeichnet. Wer sieht aber nicht, daß bei dem Dichter das Einhüllen in Nebel und Nacht weiter nichts, als eine poetische Redensart für unsichtbar machen, sein soll? Es hat mich daher jederzeit befremdet, diesen poetischen Ausdruck realisieret, und eine wirkliche Wolke in dem Gemälde angebracht zu finden, hinter welcher der Held, wie hinter einer spanischen Wand, vor seinem Feinde verborgen stehet. Das war nicht die Meinung des Dichters. Das heißt aus den Grenzen der Malerei herausgehen; denn diese Wolke ist hier eine wahre Hieroglyphe, ein bloßes symbolisches Zeichen, das den befreiten Held nicht unsichtbar macht, sondern den Betrachtern zuruft: ihr müßt ihn euch als unsichtbar vorstellen. Sie ist hier nichts besser, als die beschriebenen Zettel-

Homer entlehnet haben. *(Herodot. lib. II. p. 130. Edit. Wessel.)* Verschiedene Anmerkungen über dieses Kolossalische insbesondere, und warum es in der Bildhauerei von so großer, in der Malerei aber von gar keiner Wirkung ist, verspare ich auf einen andern Ort.

1 *Iliad.* Γ. *v. 381.*

2 *Iliad.* E. *v. 23*

3 *Iliad.* Y. *v. 444.*

chen, die auf alten gotischen Gemälden den Personen aus dem Munde gehen.
Es ist wahr, Homer läßt den Achilles, indem ihm Apollo den Hektor entrücket, noch dreimal nach dem dicken Nebel mit der Lanze stoßen: τϱις δ' ἠεϱα τυψε βαϑειαν[1] [Und dreimal stach er den dichten Nebel]. Allein auch das heißt in der Sprache des Dichters weiter nichts, als daß Achilles so wütend gewesen, daß er noch dreimal gestoßen, ehe er es gemerkt, daß er seinen Feind nicht mehr vor sich habe. Keinen wirklichen Nebel sahe Achilles nicht, und das ganze Kunststück, womit die Götter unsichtbar machten, bestand auch nicht in dem Nebel, sondern in der schnellen Entrückung. Nur um zugleich mit anzuzeigen, daß die Entrückung so schnell geschehen, daß kein menschliches Auge dem entrückten Körper nachfolgen können, hüllet ihn der Dichter vorher in Nebel ein; nicht weil man anstatt des entrückten Körpers einen Nebel gesehen, sondern weil wir das, was in einem Nebel ist, als nicht sichtbar denken. Daher kehrt er es auch bisweilen um, und läßt, anstatt das Objekt unsichtbar zu machen, das Subjekt mit Blindheit geschlagen werden. So verfinstert Neptun die Augen des Achilles, wenn er den Aeneas aus seinen mörderischen Händen errettet, den er mit einem Rucke mitten aus dem Gewühle auf einmal in das Hintertreffen versetzt.[2] In der Tat aber sind des Achilles Augen hier ebensowenig verfinstert, als dort die entrückten Helden in Nebel gehüllet; sondern der Dichter setzt das eine und das andere nur bloß hinzu, um die äußerste Schnelligkeit der Entrückung, welche wir das Verschwinden nennen, dadurch sinnlicher zu machen.
Den homerischen Nebel aber haben sich die Maler nicht bloß in den Fällen zu eigen gemacht, wo ihn Homer selbst gebraucht hat, oder gebraucht haben würde: bei Unsichtbarwerdungen, bei Verschwindungen, sondern überall, wo der Betrachter etwas in dem Gemälde erkennen soll, was die Personen des Gemäldes entweder alle, oder zum Teil, nicht erkennen. Minerva war dem Achil-

1 *Ibid. v. 446.*
2 *Iliad. Y. v. 321.*

les nur allein sichtbar, als sie ihn zurückhielt, sich mit Tätigkeiten gegen den Agamemnon zu vergehen. Dieses auszudrücken, sagt Caylus, weiß ich keinen andern Rat, als daß man sie von der Seite der übrigen Ratsversammlung in eine Wolke verhülle. Ganz wider den Geist des Dichters. Unsichtbar sein, ist der natürliche Zustand seiner Götter; es bedarf keiner Blendung, keiner Abschneidung der Lichtstrahlen; daß sie nicht gesehen werden;[1] sondern es bedarf einer Erleuchtung, einer Erhöhung des sterblichen Gesichts, wenn sie gesehen werden sollen. Nicht genug also, daß die Wolke ein willkürliches, und kein natürliches Zeichen bei den Malern ist; dieses willkürliche Zeichen hat auch nicht einmal die bestimmte Deutlichkeit, die es als ein solches haben könnte; denn sie brauchen es ebensowohl, um das Sichtbare unsichtbar, als um das Unsichtbare sichtbar zu machen.

1 Zwar läßt Homer auch Gottheiten sich dann und wann in eine Wolke hüllen, aber nur alsdenn, wenn sie von andern Gottheiten nicht wollen gesehen werden. Z. E. *Iliad.* Ξ *.v. 282,* wo Juno und der Schlaf ἠερα ἑσσαμενω [in Nebel gehüllt] sich nach dem Ida verfügen, war es der schlauen Göttin höchste Sorge, von der Venus nicht entdeckt zu werden, die ihr, nur unter dem Vorwande einer ganz andern Reise, ihren Gürtel geliehen hatte. In eben dem Buche *(v. 344.)* muß eine güldene Wolke den wollusttrunkenen Jupiter mit seiner Gemahlin umgeben, um ihren züchtigen Weigerungen abzuhelfen:

Ηως κ' ἑοι, εἰ τις νωϊ θεων αἰειγενεταων / Εὑδοντ' ἀθρησειε; — — —

[O wie wär's, wenn uns einer der ewigwährenden Götter / Beid' im Schlummer erblickt'.]

Sie fürchte sich nicht von den Menschen gesehen zu werden; sondern von den Göttern. Und wenn schon Homer den Jupiter einige Zeilen darauf sagen läßt:

Ἡρη, μητε θεων τογε δειδιθι, μητε τιν' ἀνδρων / Ὀψεσθαι· τοιον τοι ἐγω νεφος ἀμφικαλυψω / Χρυσεον·

[Here, weder ein Gott, vertraue mir, weder ein Mensch auch / Wird uns schauen, denn ein solches Gewölk umhüllt' ich dir ringsum, / Strahlend von Gold]

so folgt doch daraus nicht, daß sie erst diese Wolke vor den Augen der Menschen würde verborgen haben; sondern es will nur so viel, daß sie in dieser Wolke ebenso unsichtbar den Göttern werden solle, als sie es nur immer den Menschen sei. So auch, wenn Minerva sich den Helm des Pluto aufsetzt *(Iliad.* E. *v. 845.),* welches mit dem Verhüllen in eine Wolke einerlei Wirkung hatte, geschieht es nicht, um von den Trojanern nicht gesehen zu werden, die sie entweder gar nicht, oder unter der Gestalt des Sthenelus erblicken, sondern lediglich, damit sie Mars nicht erkennen möge.

XIII.

Wenn Homers Werke gänzlich verloren wären, wenn wir von seiner Ilias und Odyssee nichts übrig hätten, als eine ähnliche Folge von Gemälden, dergleichen Caylus daraus vorgeschlagen: würden wir wohl aus diesen Gemälden, – sie sollen von der Hand des vollkommensten Meisters sein – ich will nicht sagen, von dem ganzen Dichter, sondern bloß von seinem malerischen Talente, uns den Begriff bilden können, den wir itzt von ihm haben?

Man mache einen Versuch mit dem ersten dem besten Stücke. Es sei das Gemälde der Pest.[1] Was erblicken wir auf der Fläche des Künstlers? Tote Leichname, brennende Scheiterhaufen, Sterbende mit Gestorbenen beschäftiget, den erzürnten Gott auf einer Wolke, seine Pfeile abdrückend. Der größte Reichtum dieses Gemäldes ist Armut des Dichters. Denn sollte man den Homer aus diesem Gemälde wieder herstellen: was könnte man ihn sagen lassen? »Hierauf ergrimmte Apollo, und schoß seine Pfeile unter das Heere der Griechen. Viele Griechen sturben und ihre Leichname wurden verbrannt.« Nun lese man den Homer selbst:

Βη δε κατ᾽ Οὐλυμποιο καρηνων χωομενος κηρ,
Τοξ᾽ ὠμοισιν ἐχων, ἀμφηρεφεα τε φαρετρην.
᾽Εκλαγξαν δ᾽ ἀρ᾽ ὀιστοι ἐπ᾽ ὠμων χωομενοιο,
Αὐτου κινηθεντος· ὁ δ᾽ ἠιε νυκτι ἐοικως·
῾Εζετ᾽ ἐπειτ᾽ ἀπανευθε νεων, μετα δ᾽ ἰον ἑηκεν·
Δεινη δε κλαγγη γενετ᾽ ἀργυρεοιο βιοιο.
Οὐρηας μεν πρωτον ἐπῳχετο, και κυνας ἀργους·
Αὐταρ ἐπειτ᾽ αὐτοισι βελος ἐχεπευκες ἐφιεις
Βαλλ᾽· αἰει δε πυραι νεκυων καιοντο θαμειαι.

1 *Iliad. A. v. 44–53. Tableaux tirés de l'Iliade p. 7.*

[Schnell von den Höhn des Olympos enteilet' er zürnenden Herzens,
Auf der Schulter den Bogen und ringsverschlossenen Köcher.
Laut erschollen die Pfeile zugleich an des Zürnenden Schulter,
Als er einher sich bewegt', er wandelte düster wie Nachtgraun,
Setzte sich drauf von den Schiffern entfernt und schnellte den Pfeil ab;
Und ein schrecklicher Klang entscholl dem silbernen Bogen.
Nur Maultier' erlegt er zuerst und hurtige Hunde,
Doch nun gegen sie selbst das herbe Geschoß hinwendend,
Traf er, und rastlos brannten die Totenfeuer in Menge].

So weit das Leben über das Gemälde ist, so weit ist der Dichter hier über den Maler. Ergrimmt, mit Bogen und Köcher, steiget Apollo von den Zinnen des Olympus. Ich sehe ihn nicht allein herabsteigen, ich höre ihn. Mit jedem Tritte erklingen die Pfeile um die Schultern des Zornigen. Er gehet einher, gleich der Nacht. Nun sitzt er gegen den Schiffen über, und schnellet – fürchterlich erklingt der silberne Bogen – den ersten Pfeil auf die Maultiere und Hunde. Sodann faßt er mit dem giftigern Pfeile die Menschen selbst; und überall lodern unaufhörlich Holzstöße mit Leichnamen. – Es ist unmöglich, die musikalische Malerei, welche die Worte des Dichters mit hören lassen, in eine andere Sprache überzutragen. Es ist ebenso unmöglich, sie aus dem materiellen Gemälde zu vermuten, ob sie schon nur der allerkleineste Vorzug ist, den das poetische Gemälde vor selbigem hat. Der Hauptvorzug ist dieser, daß uns der Dichter zu dem, was das materielle Gemälde aus ihm zeiget, durch eine ganze Galerie von Gemälden führet.

Aber vielleicht ist die Pest kein vorteilhafter Vorwurf für die Malerei. Hier ist ein anderer, der mehr Reize für das Auge hat. Die ratpflegenden trinkenden Götter.[1] Ein goldner offener Palast, willkürliche Gruppen der schönsten und verehrungs-

1 *Iliad. Δ. v. 1–4. Tableaux tirés de l'Iliade p. 30.*

würdigsten Gestalten, den Pokal in der Hand, von Heben, der ewigen Jugend, bedienet. Welche Architektur, welche Massen von Licht und Schatten, welche Kontraste, welche Mannigfaltigkeit des Ausdruckes! Wo fange ich an, wo höre ich auf, mein Auge zu weiden? Wann mich der Maler so bezaubert, wieviel mehr wird es der Dichter tun! Ich schlage ihn auf, und ich finde – mich betrogen. Ich finde vier gute plane Zeilen, die zur Unterschrift eines Gemäldes dienen können, in welchen der Stoff zu einem Gemälde liegt, aber die selbst kein Gemälde sind.

Οἱ δε θεοι παρ Ζηνι καθημενοι ἠγοροωντο
Χρυσεῳ ἐν δαπεδῳ, μετα δε σφισι ποτνια Ἡβη
Νεκταρ ἐῳνοχοει· τοι δε χρυσεοις δεπαεσσι
Δειδεχατ' ἀλληλους, Τρωων πολιν εἰσοροωντες.
[Aber die Götter um Zeus ratschlageten all in Versammlung,
Sitzend auf goldener Flur; sie durchging die treffliche Hebe,
Nektar umher einschenkend; und jen' aus goldenen Bechern
Tranken sich zu einander und schaueten nieder auf Troja.]

Das würde ein Apollonius, oder ein noch mittelmäßigerer Dichter, nicht schlechter gesagt haben; und Homer bleibt hier ebensoweit unter dem Maler, als der Maler dort unter ihm blieb.

Noch dazu findet Caylus in dem ganzen vierten Buche der Ilias sonst kein einziges Gemälde, als nur eben in diesen vier Zeilen. So sehr sich, sagt er, das vierte Buch durch die mannigfaltigen Ermunterungen zum Angriffe, durch die Fruchtbarkeit glänzender und abstechender Charaktere, und durch die Kunst ausnimmt, mit welcher uns der Dichter die Menge, die er in Bewegung setzen will, zeiget: so ist es doch für die Malerei gänzlich unbrauchbar. Er hätte dazu setzen können: so reich es auch sonst an dem ist, was man poetische Gemälde nennet. Denn wahrlich, es kommen derer in dem vierten Buche so häufige und so vollkommene vor, als nur in irgend einem andern. Wo ist ein ausgeführteres, täuschenderes Gemälde als das vom Pandarus, wie er auf Anreizen der Minerva den Waffenstillestand bricht, und seinen Pfeil auf den Menelaus losdrückt? Als das, von dem Anrücken des griechischen Heeres? Als das, von dem beiderseitigen Angriffe? Als das, von der Tat des Ulysses, durch die er den Tod seines Leukus rächet?

Was folgt aber hieraus, daß nicht wenige der schönsten Gemälde des Homers kein Gemälde für den Artisten geben? daß der Artist Gemälde aus ihm ziehen kann, wo er selbst keine hat? daß die, welche er hat, und der Artist gebrauchen kann, nur sehr armselige Gemälde sein würden, wenn sie nicht mehr zeigten, als der Artist zeiget? Was sonst, als die Verneinung meiner obigen Frage? Daß aus den materiellen Gemälden, zu welchen die Gedichte des Homers Stoff geben, wann ihrer auch noch so viele, wann sie auch noch so vortrefflich wären, sich dennoch auf das malerische Talent des Dichters nichts schließen läßt.

XIV.

Ist dem aber so, und kann ein Gedicht sehr ergiebig für den Maler, dennoch aber selbst nicht malerisch, hinwiederum ein anderes sehr malerisch, und dennoch nicht ergiebig für den Maler sein: so ist es auch um den Einfall des Grafen Caylus getan, welcher die Brauchbarkeit für den Maler zum Probiersteine der Dichter machen, und ihre Rangordnung nach der Anzahl der Gemälde, die sie dem Artisten darbieten, bestimmen wollen.[1]

Fern sei es, diesem Einfalle, auch nur durch unser Stillschweigen, das Ansehen einer Regel gewinnen zu lassen. Milton würde als

1 *Tableaux tirés de l'Iliade, Avert. p. V. On est toujours convenu, que plus un poème fournissait d'images et d'actions, plus il avait de supériorité en poésie. Cette réflexion m'avait conduit à penser que le calcul des différents tableaux, qu'offrent les poèmes, pouvait servir à comparer le mérite respectif des poèmes et des poètes. Le nombre et le genre des tableaux que présentent ces grands ouvrages, auraient été une espèce de pierre de touche, ou plutôt une balance certaine du mérite de ces poèmes et du génie de leurs auteurs.* [Man ist sich immer einig gewesen, daß ein Gedicht, je mehr Bilder und Handlungen es liefere, desto mehr Überlegenheit in der Poesie habe. Diese Überlegung hatte mich auf den Gedanken gebracht, daß die Berechnung der verschiedenen Gemälde, die die Gedichte enthalten, dazu dienen könnte, den betreffenden Wert der Dichtungen und der Dichter zu vergleichen. Die Zahl und die Art der Gemälde, die diese großen Werke bieten, würden eine Art Prüfstein werden, oder vielmehr eine zuverlässige Waage des Wertes dieser Gedichte und des Genies ihrer Verfasser.]

das erste unschuldige Opfer derselben fallen. Denn es scheinet wirklich, daß das verächtliche Urteil, welches Caylus über ihn spricht, nicht sowohl Nationalgeschmack, als eine Folge seiner vermeinten Regel gewesen. Der Verlust des Gesichts, sagt er, mag wohl die größte Ähnlichkeit sein, die Milton mit dem Homer gehabt hat. Freilich kann Milton keine Galerien füllen. Aber müßte, solange ich das leibliche Auge hätte, die Sphäre desselben auch die Sphäre meines innern Auges sein, so würde ich, um von dieser Einschränkung frei zu werden, einen großen Wert auf den Verlust des erstern legen.

Das Verlorne Paradies ist darum nicht weniger die erste Epopöe nach dem Homer, weil es wenig Gemälde liefert, als die Leidensgeschichte Christi deswegen ein Poem ist, weil man kaum den Kopf einer Nadel in sie setzen kann, ohne auf eine Stelle zu treffen, die nicht eine Menge der größten Artisten beschäftiget hätte. Die Evangelisten erzählen das Faktum mit aller möglichen trockenen Einfalt, und der Artist nutzet die mannigfaltigen Teile desselben, ohne daß sie ihrerseits den geringsten Funken von malerischem Genie dabei gezeigt haben. Es gibt malbare und unmalbare Fakta, und der Geschichtschreiber kann die malbarsten ebenso unmalerisch erzählen, als der Dichter die unmalbarsten malerisch darzustellen vermögend ist.

Man läßt sich bloß von der Zweideutigkeit des Wortes verführen, wenn man die Sache anders nimmt. Ein poetisches Gemälde ist nicht notwendig das, was in ein materielles Gemälde zu verwandeln ist; sondern jeder Zug, jede Verbindung mehrerer Züge, durch die uns der Dichter seinen Gegenstand so sinnlich macht, daß wir uns dieses Gegenstandes deutlicher bewußt werden, als seiner Worte, heißt malerisch, heißt ein Gemälde, weil es uns dem Grade der Illusion näher bringt, dessen das materielle Gemälde besonders fähig ist, der sich von dem materiellen Gemälde am ersten und leichtesten abstrahieren lassen.[1]

1 Was wir poetische Gemälde nennen, nannten die Alten Phantasien, wie man sich aus dem Longin erinnern wird. Und was wir die Illusion, das Täuschende dieser Gemälde heißen, hieß bei ihnen die Enargie. Daher hatte einer, wie Plutarchus meldet,

XV.

Nun kann der Dichter zu diesem Grade der Illusion, wie die Erfahrung zeiget, auch die Vorstellungen anderer, als sichtbarer Gegenstände erheben. Folglich müssen notwendig dem Artisten ganze Klassen von Gemälden abgehen, die der Dichter vor ihm voraus hat. Drydens Ode auf den Cäcilienstag ist voller musikalischen Gemälde, die den Pinsel müßig lassen. Doch ich will mich in dergleichen Exempel nicht verlieren, aus welchen man am Ende doch wohl nicht viel mehr lernet, als daß die Farben keine Töne, und die Ohren keine Augen sind.

Ich will bei den Gemälden bloß sichtbarer Gegenstände stehen bleiben, die dem Dichter und Maler gemein sind. Woran liegt es, daß manche poetische Gemälde von dieser Art, für den Maler unbrauchbar sind, und hinwiederum manche eigentliche Gemälde unter der Behandlung des Dichters den größten Teil ihrer Wirkung verlieren?

Exempel mögen mich leiten. Ich wiederhole es: das Gemälde des Pandarus im vierten Buche der Ilias ist eines von den ausgeführtesten, täuschendsten im ganzen Homer. Von dem Ergreifen des Bogens bis zu dem Fluge des Pfeiles, ist jeder Augenblick gemalt, und alle diese Augenblicke sind so nahe und doch so unterschieden angenommen, daß, wenn man nicht wüßte, wie mit dem Bogen umzugehen wäre, man es aus diesem Gemälde allein lernen könnte.[1] Pandarus zieht seinen Bogen hervor, legt die Sehne an,

(Erot. T. II. Edit. Henr. Steph. p. 1351.) gesagt: die poetischen Phantasien wären, wegen ihrer Enargie, Träume der Wachenden; Αἱ ποιητικαι φαντασιαι δια την ἐναργειαν ἐγρηγοροτων ἐνυπνια εἰσιν. Ich wünschte sehr, die neuern Lehrbücher der Dichtkunst hätten sich dieser Benennung bedienen, und des Worts Gemälde gänzlich enthalten wollen. Sie würden uns eine Menge halbwahrer Regeln erspart haben, deren vornehmster Grund die Übereinstimmung eines willkürlichen Namens ist. Poetische Phantasien würde kein Mensch so leicht den Schranken eines materiellen Gemäldes unterworfen haben; aber sobald man die Phantasien poetische Gemälde nannte, so war der Grund zur Verführung gelegt.

1 *Iliad.* Δ. *v. 105.*

Αὐτικ' ἐσυλα τοξον εὐξοον — — — — / Και το μεν εὐ κατεθηκε τανυσσαμενος, ποτι γαιῃ / 'Αγκλινας — — — — — — — — / Αὐταρ ὁ συλα πωμα φαρετρης· ἐκ δ' ἑλετ' ἰον /

öffnet den Köcher, wählet einen noch ungebrauchten wohlbefiederten Pfeil, setzt den Pfeil an die Sehne, zieht die Sehne mitsamt dem Pfeile unten an dem Einschnitte zurück, die Sehne nahet sich der Brust, die eiserne Spitze des Pfeiles dem Bogen, der große geründete Bogen schlägt tönend auseinander, die Sehne schwirret, ab sprang der Pfeil, und gierig fliegt er nach seinem Ziele.

Übersehen kann Caylus dieses vortreffliche Gemälde nicht haben. Was fand er also darin, warum er es für unfähig achtete, seinen Artisten zu beschäftigen? Und was war es, warum ihm die Versammlung der ratpflegenden zechenden Götter zu dieser Absicht tauglicher dünkte? Hier sowohl als dort sind sichtbare Vorwürfe, und was braucht der Maler mehr, als sichtbare Vorwürfe, um seine Fläche zu füllen?

Der Knoten muß dieser sein. Obschon beide Vorwürfe, als sichtbar, der eigentlichen Malerei gleich fähig sind: so findet sich doch dieser wesentliche Unterschied unter ihnen, daß jener eine sichtbare fortschreitende Handlung ist, deren verschiedene Teile sich nach und nach, in der Folge der Zeit, ereignen, dieser hingegen

'Αβλητα, πτεροεντα, μελαινων ἑρμ' ὀδυναων, / Αἰψα δ' ἐπι νευρῃ κατεκοσμει πικρον οἰστον, / Ἑλκε δ' ὁμου γλυφιδας τε λαβων και νευρα βοεια. / Νευρην μεν μαζῳ πελασεν, τοξῳ δε σιδηρον. — / Αὐταρ ἐπει δη κυκλοτερες μεγα τοξον ἐτεινε, / Λιγξε βιος, νευρη δε μεγ' ἰαχεν, ἀλτο δ' οἰστος / 'Οξυβελης, καθ' ὁμιλον ἐπιπτεσθαι μενεαινων.

[Schnell entblößt' er den Bogen, geschnitzt von des üppigen Steinbocks / Schönem Gehörn, dem er selber die Brust von unten getroffen. / Als er dem Felsen entsprang, am gewähleten Ort ihn erwartend, / Zielt' und durchschoß er die Brust, daß rücklings am Fels er hinabsank. / Sechzehn Handbreit ragten empor am Haupte die Hörner. / Solche schnitzt' und verband der hornarbeitende Künstler. / Glättete alles umher und beschlug's mit goldener Krümmung. / Diesen nun stellt' er geschickt, nachdem er ihn spannt' auf die Erde / Angelehnt; (und mit Schilden bedeckten ihn tapfere Freunde, / Daß nicht zuvor erstürmten die streitbaren Männer Achaias, / Eh' er gefällt Menelaos, den streitbaren Fürsten Achaias). / Jetzo des Köchers Deckel eröffnet' er, wählte den Pfeil dann, / Ungeschnellt und gefiedert, den Urquell dunkeler Qualen. / Eilend ordnet' er nun das herbe Geschoß auf der Sehne; / (Und er gelobt' Apollon, dem lykischen Bogenberühmten, / Eine Dankhekatombe der Erstlingslämmer zu opfern, / Heimgekehrt in sein Haus zur heiligen Stadt Zeleia). / Fassend dann zog er die Kerbe zugleich und die Nerve des Rindes, / Daß die Sehne der Brust annaht' und das Eisen dem Bogen. / Als er nunmehr kreisförmig den mächtigen Bogen gekrümmet, / Schwirrte das Horn und tönte die Sehn' und sprang das Geschoß hin, / Scharfgespitzt in den Haufen hineinzufliegen verlangend.]

eine sichtbare stehende Handlung, deren verschiedene Teile sich nebeneinander im Raume entwickeln. Wenn nun aber die Malerei, vermöge ihrer Zeichen oder der Mittel ihrer Nachahmung, die sie nur im Raume verbinden kann, der Zeit gänzlich entsagen muß: so können fortschreitende Handlungen, als fortschreitend, unter ihre Gegenstände nicht gehören, sondern sie muß sich mit Handlungen nebeneinander, oder mit bloßen Körpern, die durch ihre Stellungen eine Handlung vermuten lassen, begnügen. Die Poesie hingegen – –

XVI.

Doch ich will versuchen, die Sache aus ihren ersten Gründen herzuleiten.

Ich schließe so. Wenn es wahr ist, daß die Malerei zu ihren Nachahmungen ganz andere Mittel, oder Zeichen gebrauchet, als die Poesie; jene nämlich Figuren und Farben in dem Raume, diese aber artikulierte Töne in der Zeit; wenn unstreitig die Zeichen ein bequemes Verhältnis zu dem Bezeichneten haben müssen: so können nebeneinander geordnete Zeichen auch nur Gegenstände, die nebeneinander, oder deren Teile nebeneinander existieren, aufeinanderfolgende Zeichen aber auch nur Gegenstände ausdrücken, die aufeinander, oder deren Teile aufeinander folgen.

Gegenstände, die nebeneinander oder deren Teile nebeneinander existieren, heißen Körper. Folglich sind Körper mit ihren sichtbaren Eigenschaften die eigentlichen Gegenstände der Malerei.

Gegenstände, die aufeinander, oder deren Teile aufeinander folgen, heißen überhaupt Handlungen. Folglich sind Handlungen der eigentliche Gegenstand der Poesie.

Doch alle Körper existieren nicht allein in dem Raume, sondern auch in der Zeit. Sie dauern fort, und können in jedem Augenblicke ihrer Dauer anders erscheinen, und in anderer Verbindung stehen. Jede dieser augenblicklichen Erscheinungen und Verbindungen ist die Wirkung einer vorhergehenden, und kann die Ursache einer folgenden, und sonach gleichsam das Zentrum einer Handlung sein. Folglich kann die Malerei auch Handlungen nachahmen, aber nur andeutungsweise durch Körper.

Auf der andern Seite können Handlungen nicht für sich selbst bestehen, sondern müssen gewissen Wesen anhängen. Insofern nun diese Wesen Körper sind, oder als Körper betrachtet werden, schildert die Poesie auch Körper, aber nur andeutungsweise durch Handlungen.

Die Malerei kann in ihren koexistierenden Kompositionen nur einen einzigen Augenblick der Handlung nutzen, und muß daher den prägnantesten wählen, aus welchem das Vorhergehende und Folgende am begreiflichsten wird.

Ebenso kann auch die Poesie in ihren fortschreitenden Nachahmungen nur eine einzige Eigenschaft der Körper nutzen, und muß daher diejenige wählen, welche das sinnlichste Bild des Körpers von der Seite erwecket, von welcher sie ihn braucht.

Hieraus fließt die Regel von der Einheit der malerischen Beiwörter, und der Sparsamkeit in den Schilderungen körperlicher Gegenstände.

Ich würde in diese trockene Schlußkette weniger Vertrauen setzen, wenn ich sie nicht durch die Praxis des Homers vollkommen bestätiget fände, oder wenn es nicht vielmehr die Praxis des Homers selbst wäre, die mich darauf gebracht hätte. Nur aus diesen Grundsätzen läßt sich die große Manier des Griechen bestimmen und erklären, sowie der entgegengesetzten Manier so vieler neuern Dichter ihr Recht erteilen, die in einem Stücke mit dem Maler wetteifern wollen, in welchem sie notwendig von ihm überwunden werden müssen.

Ich finde, Homer malet nichts als fortschreitende Handlungen, und alle Körper, alle einzelne Dinge malet er nur durch ihren Anteil an diesen Handlungen, gemeiniglich nur mit *einem* Zuge. Was Wunder also, daß der Maler, da wo Homer malet, wenig oder nichts für sich zu tun siehet, und daß seine Ernte nur da ist, wo die Geschichte eine Menge schöner Körper, in schönen Stellungen, in einem der Kunst vorteilhaften Raume zusammenbringt, der Dichter selbst mag diese Körper, diese Stellungen, diesen Raum so wenig malen, als er will? Man gehe die ganze Folge der Gemälde, wie sie Caylus aus ihm vorschlägt, Stück vor Stück durch, und man wird in jedem den Beweis von dieser Anmerkung finden.

Ich lasse also hier den Grafen, der den Farbenstein des Malers zum Probiersteine des Dichters machen will, um die Manier des Homers näher zu erklären.

Für *ein* Ding, sage ich, hat Homer gemeiniglich nur *einen* Zug. Ein Schiff ist ihm bald das schwarze Schiff, bald das hohle Schiff, bald das schnelle Schiff, höchstens das wohlberuderte schwarze Schiff. Weiter läßt er sich in die Malerei des Schiffes nicht ein. Aber wohl das Schiffen, das Abfahren, das Anlanden des Schiffes, macht er zu einem ausführlichen Gemälde, zu einem Gemälde, aus welchem der Maler fünf, sechs besondere Gemälde machen müßte, wenn er es ganz auf seine Leinwand bringen wollte.

Zwingen den Homer ja besondere Umstände, unsern Blick auf einen einzeln körperlichen Gegenstand länger zu heften: so wird demohngeachtet kein Gemälde daraus, dem der Maler mit dem Pinsel folgen könnte; sondern er weiß durch unzählige Kunstgriffe diesen einzeln Gegenstand in eine Folge von Augenblicken zu setzen, in deren jedem er anders erscheinet, und in deren letztem ihn der Maler erwarten muß, um uns entstanden zu zeigen, was wir bei dem Dichter entstehen sehn. Z. E. Will Homer uns den Wagen der Juno sehen lassen, so muß ihn Hebe vor unsern Augen Stück vor Stück zusammensetzen. Wir sehen die Räder, die Achsen, den Sitz, die Deichsel und Riemen und Stränge, nicht sowohl wie es beisammen ist, als wie es unter den Händen der Hebe zusammenkömmt. Auf die Räder allein verwendet der Dichter mehr als einen Zug, und weiset uns die ehernen acht Speichen, die goldenen Felgen, die Schienen von Erzt, die silberne Nabe, alles insbesondere. Man sollte sagen: da der Räder mehr als eines war, so mußte in der Beschreibung ebensoviel Zeit mehr auf sie gehen, als ihre besondere Anlegung deren in der Natur selbst mehr erforderte.[1]

1 *Iliad. E. v. 722–31.*

Ἥβη δ' ἀμφ' ὀχεεσσι θοως βαλε καμπυλα κυκλα,
Χαλκεα, ὀκτακνημα, σιδηρεῳ ἀξονι ἀμφις·
Των ἤ τοι χρυσεη ἰτυς ἀφθιτος, αὐταρ ὑπερθεν
Χαλκε' ἐπισσωτρα, προσαρηροτα, θαυμα ἰδεσθαι·
Πλημναι δ' ἀργυρου εἰσι περιδρομοι ἀμφστερωθεν·
Διφρος δε χρυσεοισι και ἀργυρεοισιν ἱμασιν
'Εντεταται· δοιαι δε περιδρομοι ἀντυγες εἰσιν·
Του δ' ἐξ ἀργυρεος ῥυμος πελεν· αὐταρ ἐπ' ἀκρῳ
Δησε χρυσειον καλον ζυγον, ἐν δε λεπαδνα
Καλ' ἐβαλε, χρυσεια· – – – –

[Hebe fügt' um den Wagen alsbald die geründeten Räder,
Eherne, mit acht Speichen, umher an die eiserne Achse.
Gold ist ihnen der Kranz, unalterndes, aber umher sind
Eherne Schienen gelegt, anpassende, Wunder dem Anblick.
Silbern glänzen die Naben in schönumlaufender Ründung.
Dann in goldenen Riemen und silbernen schwebet der Sessel
Ausgespannt und umringt mit zween umlaufenden Rändern.
Vorhin streckt aus Silber die Deichsel sich, aber am Ende
Band sie das goldene Joch, das prangende, dem sie die Seile,
Schön und golden, umschlang.]

Will uns Homer zeigen, wie Agamemnon bekleidet gewesen, so muß sich der König vor unsern Augen seine völlige Kleidung Stück vor Stück umtun; das weiche Unterkleid, den großen Mantel, die schönen Halbstiefeln, den Degen; und so ist er fertig, und ergreift das Zepter. Wir sehen die Kleider, indem der Dichter die Handlung des Bekleidens malet; ein anderer würde die Kleider bis auf die geringste Franze gemalet haben, und von der Handlung hätten wir nichts zu sehen bekommen.[1]

– – – μαλακον δ' ἐνδυνε χιτωνα,
Καλον, νηγατεον, περι δ' αὐ μεγα βαλλετο φαρος·
Ποσσι δ' ὑπαι λιπαροισιν ἐδησατο καλα πεδιλα·

1 *Iliad. B. v. 43–47.*

'Αμφι δ' ἀρ' ὠμοισιν βαλετο ξιφος ἀργυροηλον,
Εἵλετο δε σκηπτρον πατρωιον, ἀφθιτον αἰει.

[Zog das weiche Gewand an,
Sauber und neugewirkt, und warf den Mantel darüber;
Unter die glänzenden Füß' auch band er sich stattliche Sohlen,
Hängte sodann um die Schultern das Schwert voll silberner Buckeln,
Nahm auch den Herrscherstab, den ererbten, ewiger Dauer.]

Und wenn wir von diesem Zepter, welches hier bloß das väterliche, unvergängliche Zepter heißt, so wie ein ähnliches ihm an einem andern Orte bloß χρουσειοις ἥλοισι πεπαρμενον, das mit goldenen Stiften beschlagene Zepter ist, wenn wir, sage ich, von diesem wichtigen Zepter ein vollständigeres, genaueres Bild haben sollen: was tut sodann Homer? Malt er uns, außer den goldenen Nägeln, nun auch das Holz, den geschnitzten Knopf? Ja, wenn die Beschreibung in eine Heraldik sollte, damit einmal in den folgenden Zeiten ein anderes genau darnach gemacht werden könne. Und doch bin ich gewiß, daß mancher neuere Dichter eine solche Wappenkönigsbeschreibung daraus würde gemacht haben, in der treuherzigen Meinung, daß er wirklich selber gemalt habe, weil der Maler ihm nachmalen kann. Was bekümmert sich aber Homer, wie weit er den Maler hinter sich läßt? Statt einer Abbildung gibt er uns die Geschichte des Zepters: erst ist es unter der Arbeit des Vulkans; nun glänzt es in den Händen des Jupiters; nun bemerkt es die Würde Merkurs; nun ist es der Kommandostab des kriegerischen Pelops; nun der Hirtenstab des friedlichen Atreus usw.

– Σκηπτρον ἐχων· το μεν Ἡφαιστος καμε τευχων·
Ἡφαιστος μεν δωκε Διι Κρονιωνι ἀνακτι·
Αὐταρ ἀρα Ζευς δωκε διακτορῳ 'Αργειφοντῃ·
Ἑρμειας δε ἀναξ δωκεν Πελοπι πληξιππῳ·
Αὐταρ ὁ αὐτε Πελοψ δωκ' 'Ατρει, ποιμενι λαων·
'Ατρευς δε θνησκων ἐλιπε πολυαρνι Θυεστῃ·

Αὐταρ ὁ αὖτε Θυεστ' 'Αγαμεμνονι λειπε φορηναι,
Πολλῃσι νησοισι και 'Αργει παντι ἀνασσειν.[1]

[Haltend den Herrscherstab, den mit Kunst Hephästos
Diesen gab Hephästos dem waltenden Zeus Kronion; [gebildet;
Hierauf gab ihn Zeus dem bestellenden Argoswürger;
Hermes gab ihn, der Herrscher, dem Rossebändiger Pelops;
Wieder gab ihn Pelops dem völkerweidenden Atreus;
Dann ließ Atreus ihn sterbend dem lämmerreichen Thyestes;
Aber ihn ließ Thyestes dem Held Agamemnon, zu tragen
Viel Eilande damit und Argos' Reich zu beherrschen.]

So kenne ich endlich dieses Zepter besser, als mir es der Maler vor Augen legen, oder ein zweiter Vulkan in die Hände liefern könnte. – Es würde mich nicht befremden, wenn ich fände, daß einer von den alten Auslegern des Homers diese Stelle als die vollkommenste Allegorie von dem Ursprunge, dem Fortgange, der Befestigung und endlichen Beerbfolgung der königlichen Gewalt unter den Menschen bewundert hätte. Ich würde zwar lächeln, wenn ich läse, daß Vulkan, welcher das Zepter gearbeitet, als das Feuer, als das, was dem Menschen zu seiner Erhaltung das Unentbehrlichste ist, die Abstellung der Bedürfnisse überhaupt anzeige, welche die ersten Menschen, sich einem einzigen zu unterwerfen, bewogen; daß der erste König ein Sohn der Zeit, (Ζευς Κρονιων) ein ehrwürdiger Alte gewesen sei, welcher seine Macht mit einem beredten klugen Manne, mit einem Merkur, (Διακτορῳ 'Αργειφοντῃ) teilen, oder gänzlich auf ihn übertragen wollen; daß der kluge Redner zur Zeit, als der junge Staat von auswärtigen Feinden bedrohet worden, seine oberste Gewalt dem tapfersten Krieger (Πελοπι πληξιππῳ) überlassen habe; daß der tapfere Krieger, nachdem er die Feinde gedämpfet und das Reich gesichert, es seinem Sohne in die Hände spielen können, welcher als ein friedliebender Regent, als ein wohltätiger Hirte seiner Völker (ποιμην λαων), sie mit Wohlleben und Überfluß bekannt gemacht habe, wodurch nach seinem Tode dem reichsten

1 *Iliad. B. v. 101–108.*

seiner Anverwandten (πολυαρνι Θυεστῃ) der Weg gebahnet worden, das was bisher das Vertrauen erteilet, und das Verdienst mehr für eine Bürde als Würde gehalten hatte, durch Geschenke und Bestechungen an sich zu bringen, und es hernach als ein gleichsam erkauftes Gut seiner Familie auf immer zu versichern. Ich würde lächeln, ich würde aber demohngeachtet in meiner Achtung für den Dichter bestärket werden, dem man so vieles leihen kann. – Doch dieses liegt außer meinem Wege, und ich betrachte itzt die Geschichte des Zepters bloß als einen Kunstgriff, uns bei einem einzeln Dinge verweilen zu machen, ohne sich in die frostige Beschreibung seiner Teile einzulassen. Auch wenn Achilles bei seinem Zepter schwöret, die Geringschätzung, mit welcher ihm Agamemnon begegnet, zu rächen, gibt uns Homer die Geschichte dieses Zepters. Wir sehen ihn auf den Bergen grünen, das Eisen trennet ihn von dem Stamme, entblättert und entrindet ihn, und macht ihn bequem, den Richtern des Volkes zum Zeichen ihrer göttlichen Würde zu dienen.[1]

Ναι μα τοδε σκηπτρον, το μεν οὔποτε φυλλα και ὄζους
Φυσει, ἐπει δη πρωτα τομην ἐν ὀρεσσι λελοιπεν,
Οὐδ' ἀναθηλησει· περι γαρ ῥα ἑ χαλκος ἐλεψε,
Φυλλα τε και φλοιον· νυν αὖτε μιν υἷες 'Αχαιων
Ἑν παλαμῃς φορεουσι δικασπολοι, οἵ τε θεμιστας
Προς Διος εἰρυαται· – – – –

[Wahrlich, bei diesem Zepter, der niemals Blätter und Zweige
Wieder zeugt, nachdem er den Stamm im Gebirge verlassen,
Nie mehr sproßt er empor, denn ringsum schälte das Erz ihm
Laub und Rinde hinweg, und edele Söhne Achaias
Tragen ihn jetzt in der Hand, die Richtenden, welchen Kronion
Seine Gesetze vertraut].

Dem Homer war nicht sowohl daran gelegen, zwei Stäbe von verschiedener Materie und Figur zu schildern, als uns von der Verschiedenheit der Macht, deren Zeichen diese Stäbe waren, ein

1 *Iliad.* Δ. *v.* 105–111.

sinnliches Bild zu machen. Jener, ein Werk des Vulkans; dieser, von einer unbekannten Hand auf den Bergen geschnitten: jener der alte Besitz eines edeln Hauses; dieser bestimmt, die erste die beste Faust zu füllen: jener, von einem Monarchen über viele Inseln und über ganz Argos erstrecket; dieser, von einem aus dem Mittel der Griechen geführet, dem man nebst andern die Bewahrung der Gesetze anvertrauet hatte. Dieses war wirklich der Abstand, in welchem sich Agamemnon und Achill voneinander befanden; ein Abstand, den Achill selbst, bei allem seinem blinden Zorne, einzugestehen, nicht umhin konnte.

Doch nicht bloß da, wo Homer mit seinen Beschreibungen dergleichen weitere Absichten verbindet, sondern auch da, wo es ihm um das bloße Bild zu tun ist, wird er dieses Bild in eine Art von Geschichte des Gegenstandes verstreuen, um die Teile desselben, die wir in der Natur nebeneinander sehen, in seinem Gemälde ebenso natürlich aufeinander folgen, und mit dem Flusse der Rede gleichsam Schritt halten zu lassen. Z. E. Er will uns den Bogen des Pandarus malen; einen Bogen von Horn, von der und der Länge, wohl polieret, und an beiden Spitzen mit Goldblech beschlagen. Was tut er? Zählt er uns alle diese Eigenschaften so trocken eine nach der andern vor? Mit nichten; das würde einen solchen Bogen angeben, vorschreiben, aber nicht malen heißen. Er fängt mit der Jagd des Steinbockes an, aus dessen Hörnern der Bogen gemacht worden; Pandarus hatte ihm in den Felsen aufgepaßt, und ihn erlegt; die Hörner waren von außerordentlicher Größe, deswegen bestimmte er sie zu einem Bogen; sie kommen in die Arbeit, der Künstler verbindet sie, polieret sie, beschlägt sie. Und so, wie gesagt, sehen wir bei dem Dichter entstehen, was wir bei dem Maler nicht anders als entstanden sehen können.[1]

– – – τοξον, ἐυξοον, ἰξαλου αἰγος
'Αγϱιου, ὁν ϱ̔α ποτ' αὐτος, ὑπο στεϱνοιο τυχησας,
Πετϱης ἐκβαινοντα δεδεγμενος ἐν πϱοδοκησιν,

1 *Iliad.* Δ. *v.* 105–111.

Βεβληκει προς στηθος· ὁ δ' ὑπτιος ἐμπεσε πετρῃ·
Του κερα ἐκ κεφαλης ἑκκαιδεκαδωρα πεφυκει.
Και τα μεν ἀσκησας κεραοξοος ἠραρε τεκτων,
Παν δ' εὐ λειηνας, χρυσεην ἐπεθηκε κορωνην.

[Den Bogen, geschnitzt von des üppigen Steinbocks
Schönem Gehörn, dem er selber die Brust von unten getroffen;
Als er dem Felsen entsprang, am gewähleten Ort ihn erwartend,
Zielt' und durchschoß er die Brust, daß rücklings am Fels er hinabsank.
Sechzehn Handbreit ragten am Haupte empor die Hörner.
Solche schnitzt' und verband der hornarbeitende Künstler,
Glättete alles umher, und beschlug's mit goldener Krümmung.]

Ich würde nicht fertig werden, wenn ich alle Exempel dieser Art ausschreiben wollte. Sie werden jedem, der seinen Homer innehat, in Menge beifallen.

XVII.

Aber, wird man einwenden, diese Zeichen der Poesie sind nicht bloß aufeinanderfolgend, sie sind auch willkürlich; und als willkürliche Zeichen sind sie allerdings fähig, Körper, so wie sie im Raume existieren, auszudrücken. In dem Homer selbst fänden sich hiervon Exempel, an dessen Schild des Achilles man sich nur erinnern dürfe, um das entscheidendste Beispiel zu haben, wie weitläuftig und doch poetisch man ein einzelnes Ding nach seinen Teilen nebeneinander schildern könne.
Ich will auf diesen doppelten Einwurf antworten. Ich nenne ihn doppelt, weil ein richtiger Schluß auch ohne Exempel gelten muß, und gegenteils das Exempel des Homers bei mir von Wichtigkeit ist, auch wenn ich es noch durch keinen Schluß zu rechtfertigen weiß.
Es ist wahr; da die Zeichen der Rede willkürlich sind, so ist es gar wohl möglich, daß man durch sie die Teile eines Körpers ebensowohl aufeinanderfolgen lassen kann, als sie in der Natur

nebeneinander befindlich sind. Allein dieses ist eine Eigenschaft der Rede und ihrer Zeichen überhaupt, nicht aber insoferne sie der Absicht der Poesie am bequemsten sind. Der Poet will nicht bloß verständlich werden, seine Vorstellungen sollen nicht bloß klar und deutlich sein; hiermit begnügt sich der Prosaist. Sondern er will die Ideen, die er in uns erwecket, so lebhaft machen, daß wir in der Geschwindigkeit die wahren sinnlichen Eindrücke ihrer Gegenstände zu empfinden glauben, und in diesem Augenblicke der Täuschung uns der Mittel, die er dazu anwendet, seiner Worte, bewußt zu sein aufhören. Hierauf lief oben die Erklärung des poetischen Gemäldes hinaus. Aber der Dichter soll immer malen; und nun wollen wir sehen, inwieferne Körper nach ihren Teilen nebeneinander sich zu dieser Malerei schicken. Wie gelangen wir zu der deutlichen Vorstellung eines Dinges im Raume? Erst betrachten wir die Teile desselben einzeln, hierauf die Verbindung dieser Teile, und endlich das Ganze. Unsere Sinne verrichten diese verschiedene Operationen mit einer so erstaunlichen Schnelligkeit, daß sie uns nur eine einzige zu sein bedünken, und diese Schnelligkeit ist unumgänglich notwendig, wann wir einen Begriff von dem Ganzen, welcher nichts mehr als das Resultat von den Begriffen der Teile und ihrer Verbindung ist, bekommen sollen. Gesetzt nun also auch, der Dichter führe uns in der schönsten Ordnung von einem Teile des Gegenstandes zu dem andern; gesetzt, er wisse uns die Verbindung dieser Teile auch noch so klar zu machen: wie viel Zeit gebraucht er dazu? Was das Auge mit einmal übersiehet, zählt er uns merklich langsam nach und nach zu, und oft geschieht es, daß wir bei dem letzten Zuge den ersten schon wiederum vergessen haben. Jedennoch sollen wir uns aus diesen Zügen ein Ganzes bilden; dem Auge bleiben die betrachteten Teile beständig gegenwärtig; es kann sie abermals und abermals überlaufen: für das Ohr hingegen sind die vernommenen Teile verloren, wann sie nicht in dem Gedächtnisse zurückbleiben. Und bleiben sie schon da zurück: welche Mühe, welche Anstrengung kostet es, ihre Eindrücke alle in eben der Ordnung so lebhaft zu erneuern, sie nur mit einer mäßigen

Geschwindigkeit auf einmal zu überdecken, um zu einem etwanigen Begriffe des Ganzen zu gelangen!
Man versuche es an einem Beispiele, welches ein Meisterstück in seiner Art heißen kann.[1]

Dort ragt das hohe Haupt vom edeln Enziane
Weit übern niedern Chor der Pöbelkräuter hin,
Ein ganzes Blumenvolk dient unter seiner Fahne,
Sein blauer Bruder selbst bückt sich und ehret ihn.
Der Blumen helles Gold, in Strahlen umgebogen,
Türmt sich am Stengel auf und krönt sein grau Gewand,
Der Blätter glattes Weiß, mit tiefem Grün durchzogen,
Strahlt von dem bunten Blitz von feuchtem Diamant.
Gerechtestes Gesetz! daß Kraft sich Zier vermähle,
In einem schönen Leib wohnt eine schönre Seele.
Hier kriecht ein niedrig Kraut, gleich einem grauen Nebel,
Dem die Natur sein Blatt im Kreuze hingelegt;
Die holde Blume zeigt die zwei vergöldten Schnäbel,
Die ein von Amethyst gebildter Vogel trägt.
Dort wirft ein glänzend Blatt, in Finger ausgekerbet,
Auf einen hellen Bach den grünen Widerschein;
Der Blumen zarten Schnee, den matter Purpur färbet,
Schließt ein gestreifter Stern in weiße Strahlen ein.
Smaragd und Rosen blühn auch auf zertretner Heide,
Und Felsen decken sich mit einem Purpurkleide.

Es sind Kräuter und Blumen, welche der gelehrte Dichter mit großer Kunst und nach der Natur malet. Malt, aber ohne alle Täuschung malet. Ich will nicht sagen, daß wer diese Kräuter und Blumen nie gesehen, sich auch aus seinem Gemälde so gut als gar keine Vorstellung davon machen könne. Es mag sein, daß alle poetische Gemälde eine vorläufige Bekanntschaft mit ihren Gegenständen erfordern. Ich will auch nicht leugnen, daß demjenigen, dem eine solche Bekanntschaft hier zustatten kömmt, der

1 S. des Herrn v. Hallers Alpen.

Dichter nicht von einigen Teilen eine lebhaftere Idee erwecken könnte. Ich frage ihn nur, wie steht es um den Begriff des Ganzen? Wenn auch dieser lebhafter sein soll, so müssen keine einzelne Teile darin vorstechen, sondern das höhere Licht muß auf alle gleich verteilet scheinen; unsere Einbildungskraft muß alle gleich schnell überlaufen können, um sich das aus ihnen mit eins zusammenzusetzen, was in der Natur mit eins gesehen wird. Ist dieses hier der Fall? Und ist er es nicht, wie hat man sagen können, »daß die ähnlichste Zeichnung eines Malers gegen diese poetische Schilderung ganz matt und düster sein würde«?[1] Sie bleibet unendlich unter dem, was Linien und Farben auf der Fläche ausdrücken können, und der Kunstrichter, der ihr dieses übertriebene Lob erteilet, muß sie aus einem ganz falschen Gesichtspunkte betrachtet haben; er muß mehr auf die fremden Zieraten, die der Dichter darein verwebet hat, auf die Erhöhung über das vegetative Leben, auf die Entwickelung der innern Vollkommenheiten, welchen die äußere Schönheit nur zur Schale dienet, als auf diese Schönheit selbst, und auf den Grad der Lebhaftigkeit und Ähnlichkeit des Bildes, welches uns der Maler, und welches uns der Dichter davon gewähren kann, gesehen haben. Gleichwohl kömmt es hier lediglich nur auf das letztere an, und wer da sagt, daß die bloßen Zeilen:

Der Blumen helles Gold, in Strahlen umgebogen,
Türmt sich am Stengel auf und krönt sein grau Gewand,
Der Blätter glattes Weiß, mit tiefem Grün durchzogen,
Strahlt von dem bunten Blitz von feuchtem Diamant –

daß diese Zeilen, in Ansehung ihres Eindrucks, mit der Nachahmung eines Huysum wetteifern können, muß seine Empfindung nie befragt haben, oder sie vorsetzlich verleugnen wollen. Sie mögen sich, wenn man die Blume selbst in der Hand hat, sehr schön dagegen rezitieren lassen; nur vor sich allein sagen sie wenig oder nichts. Ich höre in jedem Worte den arbeitenden Dichter, aber das Ding selbst bin ich weit entfernet zu sehen.

1 Breitingers Kritische Dichtkunst T. II. S. 807.

Nochmals also: ich spreche nicht der Rede überhaupt das Vermögen ab, ein körperliches Ganze nach seinen Teilen zu schildern; sie kann es, weil ihre Zeichen, ob sie schon aufeinander folgen, dennoch willkürliche Zeichen sind: sondern ich spreche es der Rede als dem Mittel der Poesie ab, weil dergleichen wörtlichen Schilderungen der Körper das Täuschende gebricht, worauf die Poesie vornehmlich gehet; und dieses Täuschende, sage ich, muß ihnen darum gebrechen, weil das Koexistierende des Körpers mit dem Konsekutiven der Rede dabei in Kollision kömmt, und indem jenes in dieses aufgelöset wird, uns die Zergliederung des Ganzen in seine Teile zwar erleichtert, aber die endliche Wiederzusammensetzung dieser Teile in das Ganze ungemein schwer, und nicht selten unmöglich gemacht wird.
Überall, wo es daher auf das Täuschende nicht ankömmt, wo man nur mit dem Verstande seiner Leser zu tun hat, und nur auf deutliche und soviel möglich vollständige Begriffe gehet: können diese aus der Poesie ausgeschlossene Schilderungen der Körper gar wohl Platz haben, und nicht allein der Prosaist, sondern auch der dogmatische Dichter (denn da wo er dogmatisieret, ist er kein Dichter), können sich ihrer mit vielem Nutzen bedienen. So schildert z. E. Virgil in seinem Gedichte vom Landbaue eine zur Zucht tüchtige Kuh:

– – – Optima torvae
Forma bovis, cui turpe caput, cui plurima cervix,
Et crurum tenus a mento palearia pendent.
Tum longo nullus lateri modus: omnia magna:
Pes etiam, et camuris hirtae sub cornibus aures.
Nec mihi displiceat maculis insignis et albo,
Aut juga detractans interdumque aspera cornu,
Et faciem tauro propior; quaeque ardua tota,
Et gradiens ima verrit vestigia cauda.

[Grimmiges Aussehn
Wird an den Kühen gelobt, Breithaupt und mächtiger Nacken,
Mächtiger Wamme Behang vom Kinn bis unter die Schenkel,

Große Gestalt – kurz, alles an ihr muß kräftig und groß sein –
Selbst der Fuß; und struppig die Ohren zwischen den Hörnern.
Auch mißfallen mir nicht der Weißfleck oder der Rotfleck,
Oder wenn eine das Joch nicht annimmt, oder mit Hörnern
Trutzig dräut und von Haupte dem Stier gleichsiehet, und stattlich
Schreitet und fegt mit dem Schweif bei jeglichem Schritt die Hufe.]

Oder ein schönes Füllen:

– – – – Illi ardua cervix
Argutumque caput, brevis alvus, obesaque terga
Luxuriatque toris animosum pectus etc.[1]

[Ihr Nacken ist aufrecht
Schmal das Haupt, die Weiche gedrang doch mächtig die Kruppe;
Breit von Muskeln pranget die Brust, mutschwellend.]

Denn wer sieht nicht, daß dem Dichter hier mehr an der Auseinandersetzung der Teile, als an dem Ganzen gelegen gewesen? Er will uns die Kennzeichen eines schönen Füllens, einer tüchtigen Kuh zuzählen, um uns in den Stand zu setzen, nachdem wir deren mehrere oder wenigere antreffen, von der Güte der einen oder des andern urteilen zu können; ob sich aber alle diese Kennzeichen in ein lebhaftes Bild leicht zusammenfassen lassen, oder nicht, das konnte ihm sehr gleichgültig sein.

Außer diesem Gebrauche sind die ausführlichen Gemälde körperlicher Gegenstände, ohne den oben erwähnten Homerischen Kunstgriff, das Koexistierende derselben in ein wirkliches Sukzessives zu verwandeln, jederzeit von den feinsten Richtern für ein frostiges Spielwerk erkannt worden, zu welchem wenig oder gar kein Genie gehöret. Wenn der poetische Stümper, sagt Horaz, nicht weiter kann, so fängt er an, einen Hain, einen Altar, einen durch anmutige Fluren sich schlängelnden Bach, einen rauschenden Strom, einen Regenbogen zu malen:

1 *Georg. lib. III. v. 51 et 79.*

– – – – Lucus et ara Dianae,
Et properantis aquae per amoenos ambitus agros,
Aut flumen Rhenum, aut pluvius describitur arcus.[1]
[Wenn Hain und Altar der Diana
Und des beschleunigten Bachs Umlauf durch lachende Felder
Oder der Rheinstrom auch und ein Regenbogen gemalt wird.]

Der männliche Pope sahe auf die malerischen Versuche seiner poetischen Kindheit mit großer Geringschätzung zurück. Er verlangte ausdrücklich, daß wer den Namen eines Dichters nicht unwürdig führen wolle, der Schilderungssucht so früh wie möglich entsagen müsse, und erklärte ein bloß malendes Gedichte für ein Gastgebot auf lauter Brühen.[2] Von dem Herrn von Kleist kann ich versichern, daß er sich auf seinen Frühling das wenigste einbildete. Hätte er länger gelebt, so würde er ihm eine ganz andere Gestalt gegeben haben. Er dachte darauf, einen Plan hinein zu legen, und sann auf Mittel, wie er die Menge von Bildern, die er aus dem unendlichen Raume der verjüngten Schöpfung, auf Geratewohl, bald hier bald da, gerissen zu haben schien, in einer

1 *De A. P. v. 16.*

2 *Prologue to the satires. v. 340.*
That not in Fancy's maze he wander'd long, / But stoop'd to truth, and moraliz'd his song. [Daß er nicht lange wandere im Irrgarten der Phantasie, / sondern sich der Wahrheit zuwende und seinem Liede einen moralischen Inhalt gäbe.]
Ibid. v. 148.
– – – – who could take offence, / While pure description held the place of sense? [Wer könnte Anstoß nehmen, wenn reine Beschreibung den Platz des vernünftigen Inhalts einnimmt?]
Die Anmerkung, welche Warburton über die letzte Stelle macht, kann für eine authentische Erklärung des Dichters selbst gelten. *He uses PURE equivocally, to signify either chaste or empty; and has given in this line what he esteemed the true character of descriptive poetry, as it is called. A composition, in his opinion, as absurd as a feast made up of sauces. The use of a pictoresque imagination is to brighten and adorn good sense; so that to employ it only in description, is like children's delighting in a prism for the sake of its gaudy colours; which when frugally managed, and artifully disposed, might be made to represent and illustrate the noblest objects in nature.* [Er gebraucht das Wort »pure« doppelsinnig, um entweder »rein« oder »leer« zu bezeichnen, und er hat in diesem Vers angegeben, was er für den wahren Charakter der sogenannten beschreibenden Poesie hält: eine Dichtung, nach seiner Meinung, so sinnwidrig wie ein Festmahl aus lauter Brühen. Der Nutzen seiner schildernden Phantasie ist es, den gesunden Menschenverstand zu erhellen und

natürlichen Ordnung vor seinen Augen entstehen und aufeinanderfolgen lassen wolle. Er würde zugleich das getan haben, was Marmontel, ohne Zweifel mit auf Veranlassung seiner Eklogen, mehrern deutschen Dichtern geraten hat; er würde aus einer mit Empfindungen nur sparsam durchwebten Reihe von Bildern, eine mit Bildern nur sparsam durchflochtene Folge von Empfindungen gemacht haben.[1]

XVIII.

Und dennoch sollte selbst Homer in diese frostigen Ausmalungen körperlicher Gegenstände verfallen sein? –

Ich will hoffen, daß es nur sehr wenige Stellen sind, auf die man sich desfalls berufen kann; und ich bin versichert, daß auch diese wenige Stellen von der Art sind, daß sie die Regel, von der sie eine Ausnahme zu sein scheinen, vielmehr bestätigen.

Es bleibt dabei: die Zeitfolge ist das Gebiete des Dichters, so wie der Raum das Gebiete des Malers.

Zwei notwendig entfernte Zeitpunkte in ein und ebendasselbe Gemälde bringen, so wie Fr. Mazzuoli den Raub der sabinischen Jungfrauen, und derselben Aussöhnung ihrer Ehemänner mit ihren Anverwandten; oder wie Tizian die ganze Geschichte des

zu schmücken; so, daß sie, wendet man sie nur bei der Beschreibung an, mit dem Vergnügen der Kinder an den glitzernden Farben eines Prismas zu vergleichen ist, das, bei sparsamem Gebrauch und kunstgerechter Anwendung, die edelsten Gegenstände der Natur zum Vorschein bringen könnte.] Sowohl der Dichter als Kommentator scheinen zwar die Sache mehr auf der moralischen als kunstmäßigen Seite betrachtet zu haben. Doch desto besser, daß sie von der einen ebenso nichtig als von der andern erscheinet.

1 *Poétique française. T. II. p. 501. J'écrivais ces réflexions avant que les essais des Allemands dans ce genre (l'eglogue) fussent connus parmi nous. Ils ont exécuté ce que j'avais conçu; et s'ils parviennent à donner plus au moral et moins au détail des peintures physiques, ils excelleront dans ce genre, plus riche, plus vaste, plus fécond, et infiniment plus naturel et plus moral que celui de la galanterie champêtre.* [Ich schrieb diese Betrachtungen, ehe die Versuche der Deutschen in dieser Gattung (dem Hirtengedicht) bei uns bekannt waren. Sie haben ausgeführt, was ich mir vorgestellt hatte, und wenn es ihnen gelingt, größeres Gewicht auf das Moralische und weniger aufs Einzelne der äußeren Dinge zu legen, so werden sie Ausgezeichnetes in dieser Gattung leisten, die reicher, weiter, fruchtbarer und unendlich viel natürlicher und moralischer ist als die des galanten Schäfergedichts.]

verlornen Sohnes, sein liederliches Leben und sein Elend und seine Reue: heißt ein Eingriff des Malers in das Gebiete des Dichters, den der gute Geschmack nie billigen wird.

Mehrere Teile oder Dinge, die ich notwendig in der Natur auf einmal übersehen muß, wenn sie ein Ganzes hervorbringen sollen; dem Leser nach und nach zuzählen, um ihm dadurch ein Bild von dem Ganzen machen zu wollen: heißt ein Eingriff des Dichters in das Gebiete des Malers, wobei der Dichter viel Imagination ohne allen Nutzen verschwendet.

Doch, so wie zwei billige freundschaftliche Nachbarn zwar nicht verstatten, daß sich einer in des andern innerstem Reiche ungeziemende Freiheiten herausnehme, wohl aber auf den äußersten Grenzen eine wechselseitige Nachsicht herrschen lassen, welche die kleinen Eingriffe, die der eine in des andern Gerechtsame in der Geschwindigkeit sich durch seine Umstände zu tun genötiget siehet, friedlich von beiden Teilen kompensieret: so auch die Malerei und Poesie.

Ich will in dieser Absicht nicht anführen, daß in großen historischen Gemälden der einzige Augenblick fast immer um etwas erweitert ist, und daß sich vielleicht kein einziges an Figuren sehr reiches Stück findet, in welchem jede Figur vollkommen die Bewegung und Stellung hat, die sie in dem Augenblicke der Haupthandlung haben sollte; die eine hat eine etwas frühere, die andere eine etwas spätere. Es ist dieses eine Freiheit, die der Meister durch gewisse Feinheiten in der Anordnung rechtfertigen muß, durch die Verwendung oder Entfernung seiner Personen, die ihnen an dem, was vorgehet, einen mehr oder weniger augenblicklichen Anteil zu nehmen erlaubet. Ich will mich bloß einer Anmerkung bedienen, welche Herr Mengs über die Draperie des Raffaels macht.[1] »Alle Falten«, sagt er, »haben bei ihm ihre Ursachen, es sei durch ihr eigen Gewichte, oder durch die Ziehung der Glieder. Manchmal siehet man in ihnen, wie sie vorher gewesen; Raffael hat auch sogar in diesem Bedeutung gesucht. Man siehet an den Falten, ob ein Bein oder Arm vor dieser Regung

1 Gedanken über die Schönheit und über den Geschmack in der Malerei. S. 69.

vor oder hinten gestanden, ob das Glied von Krümme zur Ausstreckung gegangen, oder gehet, oder ob es ausgestreckt gewesen; und sich krümmet.« Es ist unstreitig, daß der Künstler in diesem Falle zwei verschiedene Augenblicke in einen einzigen zusammenbringt. Denn da dem Fuße, welcher hinten gestanden und sich vorbewegt, der Teil des Gewands, welcher auf ihm liegt, unmittelbar folget, das Gewand wäre denn von sehr steifem Zeuge, der aber eben darum zur Malerei ganz unbequem ist: so gibt es keinen Augenblick, in welchem das Gewand im geringsten eine andere Falte machte, als es der itzige Stand des Gliedes erfodert; sondern läßt man es eine andere Falte machen, so ist es der vorige Augenblick des Gewandes und der itzige des Gliedes. Demohngeachtet, wer wird es mit dem Artisten so genau nehmen, der seinen Vorteil dabei findet, uns diese beiden Augenblicke zugleich zu zeigen? Wer wird ihn nicht vielmehr rühmen, daß er den Verstand und das Herz gehabt hat, einen solchen geringen Fehler zu begehen, um eine größere Vollkommenheit des Ausdruckes zu erreichen?

Gleiche Nachsicht verdienet der Dichter. Seine fortschreitende Nachahmung erlaubet ihm eigentlich, auf einmal nur eine einzige Seite, eine einzige Eigenschaft seiner körperlichen Gegenstände zu berühren. Aber wenn die glückliche Einrichtung seiner Sprache ihm dieses mit einem einzigen Worte zu tun verstattet; warum sollte er nicht auch dann und wann ein zweites solches Wort hinzufügen dürfen? Warum nicht auch, wann es die Mühe verlohnet, ein drittes? Oder wohl gar ein viertes? Ich habe gesagt, dem Homer sei zum Exempel ein Schiff, entweder nur das schwarze Schiff, oder das hohle Schiff, oder das schnelle Schiff, höchstens das wohlberuderte schwarze Schiff. Zu verstehen von seiner Manier überhaupt. Hier und da findet sich eine Stelle, wo er das dritte malende Epitheton hinzusetzet: Καμπυλα κυκλα, χαλκεα, ὀκτακνημα[1] »runde, eherne, achtspeichigte Räder«. Auch das vierte: ἀσπιδα παντοσε ἰσην, καλην, χαλκειην, ἐξηλατον[2]

1 *Iliad. E. v. 722.*
2 *Iliad. M. v. 294.*

»ein überall glattes, schönes, ehernes, getriebenes Schild«. Wer wird ihn darum tadeln? Wer wird ihm diese kleine Üppigkeit nicht vielmehr Dank wissen, wenn er empfindet, welche gute Wirkung sie an wenigen schicklichen Stellen haben kann?

Des Dichters sowohl als des Malers eigentliche Rechtfertigung hierüber will ich aber nicht aus dem vorangeschickten Gleichnisse von zwei freundschaftlichen Nachbarn hergeleitet wissen. Ein bloßes Gleichnis beweiset und rechtfertiget nichts. Sondern dieses muß sie rechtfertigen: so wie dort bei dem Maler die zwei verschiednen Augenblicke so nahe und unmittelbar aneinander grenzen, daß sie ohne Anstoß für einen einzigen gelten können; so folgen auch hier bei dem Dichter die mehrern Züge für die verschiednen Teile und Eigenschaften im Raume in einer solchen gedrängten Kürze so schnell aufeinander, daß wir sie alle auf einmal zu hören glauben.

Und hierin, sage ich, kömmt dem Homer seine vortreffliche Sprache ungemein zustatten. Sie läßt ihm nicht allein alle mögliche Freiheit in Häufung und Zusammensetzung der Beiwörter, sondern sie hat auch für diese gehäufte Beiwörter eine so glückliche Ordnung, daß der nachteiligen Suspension ihrer Beziehung dadurch abgeholfen wird. An einer oder mehreren dieser Bequemlichkeiten fehlt es den neuern Sprachen durchgängig. Diejenigen, als die französische, welche z. E. jenes Καμπυλα κυκλα, χαλκεα, ὀκτακνημα umschreiben müssen: »die runden Räder, welche von Erzt waren und acht Speichen hatten«, drücken den Sinn aus, aber vernichten das Gemälde. Gleichwohl ist der Sinn hier nichts, und das Gemälde alles; und jener ohne dieses macht den lebhaftesten Dichter zum langweiligsten Schwätzer. Ein Schicksal, das den guten Homer unter der Feder der gewissenhaften Frau Dacier oft betroffen hat. Unsere deutsche Sprache hingegen kann zwar die Homerischen Beiwörter meistens in ebenso kurze gleichgeltende Beiwörter verwandeln, aber die vorteilhafte Ordnung derselben kann sie der griechischen nicht nachmachen. Wir sagen zwar »die runden, ehernen, achtspeichigten« – – aber »Räder« schleppt hinten nach. Wer empfindet nicht, daß drei verschiedne Prädikate, ehe wir das Subjekt erfahren, nur ein sehr schwankes verwirrtes Bild machen können? Der Grieche verbindet das Subjekt gleich mit dem ersten Prädikate; und läßt die andern nachfolgen; er sagt: »runde Räder, eherne, achtspeichigte«. So wissen wir mit eins wovon er redet, und werden, der natürlichen Ordnung des Denkens gemäß, erst mit dem Dinge, und dann mit seinen Zufälligkeiten bekannt. Diesen Vorteil hat unsere Sprache nicht. Oder soll ich sagen, sie hat ihn, und kann ihn nur selten ohne Zweideutigkeit nutzen? Beides ist eins. Denn wenn wir Beiwörter hintennach setzen wollen, so müssen sie im *statu absoluto* stehen; wir müssen sagen: runde Räder, ehern und achtspeichigt. Allein in diesem *statu* kommen unsere Adjektiva völlig mit den Adverbiis überein, und müssen, wenn man sie als solche zu dem nächsten Zeitworte, das von dem Dinge prädizieret wird, ziehet, nicht selten einen ganz falschen, allezeit aber einen sehr schielenden Sinn verursachen.

Doch ich halte mich bei Kleinigkeiten auf, und scheine das Schild vergessen zu wollen, das Schild des Achilles; dieses berühmte Gemälde, in dessen Rücksicht vornehmlich Homer vor alters als ein Lehrer der Malerei[1] betrachtet wurde. Ein Schild, wird man sagen, ist doch wohl ein einzelner körperlicher Gegenstand, dessen Beschreibung nach seinen Teilen nebeneinander dem Dichter nicht vergönnet sein soll? Und dieses Schild hat Homer, in mehr als hundert prächtigen Versen, nach seiner Materie, nach seiner Form, nach allen Figuren, welche die ungeheure Fläche desselben füllten, so umständlich, so genau beschrieben, daß es neuern Künstlern nicht schwer gefallen, eine in allen Stücken übereinstimmende Zeichnung darnach zu machen.

Ich antworte auf diesen besondern Einwurf, – daß ich bereits darauf geantwortet habe. Homer malet nämlich das Schild nicht als ein fertiges vollendetes, sondern als ein werdendes Schild. Er hat also auch hier sich des gepriesenen Kunstgriffes bedienet, das Koexistierende seines Vorwurfs in ein Konsekutives zu verwan-

1 *Dionysius Halicarnass. in vita Homeri apud Th. Gale in Opusc. Mythol. p. 401.*

deln, und dadurch aus der langweiligen Malerei eines Körpers das lebendige Gemälde einer Handlung zu machen. Wir sehen nicht das Schild, sondern den göttlichen Meister, wie er das Schild verfertiget. Er tritt mit Hammer und Zange vor seinen Amboß, und nachdem er die Platten aus dem Gröbsten geschmiedet, schwellen die Bilder, die er zu dessen Auszierung bestimmet, vor unsern Augen, eines nach dem andern, unter seinen feinern Schlägen aus dem Erzte hervor. Eher verlieren wir ihn nicht wieder aus dem Gesichte, bis alles fertig ist. Nun ist es fertig, und wir erstaunen über das Werk, aber mit dem gläubigen Erstaunen eines Augenzeugens, der es machen sehen.

Dieses läßt sich von dem Schilde des Aeneas beim Virgil nicht sagen. Der römische Dichter empfand entweder die Feinheit seines Musters hier nicht, oder die Dinge, die er auf sein Schild bringen wollte, schienen ihm von der Art zu sein, daß sie die Ausführung vor unsern Augen nicht wohl verstatteten. Es waren Prophezeiungen, von welchen es freilich unschicklich gewesen wäre, wenn sie der Gott in unserer Gegenwart ebenso deutlich geäußert hätte, als sie der Dichter hernach ausleget. Prophezeiungen, als Prophezeiungen, verlangen eine dunkelere Sprache, in welche die eigentlichen Namen der Personen aus der Zukunft, die sie betreffen, nicht passen. Gleichwohl lag an diesen wahrhaften Namen, allem Ansehen nach, dem Dichter und Hofmanne hier das meiste.[1] Wenn ihn aber dieses entschuldiget, so hebt es

1 Ich finde, daß Servius dem Virgil eine andere Entschuldigung leihet. Denn auch Servius hat den Unterschied, der zwischen beiden Schilden ist, bemerkt: *Sane interest inter hunc et Homeri clipeum: illic enim singula dum fiunt narrantur; hic vero perfecto opere noscuntur: nam et hic arma prius accipit Aeneas, quam spectaret; ibi postquam omnia narrata sunt, sic a Thetide deferuntur ad Achillem (ad v. 625 lib. VIII. Aeneid.).* [Freilich besteht ein Unterschied zwischen diesem Schild und dem des Homer: denn dort wird alles einzeln beschrieben, während es hergestellt wird, hier aber lernt man es nach Abschluß des Werkes kennen. Denn hier empfängt auch Aeneas erst die Waffen und betrachtet sie dann, dort werden sie, nachdem alles beschrieben worden ist, von Thetis zu Achill gebracht.] Und warum dieses? Darum, meinet Servius, weil auf dem Schilde des Aeneas nicht bloß die wenigen Begebenheiten, die der Dichter anführet, sondern

— — — — *genus omne futurae / Stirpis ab Ascanio, pugnataque in ordine bella* [Alles Geschlecht, das entblühn einst / wird aus Askanius' Stamm und die Reihe durchfoch-

darum nicht auch die üble Wirkung auf, welche seine Abweichung von dem Homerischen Wege hat. Leser von einem feinern Geschmacke werden mir recht geben. Die Anstalten; welche Vulkan zu seiner Arbeit macht, sind bei dem Virgil ungefähr eben die, welche ihn Homer machen läßt. Aber anstatt daß wir bei dem Homer nicht bloß die Anstalten zur Arbeit, sondern auch die Arbeit selbst zu sehen bekommen, läßt Virgil, nachdem er uns nur den geschäftigen Gott mit seinem Cyklopen überhaupt gezeiget,

Ingentem clipeum informant – –
– – Alii ventosis follibus auras
Accipiunt, redduntque: allii stridentia tingunt
Aera lacu. Gemit impositis incudibus antrum.
Illi inter sese multa vi brachia tollunt
In numerum, versantque tenaci forcipe massam.[1]

[Einen gewaltigen Schild sie beginnen – –
– – Es blasen die einen mit mächtigen Bälgen
Luft herein und heraus und andere härten im Bade
Zischendes Erz; es dröhnt von Amboßschlägen die Höhle.

tener Kriege] abgebildet waren. Wie wäre es also möglich gewesen, daß mit eben der Geschwindigkeit, in welcher Vulkan das Schild arbeiten mußte, der Dichter die ganze lange Reihe von Nachkommen hätte namhaft machen, und alle von ihnen nach der Ordnung geführte Kriege hätte erwähnen können? Dieses ist der Verstand der etwas dunkeln Worte des Servius: *Opportune ergo Virgilius, quia non videtur simul et narrationis celeritas potuisse connecti, et opus tam velociter expediri, ut ad verbum posset occurrere.* [Es ist daher ein glücklicher Griff des Virgil, da schwerlich in der gleichen Zeit, in der die rasch fortschreitende Erzählung gegeben wurde, das Werk selbst so gefördert worden wäre, daß es mit der Darstellung Schritt halten konnte.] Da Virgil nur etwas weniges von dem *non enarrabili texto Clipei* [der unerzählbaren Darstellung auf dem Schilde] beibringen konnte, so konnte er es nicht während der Arbeit des Vulkanus selbst tun; sondern er mußte es versparen, bis alles fertig war. Ich wünschte für den Virgil sehr, dieses Raisonnement des Servius wäre ganz ohne Grund; meine Entschuldigung würde ihm weit rühmlicher sein. Denn wer hieß ihm, die ganze römische Geschichte auf ein Schild bringen? Mit wenig Gemälden machte Homer sein Schild zu einem Inbegriffe von allem, was in der Welt vorgehet. Scheinet es nicht, als ob Virgil, da er den Griechen nicht in den Vorwürfen und in der Ausführung der Gemälde übertreffen können, ihn wenigstens in der Anzahl derselben übertreffen wollen? Und was wäre kindischer gewesen?

1 *Aeneid. lib. VIII. 447–454.*

Wechselnd schwingen im Takt sie alle gewaltig die Arme
Und dann packen sie drehend mit Zangen die glühende Masse.]

den Vorhang auf einmal niederfallen, und versetzt uns in eine ganz andere Szene, von da er uns allmählich in das Tal bringt, in welchem die Venus mit den indes fertig gewordenen Waffen bei dem Aeneas anlangt. Sie lehnet sie an den Stamm einer Eiche, und nachdem sie der Held genug begaffet, und bestaunet, und betastet, und versuchet, hebt sich die Beschreibung, oder das Gemälde des Schildes an, welches durch das ewige: Hier ist, und Da ist, Nahe dabei stehet, und Nicht weit davon siehet man – so kalt und langweilig wird, daß alle der poetische Schmuck, den ihm ein Virgil geben konnte, nötig war, um es uns nicht unerträglich finden zu lassen. Da dieses Gemälde hiernächst nicht Aeneas macht, als welcher sich an den bloßen Figuren ergötzet, und von der Bedeutung derselben nichts weiß,

– – rerumque ignarus imagine gaudet;
[Voll Freude staunt er das Bild an, unkundig des Sinnes];

auch nicht Venus, ob sie schon von den künftigen Schicksalen ihrer lieben Enkel vermutlich ebensoviel wissen mußte, als der gutwillige Ehemann; sondern da es aus dem eigenen Munde des Dichters kömmt: so bleibet die Handlung offenbar während demselben stehen. Keine einzige von seinen Personen nimmt daran teil; es hat auch auf das Folgende nicht den geringsten Einfluß, ob auf dem Schilde dieses, oder etwas anders, vorgestellet ist; der witzige Hofmann leuchtet überall durch, der mit allerlei schmeichelhaften Anspielungen seine Materie aufstutzet, aber nicht das große Genie, das sich auf die eigene innere Stärke seines Werks verläßt, und alle äußere Mittel, interessant zu werden, verachtet. Das Schild des Aeneas ist folglich ein wahres Einschiebsel, einzig und allein bestimmt, dem Nationalstolze der Römer zu schmeicheln; ein fremdes Bächlein, das der Dichter in seinen Strom leitet, um ihn etwas reger zu machen. Das Schild des Achilles hingegen ist Zuwachs des eigenen fruchtbaren Bodens; denn ein Schild mußte gemacht werden, und da das Notwendige aus der Hand der Gottheit nie ohne Anmut kömmt, so mußte das Schild auch Verzierungen haben. Aber die Kunst war, diese Verzierungen als bloße Verzierungen zu behandeln, sie in den Stoff einzuweben, um sie uns nur bei Gelegenheit des Stoffes zu zeigen; und dieses ließ sich allein in der Manier des Homers tun. Homer läßt den Vulkan Zieraten künsteln, weil und indem er ein Schild machen soll, das seiner würdig ist. Virgil hingegen scheinet ihn das Schild wegen der Zieraten machen zu lassen, da er die Zieraten für wichtig genug hält, um sie besonders zu beschreiben, nachdem das Schild lange fertig ist.

XIX.

Die Einwürfe, welche der ältere Scaliger, Perrault, Terrasson und andere gegen das Schild des Homers machen, sind bekannt. Ebenso bekannt ist das, was Dacier, Boivin und Pope darauf antworten. Mich dünkt aber, daß diese letztern sich manchmal zu weit einlassen, und in Zuversicht auf ihre gute Sache, Dinge behaupten, die ebenso unrichtig sind, als wenig sie zur Rechtfertigung des Dichters beitragen.

Um dem Haupteinwurfe zu begegnen, daß Homer das Schild mit einer Menge Figuren anfülle, die auf dem Umfange desselben unmöglich Raum haben könnten, unternahm Boivin, es mit Bemerkung der erforderlichen Maße, zeichnen zu lassen. Sein Einfall mit den verschiedenen konzentrischen Zirkeln ist sehr sinnreich, obschon die Worte des Dichters nicht den geringsten Anlaß dazu geben, auch sich sonst keine Spur findet, daß die Alten auf diese Art abgeteilte Schilder gehabt haben. Da es Homer selbst σακος παντοσε δεδαιδαλμενον, ein auf allen Seiten künstlich ausgearbeitetes Schild nennet, so würde ich lieber, um mehr Raum auszusparen, die konkave Fläche mit zu Hilfe genommen haben; denn es ist bekannt, daß die alten Künstler diese nicht leer ließen, wie das Schild der Minerva vom Phidias beweiset.[1] Doch nicht genug, daß sich Boivin dieses Vorteils nicht

1 – *scuto ejus, in quo Amazonum proelium caelavit intumescente ambitu parmae: ejusdem concava parte Deorum et Gigantum dimicationem.* [Ihrem Schild, auf dessen

bedienen wollte; er vermehrte auch ohne Not die Vorstellungen selbst, denen er auf dem sonach um die Hälfte verringerten Raume Platz verschaffen mußte, indem er das, was bei dem Dichter offenbar nur ein einziges Bild ist, in zwei bis drei besondere Bilder zerteilte. Ich weiß wohl, was ihn dazu bewog; aber es hätte ihn nicht bewegen sollen: sondern, anstatt daß er sich bemühte den Forderungen seiner Gegner ein Gnüge zu leisten, hätte er ihnen zeigen sollen, daß ihre Forderungen unrechtmäßig wären. Ich werde mich an einem Beispiele faßlicher erklären können. Wenn Homer von der einen Stadt sagt:[1]

Λαοι δ᾽ εἰν ἀγορῃ ἐσαν ἀϑροοι· ἐνϑα δε νεικος
᾽Ωρωρει· δυο δ᾽ ἀνδρες ἐνεικεον εἱνεκα ποινης
᾽Ανδρος ἀποφϑιμενου· ὁ μεν εὐχετο, παντ᾽ ἀποδουναι,
Δημῳ πιφαυσκων· ὁ δ᾽ ἀναινετο, μηδεν ἑλεσϑαι·
᾽Αμφω δ᾽ ἱεσϑην, ἐπι ἰστορι πειραρ ἑλεσϑαι.
Λαοι δ᾽ ἀμφοτεροισιν ἐπηπυον, ἀμφις ἀρωγοι·
Κηρυκες δ᾽ ἀρα λαον ἐρητυον· οἱ δε γεροντες
Εἱατ᾽ ἐπι ξεστοισι λιϑοις, ἱερῳ ἐνι κυκλῳ·
Σκηπτρα δε κηρυκων ἐν χερσ᾽ ἐχον ἠεροφωνων.
Τοισιν ἐπειτ᾽ ἠισσον, ἀμοιβηδις δ᾽ ἐδικαζον.
Κειτο δ᾽ ἀρ᾽ ἐν μεσσοισι δυο χρυσοιο ταλαντα –

[Auch war dort auf dem Markte gedrängt des Volkes Versammlung,
Denn zween Männer zankten und haderten wegen der Sühnung
Um den erschlagenen Mann. Es beteuerte dieser dem Volke,
Alles hab' er bezahlt; ihm leugnete jener die Zahlung.
Jeder drang, den Streit durch des Kundigen Zeugnis zu enden.
Diesem schrien und jenem begünstigend eifrige Helfer,
Doch Herolde bezähmten die Schreienden. Aber die Greise
Saßen umher im heiligen Kreis' auf gehauenen Steinen,
Und in die Hände den Stab dumpf rufender Herolde nehmend,
Standen sie auf nacheinander und redeten wechselnd ihr Urteil.
Mitten lagen im Kreis auch zwei Talente des Goldes –]

nach außen sich wölbende Seite er die Amazonenschlacht trieb, auf dessen konkave Seite den Kampf der Götter und Giganten.] *Plinius lib. XXXVI. sect. 4. p. 726. Edit. Hard.*

1 *Iliad. Σ. v. 497–508.*

so, glaube ich, hat er nicht mehr als ein einziges Gemälde angeben wollen: das Gemälde eines öffentlichen Rechtshandels über die streitige Erlegung einer ansehnlichen Geldbuße für einen verübten Todschlag. Der Künstler, der diesen Vorwurf ausführen soll, kann sich auf einmal nicht mehr als einen einzigen Augenblick desselben zunutze machen; entweder den Augenblick der Anklage, oder der Abhörung der Zeugen, oder des Urtelspruches, oder welchen er sonst, vor oder nach, oder zwischen diesen Augenblicken für den bequemsten hält. Diesen einzigen Augenblick macht er so prägnant wie möglich, und führt ihn mit allen den Täuschungen aus, welche die Kunst in Darstellung sichtbarer Gegenstände vor der Poesie voraus hat. Von dieser Seite aber unendlich zurückgelassen, was kann der Dichter, der eben diesen Vorwurf mit Worten malen soll, und nicht gänzlich verunglükken will, anders tun, als daß er sich gleichfalls seiner eigentümlichen Vorteile bedienet? Und welches sind diese? Die Freiheit sich sowohl über das Vergangene als über das Folgende des einzigen Augenblickes in dem Kunstwerke auszubreiten, und das Vermögen, sonach uns nicht allein das zu zeigen, was uns der Künstler zeiget, sondern auch das, was uns dieser nur kann erraten lassen. Durch diese Freiheit, durch dieses Vermögen allein, kömmt der Dichter dem Künstler wieder bei, und ihre Werke werden einander alsdenn am ähnlichsten, wenn die Wirkung derselben gleich lebhaft ist; nicht aber, wenn das eine der Seele durch das Ohr nicht mehr oder weniger beibringet, als das andere dem Auge darstellen kann. Nach diesem Grundsatze hätte Boivin die Stelle des Homers beurteilen sollen, und er würde nicht so viel besondere Gemälde daraus gemacht haben, als verschiedene Zeitpunkte er darin zu bemerken glaubte. Es ist wahr, es konnte nicht wohl alles, was Homer sagt, in einem einzigen Gemälde verbunden sein; die Beschuldigung und Ableugnung, die Darstellung der Zeugen und der Zuruf des geteilten Volkes, das Bestreben der Herolde den Tumult zu stillen, und die Äußerungen der Schiedesrichter, sind Dinge, die aufeinanderfolgen, und nicht nebeneinander bestehen können. Doch was, um mich mit der

Schule auszudrücken, nicht *actu* in dem Gemälde enthalten war, das lag *virtute* darin, und die einzige wahre Art, ein materielles Gemälde mit Worten nachzuschildern, ist die, daß man das letztere mit dem wirklich Sichtbaren verbindet, und sich nicht in den Schranken der Kunst hält, innerhalb welchen der Dichter zwar die Data zu einem Gemälde herzählen, aber nimmermehr ein Gemälde selbst hervorbringen kann.

Gleicherweise zerteilt Boivin das Gemälde der belagerten Stadt[1] in drei verschiedene Gemälde. Er hätte es ebensowohl in zwölfe teilen können, als in drei. Denn da er den Geist des Dichters einmal nicht faßte und von ihm verlangte, daß er den Einheiten des materiellen Gemäldes sich unterwerfen müsse: so hätte er weit mehr Übertretungen dieser Einheiten finden können, daß es fast nötig gewesen wäre, jedem besondern Zuge des Dichters ein besonderes Feld auf dem Schilde zu bestimmen. Meines Erachtens aber hat Homer überhaupt nicht mehr als zehn verschiedene Gemälde auf dem ganzen Schilde; deren jedes er mit einem ἐν μεν ἐτευξε, oder ἐν δε ποιησε, oder ἐν δ' ἐτιϑει, oder ἐν δε ποικιλλε 'Αμφιγυηεις [dort bildete er, dort machte er, dort setzte er, dort bildete der Hinkende (Vulkan)] anfängt.[2] Wo diese Eingangsworte nicht stehen, hat man kein Recht, ein besonderes Gemälde anzunehmen; im Gegenteil muß alles, was sie verbinden, als ein einziges betrachtet werden, dem nur bloß die willkürliche Konzentration in einen einzigen Zeitpunkt mangelt, als welchen der Dichter mit anzugeben, keinesweges gehalten war. Vielmehr, hätte er ihn angegeben, hätte er sich genau daran gehalten, hätte er nicht den geringsten Zug einfließen lassen, der in der wirklichen Ausführung nicht damit zu verbinden wäre; mit einem Worte, hätte er so verfahren, wie seine Tadler es verlangen: es

1 *v.* 509–540.

2 Das erste fängt an mit der 483. Zeile, und gehet bis zur 489.; das zweite von 490 bis 509; das dritte von 510–540; das vierte von 541–549; das fünfte von 550–560; das sechste von 561–572; das siebente von 573–586; das achte von 587–589; das neunte von 590–605; und das zehnte von 606–608. Bloß das dritte Gemälde hat die angegebenen Eingangsworte nicht: es ist aber aus den bei dem zweiten, ἐν δε δυω ποιησε πολεις, [dort aber machte er zwei Städte] und aus der Beschaffenheit der Sache selbst, deutlich genug, daß es ein besonders Gemälde sein muß.

ist wahr, so würden diese Herren hier an ihm nichts auszusetzen, aber in der Tat auch kein Mensch von Geschmack etwas zu bewundern gefunden haben.

Pope ließ sich die Einteilung und Zeichnung des Boivin nicht allein gefallen, sondern glaubte noch etwas ganz Besonders zu tun, wen er nunmehr auch zeigte, daß ein jedes dieser so zerstückten Gemälde nach den strengsten Regeln der heutiges Tages üblichen Malerei angegeben sei. Kontrast, Perspektiv, die drei Einheiten; alles fand er darin auf das beste beobachtet. Und ob er schon gar wohl wußte, daß zufolge guter glaubwürdiger Zeugnisse, die Malerei zu den Zeiten des Trojanischen Krieges noch in der Wiege gewesen, so mußte doch entweder Homer, vermöge seines göttlichen Genies, sich nicht sowohl an das, was die Malerei damals oder zu seiner Zeit leisten konnte, gehalten, als vielmehr das erraten haben, was sie überhaupt zu leisten imstande sei; oder auch jene Zeugnisse selbst mußten so glaubwürdig nicht sein, daß ihnen die augenscheinliche Aussage des künstlichen Schildes nicht vorgezogen zu werden verdiene. Jenes mag annehmen, wer da will; dieses wenigstens wird sich niemand überreden lassen, der aus der Geschichte der Kunst etwas mehr, als die bloßen Data der Historienschreiber weiß. Denn daß die Malerei zu Homers Zeiten noch in ihrer Kindheit gewesen, glaubt er nicht bloß deswegen, weil es ein Plinius oder so einer sagt, sondern vornehmlich weil er aus den Kunstwerken, deren die Alten gedenken, urteilet, daß sie viele Jahrhunderte nachher noch nicht viel weiter gekommen, und z. E. die Gemälde eines Polygnotus noch lange die Probe nicht aushalten, welche Pope die Gemälde des Homerischen Schildes bestehen zu können glaubt. Die zwei großen Stücke dieses Meisters zu Delphi, von welchen uns Pausanias eine so umständliche Beschreibung hinterlassen,[1] waren offenbar ohne alle Perspektiv. Dieser Teil der Kunst ist den Alten gänzlich abzusprechen, und was Pope beibringt, um zu beweisen, daß Homer schon einen Begriff davon gehabt habe, beweiset weiter nichts, als daß ihm selbst nur ein

1 *Phocic. cap. XXV–XXXI.*

sehr unvollständiger Begriff davon beigewohnet.[1] »Homer«, sagt er, »kann kein Fremdling in der Perspektiv gewesen sein, weil er die Entfernung eines Gegenstandes von dem andern ausdrücklich angibt. Er bemerkt, z. E. daß die Kundschafter ein wenig weiter als die andern Figuren gelegen, und daß die Eiche, unter welcher den Schnittern das Mahl zubereitet worden, beiseite gestanden. Was er von dem mit Herden und Hütten und Ställen übersäeten Tale sagt, ist augenscheinlich die Beschreibung einer großen perspektivischen Gegend. Ein allgemeiner Beweisgrund dafür kann auch schon aus der Menge der Figuren auf dem Schilde gezogen werden, die nicht alle in ihrer vollen Größe ausgedruckt werden konnten; woraus es denn gewissermaßen unstreitig, daß die Kunst, sie nach der Perspektiv zu verkleinern, damaliger Zeit schon bekannt gewesen.« Die bloße Beobachtung der optischen Erfahrung, daß ein Ding in der Ferne kleiner erscheinet, als in der Nähe, macht ein Gemälde noch lange nicht perspektivisch. Die Perspektiv erfordert einen einzigen Augenpunkt, einen bestimmten natürlichen Gesichtskreis, und dieses war es, was den alten Gemälden fehlte. Die Grundfläche in den Gemälden des Polygnotus war nicht horizontal, sondern nach hinten zu so gewaltig in die Höhe gezogen, daß die Figuren, welche hintereinander zu stehen scheinen sollten, übereinander zu stehen schienen. Und wenn diese Stellung der verschiednen Figuren und ihrer Gruppen allgemein gewesen, wie aus den alten Basreliefs, wo die hintersten allezeit höher stehen als die vodersten, und über sie wegsehen, sich schließen läßt: so ist es natürlich, daß man sie auch in der Beschreibung des Homers annimmt,

1 Um zu zeigen, daß dieses nicht zu viel von Popen gesagt ist, will ich den Anfang der folgenden aus ihm angeführten Stelle *(Iliad. Vol. V. Obs. p. 61)* in der Grundsprache anführen: *That he was no stranger to aerial perspective, appears in his expressly marking the distance of object from object: he tells us etc.* Ich sage, hier hat Pope den Ausdruck *aerial perspective,* die Luftperspektive *(perspective aërienne),* ganz unrichtig gebraucht, als welche mit den nach Maßgebung der Entfernung verminderten Größen gar nichts zu tun hat, sondern unter der man lediglich die Schwächung und Abänderung der Farben nach Beschaffenheit der Luft oder des Medii, durch welches wir sie sehen, verstehet. Wer diesen Fehler machen konnte, dem war es erlaubt, von der ganzen Sache nichts zu wissen.

und diejenigen von seinen Bildern, die sich nach selbiger in *ein* Gemälde verbinden lassen, nicht unnötigerweise trennet. Die doppelte Szene der friedfertigen Stadt, durch deren Straßen der fröhliche Aufzug einer Hochzeitfeier ging, indem auf dem Markte ein wichtiger Prozeß entschieden ward, erfordert diesem zufolge kein doppeltes Gemälde, und Homer hat es gar wohl als ein einziges denken können, indem er sich die ganze Stadt aus einem so hohen Augenpunkte vorstellte, daß er die freie Aussicht zugleich in die Straßen und auf den Markt dadurch erhielt.

Ich bin der Meinung, daß man auf das eigentliche Perspektivische in den Gemälden nur gelegentlich durch die Szenenmalerei gekommen ist; und auch als diese schon in ihrer Vollkommenheit war, muß es noch nicht so leicht gewesen sein, die Regeln derselben auf eine einzige Fläche anzuwenden, indem sich noch in den spätern Gemälden unter den Altertümern des Herkulanums so häufige und mannigfaltige Fehler gegen die Perspektiv finden, als man itzo kaum einem Lehrlinge vergeben würde.[1]

Doch ich entlasse mich der Mühe, meine zerstreuten Anmerkungen über einen Punkt zu sammeln, über welchen ich in des Herrn Winckelmanns versprochener Geschichte der Kunst die völligste Befriedigung zu erhalten hoffen darf.[2]

XX.

Ich lenke mich vielmehr wieder in meinen Weg, wenn ein Spaziergänger anders einen Weg hat.

Was ich von körperlichen Gegenständen überhaupt gesagt habe, das gilt von körperlichen schönen Gegenständen um so viel mehr.

Körperliche Schönheit entspringt aus der übereinstimmenden Wirkung mannigfaltiger Teile, die sich auf einmal übersehen lassen. Sie erfodert also, daß diese Teile nebeneinander liegen müssen; und da Dinge, deren Teile nebeneinander liegen, der eigent-

1 Betracht. über die Malerei S. 185.
2 Geschrieben im Jahr 1763.

liche Gegenstand der Malerei sind; so kann sie, und nur sie allein, körperliche Schönheit nachahmen.

Der Dichter, der die Elemente der Schönheit nur nacheinander zeigen könnte, enthält sich daher der Schilderung körperlicher Schönheit, als Schönheit, gänzlich. Er fühlt es, daß diese Elemente, nacheinander geordnet, unmöglich die Wirkung haben können, die sie, nebeneinander geordnet, haben; daß der konzentrierende Blick, den wir nach ihrer Enumeration auf sie zugleich zurücksenden wollen, uns doch kein übereinstimmendes Bild gewähret; daß es über die menschliche Einbildung gehet, sich vorzustellen, was dieser Mund, und diese Nase, und diese Augen zusammen für einen Effekt haben, wenn man sich nicht aus der Natur oder Kunst einer ähnlichen Komposition solcher Teile erinnern kann.

Und auch hier ist Homer das Muster aller Muster. Er sagt: Nireus war schön; Achilles war noch schöner; Helena besaß eine göttliche Schönheit. Aber nirgends läßt er sich in die umständlichere Schilderung dieser Schönheiten ein. Gleichwohl ist das ganze Gedicht auf die Schönheit der Helena gebauet. Wie sehr würde ein neuerer Dichter darüber luxuriert haben!

Schon ein Constantinus Manasses wollte seine kahle Chronik mit einem Gemälde der Helena auszieren. Ich muß ihn für seinen Versuch danken. Denn ich wüßte wirklich nicht, wo ich sonst ein Exempel auftreiben sollte, aus welchem augenscheinlicher erhelle, wie töricht es sei, etwas zu wagen, das Homer so weislich unterlassen hat. Wenn ich bei ihm lese:[1]

1 *Constantinus Manasses Compend. Chron. p. 20. Edit. Venet.* Die Frau Dacier war mit diesem Porträt des Manasses, bis auf die Tautologien, sehr wohl zufrieden: *De Helenae pulchritudine omnium optime Constantinus Manasses, nisi in eo tautologiam reprehendas.* [Über die Schönheit der Helena schreibt am besten von allen, läßt man seine Wiederholungen außer acht, Constantinus Manasses.] *(Ad Dictyn Cretensem lib. I. cap. 3. p. 5.)* Sie führet nach dem Mezeriac *(Comment. sur les épîtres d'Ovide T. II. p. 361)* auch die Beschreibungen an, welche Dares Phrygius und Cedrenus von der Schönheit der Helena geben. In der erstern kömmt ein Zug vor, der ein wenig seltsam klingt. Dares sagt nämlich von der Helena, sie habe ein Mal zwischen den Augenbrauen gehabt: *notam inter duo supercilia habentem.* Das war doch wohl nichts Schönes? Ich wollte, daß die Französin ihre Meinung darüber

Ἠν ἡ γυνη περικαλλης, εὐοφρυς, εὐχρουστατη,
Εὐπαρειος, εὐπροσωπος, βοωπις, χιονοχρους,
Ἑλικοβλεφαρος, ἁβρα, χαριτων γεμον ἀλσος,
Λευκοβραχιων, τρυφερα, καλλος ἀντικρυς, ἐμπνουν,
Το προσωπον καταλευκον, ἡ παρεια ῥοδοχρους,
Το προσωπον ἐπιχαρι, το βλεφαρον ὡραιον,
Καλλος ἀνεπιτηδευτον, ἀβαπτιστον, αὐτοχρουν,
Ἑβαπτε την λευκοτητα ροδοχρια πυρινη
Ὡς εἰ τις τον ἐλεφαντα βαψει λαμπρᾳ πορφυρᾳ.
Δειρη μακρα, καταλευκος, ὁθεν ἐμυθουργηθη
Κυκνογενη την εὐοπτον Ἑλενην χρηματιζειν – –

gesagt hätte. Meinesteiles halte ich das Wort *nota* hier für verfälscht, und glaube, daß Dares von dem reden wollen, was bei den Griechen μεσοφρυον und bei den Lateinern *glabella* hieß. Die Augenbraunen der Helena, will er sagen, liefen nicht zusammen, sondern waren durch einen kleinen Zwischenraum abgesondert. Der Geschmack der Alten war in diesem Punkte verschieden. Einigen gefiel ein solcher Zwischenraum, andern nicht. *(Junius de pictura vet. lib. III. cap. 9. p. 245.)* Anakreon hielt die Mittelstraße; die Augenbraunen seines geliebten Mädchens waren weder merklich getrennt, noch völlig ineinander verwachsen, sie verliefen sich sanft in einem einzigen Punkte. Er sagt zu dem Künstler, welcher sie malen sollte: *(Od. 28.)*
Το μεσοφρυον δε μη μοι / Διακοπτε, μητε μισγε, / Ἐχετω δ' ὁπως ἐκεινη / Το λεληθοτως συνοφρυν / Βλεφαρων ἰτυν κελαινην.
Nach der Lesart des Pauw, obschon auch ohne sie der Verstand der nämliche ist, und von Henr. Stephano nicht verfehlet worden:
Supercilii nigrantes / Discrimina nec arcus, / Confundito nec illos: / Sed junge sic ut anceps / Divortium relinquas, / Quale esse cernis ipsi. [Laß die Bogen dann der Brauen / Sich nicht trennen, nicht verbinden, / Sondern, wie bei ihr, gelinde / Ineinander sich verlieren, / Dunkel wölbe sich die Wimper.]
Wenn ich aber den Sinn des Dares getroffen hätte, was müßte man wohl sodann, anstatt des Wortes *notam*, lesen? Vielleicht *moram?* Denn so viel ist gewiß, daß *mora* nicht allein den Verlauf der Zeit, ehe etwas geschieht, sondern auch die Hinderung, den Zwischenraum von einem zum andern, bedeutet. *Ego inquieta montium jaceam mora*, wünschet sich der rasende Herkules beim Seneca, *(v. 1215)* welche Stelle Gronovius sehr wohl erklärt: *Optat se medium jacere inter duas Symplegades, illarum velut moram, impedimentum, obicem; qui eas moretur, vetet aut satis arcte conjungi, aut rursus distrahi.* [Er wünscht sich, mitten zwischen den beiden symplegadischen Felsen zu liegen, gleichsam als ihr Hemmnis, Hindernis und Riegel; der sie hindert, ihnen verwehrt, sich genügend eng zu vereinigen oder auch wieder zu trennen.] So heißen auch bei eben demselben Dichter *lacertorum morae* soviel als *juncturae* [Gelenke] *(Schroederus ad v. 762 Thyest.)*.

[Schön erschien das Weib, an Farbe schön, die Augenbrauen schön,
Schön die Wangen, schön das Antlitz, groß das Auge, weiß die Haut,
Leichtbewegt die Wimper, voller Liebreiz ganz, der Grazien Sitz,
Weiß die Arme, üppig blühend in der Schönheit vollem Strahl,
Glänzend weiß das Antlitz, rosig angehaucht das Wangenpaar,
Anmutsvoll das Angesicht, das Auge reizend, jugendfrisch:
Strahlend, ohne Künsteleien, in der eignen Schönheit Glanz,
Weiß und zart, doch überflogen von der Rose Feuerglut,
Wie wohl Elfenbein erglänzet, das in Purpur man getaucht;
Lang der Nacken, weiß und blendend, drum man fabelnd sich erzählt,
Daß von Schwänen einst geboren sei die schöne Helena.]

so dünkt mich, ich sehe Steine auf einen Berg wälzen, aus welchen auf der Spitze desselben ein prächtiges Gebäude aufgeführet werden soll, die aber alle auf der andern Seite von selbst wieder herabrollen. Was für ein Bild hinterläßt er, dieser Schwall von Worten? Wie sahe Helena nun aus? Werden nicht, wenn tausend Menschen dieses lesen, sich alle tausend eine eigene Vorstellung von ihr machen?

Doch es ist wahr, politische Verse eines Mönches sind keine Poesie. Man höre also den Ariost, wenn er seine bezaubernde Alcina schildert:[1]

1 *Orlando Furioso, Canto VII. St. 11–15.* »Die Bildung ihrer Gestalt war so reizend, als nur künstliche Maler sie dichten können. Gegen ihr blondes, langes, aufgeknüpftes Haar ist kein Gold, das nicht seinen Glanz verliere. Über ihre zarten Wangen verbreitete sich die vermischte Farbe der Rosen und der Lilien. Ihre fröhliche Stirn, in die gehörigen Schranken geschlossen, war von glattem Helfenbein. Unter zween schwarzen, äußerst feinen Bögen glänzen zwei schwarze Augen, oder vielmehr zwo leuchtende Sonnen, die mit Holdseligkeit um sich blickten und sich langsam drehten. Rings um sie her schien Amor zu spielen und zu fliegen; von da schien er seinen ganzen Köcher abzuschießen, und die Herzen sichtbar zu rauben. Weiter hinab steigt die Nase mitten durch das Gesicht, an welcher selbst der Neid nichts zu bessern findet. Unter ihr zeigt sich der Mund, wie zwischen zwei kleinen Tälern, mit seinem eigentümlichen Zinnober bedeckt; hier stehen zwo Reihen auserlesener Perlen, die eine schöne sanfte Lippe verschließt und öffnet. Hieraus kommen die holdseligen Worte, die jedes rauhe, schändliche Herz erweichen; hier wird jenes liebliche Lächeln gebildet, welches für sich schon ein Paradies auf Erden eröffnet.

Di persona era tanto ben formata,
Quanto mai finger san pittori industri:
Con bionda chioma, lunga e annodata,
Oro non è, che più risplenda, e lustri,
Spargeasi per la guancia delicata
Misto color di rose e di ligustri.
Di terso avorio era la fronte lieta,
Che lo spazio finia con giusta meta.

Sotto due negri, e sottilissimi archi
Son due negri occhi, anzi due chiari soli,
Pietosi a riguardar, a mover parchi,
Intorno a cui par ch' Amor scherzi, e voli,
E ch' indi tutta la faretra scarchi,
E che visibilmente i cori involi.
Quindi il naso per mezzo il viso scende
Che non trova l'invidia ove l'emende.

Sotto quel sta, quasi fra due vallette,
La bocca sparsa di natio cinabro,
Quivi due filze son di perle elette,
Che chiude, ed apre un bello e dolce labro;
Quindi escon le cortesi parolette,
Da render molle ogni cor rozzo e scabro;
Quivi si forma quel soave riso,
Ch' apre a sua posta in terra il paradiso.

Weißer Schnee ist der schöne Hals, und Milch die Brust, der Hals rund, die Brust voll und breit. Zwo zarte, von Helfenbein geründete Kugeln wallen sanft auf und nieder, wie die Wellen am äußersten Rande des Ufers, wenn ein spielender Zephir die See bestreitet. (Die übrigen Teile würde Argus selbst nicht haben sehen können. Doch war leicht zu urteilen, daß das, was versteckt lag, mit dem, was dem Auge bloß stand, übereinstimme.) Die Arme zeigen sich in ihrer gehörigen Länge, die weiße Hand etwas länglich, und schmal in ihrer Breite, durchaus eben, keine Ader tritt über ihre glatte Fläche. Am Ende dieser herrlichen Gestalt sieht man den kleinen, trocknen, geründeten Fuß. Die englischen Mienen, die aus dem Himmel stammen, kann kein Schleier verbergen.« – (Nach der Übersetzung des Herrn Meinhard in dem Versuche über den Charakter und die Werke der besten ital. Dicht. B. II. S. 228.)

Bianca neve è il bel collo, e'l petto latte,
Il collo è tondo, il petto colmo e largo;
Due pome acerbe, e pur d'avorio fatte,
Vengono e van, come onda al primo margo,
Quando piacevole aura il mar combatte.
Non potria l' altre parti veder Argo,
Ben si può giudicar, che corrisponde,
A quel ch' appar di fuor, quel che s'ascondo.

Mostran le braccia sua misura giusta,
Et la candida man spesso si vede,
Lunghetta alquanto, e di larghezza angusta,
Dove nè nodo appar, nè vena eccede.
Si vede al fin de la persona augusta
Il breve, asciutto, e ritondetto piede.
Gli angelici sembianti nati in cielo
Non si ponno celar sotto alcun velo.

Milton sagt bei Gelegenheit des Pandämoniums: einige lobten das Werk, andere den Meister des Werks. Das Lob des einen ist also nicht allezeit auch das Lob des andern. Ein Kunstwerk kann allen Beifall verdienen, ohne daß sich zum Ruhme des Künstlers viel Besonders sagen läßt. Wiederum kann ein Künstler mit Recht unsere Bewunderung verlangen, auch wenn sein Werk uns die völlige Gnüge nicht tut. Dieses vergesse man nie, und es werden sich öfters ganz widersprechende Urteile vergleichen lassen. Eben wie hier. Dolce, in seinem Gespräche von der Malerei, läßt den Aretino von den angeführten Stanzen des Ariost ein außerordentliches Aufheben machen;[1] ich hingegen, wähle sie als

1 *(Dialogo della pittura, intitolato l'Aretino, Firenze 1735. p. 178.) Se vogliono i pittori senza fatica trovare un perfetto esempio di bella donna, leggano quelle stanze dell'Ariosto, nelle quali egli discrive mirabilmente le bellezze della fata Alcina: e vedranno parimente, quanto i buoni poeti siano ancora essi pittori.* – [Wenn die Maler mühelos ein vollkommenes Beispiel einer schönen Frau finden wollen, so sollen sie jene Stanzen des Ariost lesen, in denen er wunderbar die Schönheit der Fee Alcina beschreibt, und sie werden zugleich sehen, wie sehr die guten Dichter auch zugleich Maler sind.]

ein Exempel eines Gemäldes ohne Gemälde. Wir haben beide recht. Dolce bewundert darin die Kenntnisse, welche der Dichter von der körperlichen Schönheit zu haben zeiget; ich aber sehe bloß auf die Wirkung, welche diese Kenntnisse, in Worte ausgedrückt, auf meine Einbildungskraft haben können. Dolce schließt aus jenen Kenntnissen, daß gute Dichter nicht minder gute Maler sind; und ich aus dieser Wirkung, daß sich das, was die Maler durch Linien und Farben am besten ausdrücken können, durch Worte gerade am schlechtesten ausdrücken läßt. Dolce empfiehlet die Schilderung des Ariost allen Malern als das vollkommenste Vorbild einer schönen Frau; und ich empfehle es allen Dichtern als die lehrreichste Warnung, was einem Ariost mißlingen müssen, nicht noch unglücklicher zu versuchen. Es mag sein, daß wenn Ariost sagt:

Di persona era tanto ben formata
Quanto mai finger san pittori industri,

er die Lehre von den Proportionen, so wie sie nur immer der fleißigste Künstler in der Natur und aus den Antiken studieret, vollkommen verstanden zu haben, dadurch beweiset.[1] Er mag sich immerhin, in den bloßen Worten:

Spargeasi per la guancia delicata
Misto color di rose e di ligustri,

als den vollkommensten Koloristen, als einen Tizian, zeigen.[2] Man mag daraus, daß er das Haar der Alcina nur mit dem Golde vergleicht, nicht aber güldenes Haar nennet, noch so deutlich schließen, daß er den Gebrauch des wirklichen Goldes in der

1 *(Ibid.) Ecco, che, quanto alla proportione, l'ingeniosissimo Ariosto assegna la migliore, che sappiano formar le mani de' più eccellenti pittori, usando questa voce industri, per dinotar la diligenza, che conviene al buono artefice.* [Was die Proportionen angeht, erreicht der geniale Ariost die beste, welche die Hände der ausgezeichnetsten Maler bilden können, indem er das Wort »Kunstgeschichte« gebraucht, um den Fleiß zu bezeichnen, der zum guten Künstler gehört.]

2 *(Ibid. p. 182.) Qui l'Ariosto colorisce, e in questo suo colorire dimostra essere un Tiziano.* [Hier koloriert Ariost, und in dieser Kolorierung zeigt er, daß er ein Tizian ist.]

Farbengebung gemißbilliget.[1] Man mag sogar in seiner herabsteigenden Nase,

Quindi il naso per mezzo il viso scende,

das Profil jener alten griechischen, und von griechischen Künstlern auch Römern geliehenen Nasen finden.[2] Was nutzt alle diese Gelehrsamkeit und Einsicht uns Lesern, die wir eine schöne Frau zu sehen glauben wollen, die wir etwas von der sanften Wallung des Geblüts dabei empfinden wollen, die den wirklichen Anblick der Schönheit begleitet? Wenn der Dichter weiß, aus welchen Verhältnissen eine schöne Gestalt entspringet, wissen wir es darum auch? Und wenn wir es auch wüßten, läßt er uns hier diese Verhältnisse sehen? Oder erleichtert er uns auch nur im geringsten die Mühe, uns ihrer auf eine lebhafte anschauende Art zu erinnern? Eine Stirn, in die gehörigen Schranken geschlossen, *la fronte,*

Che lo spazio finia con giusta meta;

eine Nase, an welcher selbst der Neid nichts zu bessern findet,

Che non trova l'invidia, ove l'emende;

eine Hand, etwas länglich und schmal in ihrer Breite,

Lunghetta alquanto, e di larghezza angusta:

was für ein Bild geben diese allgemeine Formeln? In dem Munde eines Zeichenmeisters, der seine Schüler auf die Schönheiten des akademischen Modells aufmerksam machen will, möchten sie

1 *(Ibid. p. 180.) Poteva l'Ariosto nella guisa, che ha detto chioma bionda, dir chioma d'oro: ma gli parve forse, che avrebbe avuto troppo del poetico. Da che si puo ritrar, che'l pittore dee imitar l'oro, e non metterlo (come fanno i miniatori) nelle sue pitture, in modo, che si possa dire, que' capelli non sono d'oro, ma par che risplendano, come l'oro.* [Ariost konnte ebenso gut, wie er »blondes Haar« gesagt hat, »goldenes Haar« sagen, aber es schien ihm vielleicht, daß es allzu poetisch gewesen wäre. Daraus kann man entnehmen, daß der Maler das Gold nachahmen und nicht, wie es die Miniaturmaler tun, auf den Gemälden anbringen soll, so daß man sagen könne: diese Haare sind nicht von Gold, aber sie scheinen wie Gold zu glänzen.] Was Dolce, in dem Nachfolgenden, aus dem Athenäus anführet, ist merkwürdig, nur daß es sich nicht völlig so daselbst findet. Ich rede an einem andern Orte davon.

2 *(Ibid. p. 182.) Il naso, che discende giù, avendo peraventura la considerazione a quelle forme de' nasi, che si veggono ne' ritratti delle Romane antiche.* [Die Nase, welche herabsteigt; er dachte an jene Nasenformen, die man auf den Bildern der schönen antiken Römerinnen sieht.]

noch etwas sagen; denn ein Blick auf dieses Modell, und sie sehen die gehörigen Schranken der fröhlichen Stirne, sie sehen den schönsten Schnitt der Nase, die schmale Breite der niedlichen Hand. Aber bei dem Dichter sehe ich nichts, und empfinde mit Verdruß die Vergeblichkeit meiner besten Anstrengung, etwas sehen zu wollen.

In diesem Punkte, in welchem Virgil dem Homer durch Nichtstun nachahmen können, ist auch Virgil ziemlich glücklich gewesen. Auch seine Dido ist ihm weiter nichts als *pulcherrima Dido*. Wenn er ja umständlicher etwas an ihr beschreibet, so ist es ihr reicher Putz, ihr prächtiger Aufzug:

> Tandem progreditur – – – –
> Sidoniam picto chlamydem circumdata limbo:
> Cui pharetra ex auro, crines nodantur in aurum,
> Aurea purpuream subnectit fibula vestem.[1]
> [Endlich tritt sie hervor – – – –
> In ein Sidonergewand, ein buntgesticktes, gekleidet.
> Golden ist ihr Köcher, mit Gold die Locken durchflochten,
> Und ihr purpurnes Kleid geschürzt mit goldener Spange.]

Wollte man darum auf ihn anwenden, was jener alte Künstler zu einem Lehrlinge sagte, der eine sehr geschmückte Helena gemalt hatte, »da du sie nicht schön malen können, hast du sie reich gemalt«: so würde Virgil antworten, »es liegt nicht an mir, daß ich sie nicht schön malen können; der Tadel trifft die Schranken meiner Kunst; mein Lob sei, mich innerhalb diesen Schranken gehalten zu haben.«

Ich darf hier die beiden Lieder des Anakreons nicht vergessen, in welchen er uns die Schönheit seines Mädchens und seines Bathylls zergliedert.[2] Die Wendung, die er dabei nimmt, macht alles gut. Er glaubt einen Maler vor sich zu haben, und läßt ihn unter seinen Augen arbeiten. So, sagt er, mache mir das Haar, so die Stirne, so die Augen, so den Mund, so Hals und Busen, so Hüft'

1 *Aeneid. IV. v. 136.*
2 *Od. XXVIII. XXIX.*

und Hände! Was der Künstler nur teilweise zusammensetzen kann, konnte ihm der Dichter auch nur teilweise vorschreiben. Seine Absicht ist nicht, daß wir in dieser mündlichen Direktion des Malers die ganze Schönheit der geliebten Gegenstände erkennen und fühlen sollen; er selbst empfindet die Unfähigkeit des wörtlichen Ausdrucks, und nimmt eben daher den Ausdruck der Kunst zu Hilfe, deren Täuschung er so sehr erhebet, daß das ganze Lied mehr ein Lobgedicht auf die Kunst, als auf sein Mädchen zu sein scheinet. Er sieht nicht das Bild, er sieht sie selbst, und glaubt, daß es nun eben den Mund zum Reden eröffnen werde:

Ἀπεχει· βλεπω γαρ αὐτην.
Ταχα, κηρε, και λαλησεις.
[Doch genug'! Schon steht sie vor mir.
Nächstens wirst du, Bild, auch reden!]

Auch in der Angabe des Bathylls, ist die Anpreisung des schönen Knabens mit der Anpreisung der Kunst und des Künstlers so ineinander geflochten, daß es zweifelhaft wird, wem zu Ehren Anakreon das Lied eigentlich bestimmt habe. Er sammelt die schönsten Teile aus verschiednen Gemälden, an welchen eben die vorzügliche Schönheit dieser Teile das Charakteristische war; den Hals nimmt er von einem Adonis, Brust und Hände von einem Merkur, die Hüfte von einem Pollux, den Bauch von einem Bacchus; bis er den ganzen Bathyll in einem vollendeten Apollo des Künstlers erblickt.

Μετα δε προσωπον ἐστω,
Τον Ἀδωνιδος παρελθων,
Ἐλεφαντινος τραχηλος·
Μεταμαζιον δε ποιει
Διδυμας τε χειρας Ἑρμου,
Πολυδευκεος δε μηρους,
Διονυσιην δε νηδυν – –
Τον Ἀπολλωνα δε τουτον
Καθελων, ποιει Βαθυλλον.

[Unterm Kinn, da schließe zierlich,
Wie ihn nicht Adonis hatte,
Elfenbeinen sich der Hals an,
Gib ihm Brust und beide Hände
Von der Maja schönem Sohne,
Leih ihm Polydeukes' Schenkel,
Bauch und Hüften ihm von Bacchos. – –
Und gib diesem Phöbus auf, mir
Den Bathyll daraus zu bilden.]

So weiß auch Lucian von der Schönheit der Panthea anders keinen Begriff zu machen, als durch Verweisung auf die schönsten weiblichen Bildsäulen alter Künstler.[1] Was heißt aber dieses sonst, als bekennen, daß die Sprache vor sich selbst hier ohne Kraft ist; daß die Poesie stammelt und die Beredsamkeit verstummet, wenn ihnen nicht die Kunst noch einigermaßen zur Dolmetscherin dienet?

XXI.

Aber verliert die Poesie nicht zu viel, wenn man ihr alle Bilder körperlicher Schönheit nehmen will? – Wer will ihr die nehmen? Wenn man ihr einen einzigen Weg zu verleiden sucht, auf welchem sie zu solchen Bildern zu gelangen gedenket, indem sie die Fußtapfen einer verschwisterten Kunst aufsucht, in denen sie ängstlich herumirret, ohne jemals mit ihr das gleiche Ziel zu erreichen: verschließt man ihr darum auch jeden andern Weg, wo die Kunst hinwiederum ihr nachsehen muß?

Eben der Homer, welcher sich aller stückweisen Schilderung körperlicher Schönheiten so geflissentlich enthält, von dem wir kaum einmal im Vorbeigehen erfahren, daß Helena weiße Arme[1] und schönes Haar[2] gehabt; eben der Dichter weiß demohngeachtet uns von ihrer Schönheit einen Begriff zu machen, der alles weit übersteiget, was die Kunst in dieser Absicht zu leisten imstande

1 Εικονεϛ *3. T. II. p. 461. Edit. Reitz.*

ist. Man erinnere sich der Stelle, wo Helena in die Versammlung der Ältesten des trojanischen Volkes tritt. Die ehrwürdigen Greise sehen sie, und einer sprach zu den andern:[3]

Οὐ νεμεσις, Τρωας και ἐυκνημιδας Ἀχαιους,
Τοιῃδ' ἀμφι γυναικι πολυν χρονον ἀλγεα πασχειν·
Αἰνως ἀθανατῃσι θεῃς εἰς ὠπα ἐοικεν.
[Tadelt nicht die Troer und hellumschienten Achaier
Die um ein solches Weib so lang' ausharren im Elend
Einer unsterblichen Göttin fürwahr gleicht jene von Ansehn!]

Was kann eine lebhaftere Idee von Schönheit gewähren, als das kalte Alter sie des Krieges wohl wert erkennen lassen, der so viel Blut und so viele Tränen kostet?

Was Homer nicht nach seinen Bestandteilen beschreiben konnte, läßt er uns in seiner Wirkung erkennen. Malet uns, Dichter, das Wohlgefallen, die Zuneigung, die Liebe, das Entzücken, welches die Schönheit verursachet, und ihr habt die Schönheit selbst gemalet. Wer kann sich den geliebten Gegenstand der Sappho, bei dessen Erblickung sie Sinne und Gedanken zu verlieren bekennet, als häßlich denken? Wer glaubt nicht die schönste vollkommenste Gestalt zu sehen, sobald er mit dem Gefühle sympathisieret, welches nur eine solche Gestalt erregen kann? Nicht weil uns Ovid den schönen Körper seiner Lesbia Teil vor Teil zeiget:

Quos humeros, quales vidi tetigique lacertos!
Forma papillarum quam fuit apta premi!
Quam castigato planus sub pectore venter!
Quantum et quale latus! quam juvenile femur!
[Welche Schultern erblickt ich, und berührt ich, was auch für Arme!
Wie zum Umspannen geschickt waren die Brüste geformt!
Unter der knappen Brust wie war der Leib ihr so eben!
Was für Hüften! Wie war jugendlich kräftig das Bein!]

1 *Iliad.* Γ *v. 121.*
2 *Ibid. v. 329.*
3 *Ibid. v. 156–158.*

sondern weil er es mit der wollüstigen Trunkenheit tut, nach der unsere Sehnsucht so leicht zu erwecken ist, glauben wir eben des Anblickes zu genießen, den er genoß.

Ein andrer Weg, auf welchem die Poesie die Kunst in Schilderung körperlicher Schönheit wiederum einholet, ist dieser, daß sie Schönheit in Reiz verwandelt. Reiz ist Schönheit in Bewegung, und eben darum dem Maler weniger bequem als dem Dichter. Der Maler kann die Bewegung nur erraten lassen, in der Tat aber sind seine Figuren ohne Bewegung. Folglich wird der Reiz bei ihm zur Grimasse. Aber in der Poesie bleibt er was er ist; ein transitorisches Schönes, das wir wiederholt zu sehen wünschen. Es kömmt und geht; und da wir uns überhaupt einer Bewegung leichter und lebhafter erinnern können, als bloßer Formen oder Farben: so muß der Reiz in dem nämlichen Verhältnisse stärker auf uns wirken, als die Schönheit. Alles, was noch in dem Gemälde der Alcina gefällt und rühret, ist Reiz. Der Eindruck, den ihre Augen machen, kömmt nicht daher, daß sie schwarz und feurig sind, sondern daher, daß sie,

Pietosi a riguardar, a mover parchi,

mit Holdseligkeit um sich blicken, und sich langsam drehen; daß Amor sie umflattert und seinen ganzen Köcher aus ihnen abschießt. Ihr Mund entzücket, nicht weil von eigentümlichem Zinnober bedeckte Lippen zwei Reihen auserlesener Perlen verschließen; sondern weil hier das liebliche Lächeln gebildet wird, welches, für sich schon, ein Paradies auf Erden eröffnet; weil er es ist, aus dem die freundlichen Worte tönen, die jedes rauhe Herz erweichen. Ihr Busen bezaubert, weniger weil Milch und Helfenbein und Äpfel uns seine Weiße und niedliche Figur vorbilden, als vielmehr weil wir ihn sanft auf und nieder wallen sehen, wie die Wellen am äußersten Rande des Ufers, wenn ein spielender Zephir die See bestreitet:

Due pome acerbe, e pur d'avorio fatte,
Vengono e van, come onda al primo margo,
Quando piacevole aura il mar combatte.

Ich bin versichert, daß lauter solche Züge des Reizes, in eine oder zwei Stanzen zusammengedränget, weit mehr tun würden, als die fünf alle, in welche sie Ariost zerstreuet und mit kalten Zügen der schönen Form, viel zu gelehrt für unsere Empfindungen, durchflochten hat.

Selbst Anakreon wollte lieber in die anscheinende Unschicklichkeit verfallen, eine Untunlichkeit von dem Maler zu verlangen, als das Bild seines Mädchens nicht mit Reiz beleben.

Τρυφερου δ' ἐσω γενειου,
Περι λυγδινῳ τραχηλῳ
Χαριτες πετοιντο πασαι.
[In dem weichen Kinne mitten,
Um des Halses Marmor schweben
Alle Chariten vereinigt.]

Ihr sanftes Kinn, befiehlt er dem Künstler, ihren marmornen Nacken laß alle Grazien umflattern! Wie das? Nach dem genauesten Wortverstande? Der ist keiner malerischen Ausführung fähig. Der Maler konnte dem Kinne die schönste Ründung, das schönste Grübchen, *Amoris digitulo impressum* [von Amors Fingerchen eingedrückt], (denn das εσω scheinet mir ein Grübchen andeuten zu wollen) – er konnte dem Halse die schönste Karnation geben; aber weiter konnte er nichts. Die Wendungen dieses schönen Halses, das Spiel der Muskeln, durch das jenes Grübchen bald mehr bald weniger sichtbar wird, der eigentliche Reiz, war über seine Kräfte. Der Dichter sagte das Höchste, wodurch uns seine Kunst die Schönheit sinnlich zu machen vermag, damit auch der Maler den höchsten Ausdruck in seiner Kunst suchen möge. Ein neues Beispiel zu der obigen Anmerkung, daß der Dichter, auch wenn er von Kunstwerken redet, dennoch nicht verbunden ist, sich mit seiner Beschreibung in den Schranken der Kunst zu halten.

XXII.

Zeuxis malte eine Helena, und hatte das Herz, jene berühmte Zeilen des Homers, in welchen die entzückten Greise ihre Empfindung bekennen, darunter zu setzen. Nie sind Malerei und Poesie in einen gleichern Wettstreit gezogen worden. Der Sieg blieb unentschieden, und beide verdienten gekrönt zu werden.

Denn so wie der weise Dichter uns die Schönheit, die er nach ihren Bestandteilen nicht schildern zu können fühlte, bloß in ihrer Wirkung zeigte: so zeigte der nicht minder weise Maler uns die Schönheit nach nichts als ihren Bestandteilen, und hielt es seiner Kunst für unanständig, zu irgendeinem andern Hilfsmittel Zuflucht zu nehmen. Sein Gemälde bestand aus der einzigen Figur der Helena, die nackend dastand. Denn es ist wahrscheinlich, daß es eben die Helena war, welche er für die zu Krotona malte.[1]

Man vergleiche hiermit, wundershalber, das Gemälde, welches Caylus dem neuern Künstler aus jenen Zeilen des Homers vorzeichnet: »Helena, mit einem weißen Schleier bedeckt, erscheinet mitten unter verschiedenen alten Männern, in deren Zahl sich auch Priamus befindet, der an den Zeichen seiner königlichen Würde zu erkennen ist. Der Artist muß sich besonders angelegen sein lassen, uns den Triumph der Schönheit in den gierigen Blikken und in allen den Äußerungen einer staunenden Bewunderung auf den Gesichtern dieser kalten Greise empfinden zu lassen. Die Szene ist über einem von den Toren der Stadt. Die Vertiefung des Gemäldes kann sich in den freien Himmel, oder gegen höhere Gebäude der Stadt verlieren; jenes würde kühner lassen, eines aber ist so schicklich wie das andere.«

Man denke sich dieses Gemälde von dem größten Meister unserer Zeit ausgeführet, und stelle es gegen das Werk des Zeuxis. Welches wird den wahren Triumph der Schönheit zeigen? Dieses, wo ich ihn selbst fühle, oder jenes, wo ich ihn aus den Grimassen

1 *Val. Maximus lib. III. cap. 7. Dionysius Halicarnass. Art. Rhet. cap. 12.* περι λογων ἐξετασεως.

gerührter Graubärte schließen soll? *Turpe senilis amor* [Schimpflich ist die Begierde bei Greisen]; ein gieriger Blick macht das ehrwürdigste Gesicht lächerlich, und ein Greis, der jugendliche Begierden verrät, ist sogar ein ekler Gegenstand. Den Homerischen Greisen ist dieser Vorwurf nicht zu machen; denn der Affekt, den sie empfinden, ist ein augenblicklicher Funke, den ihre Weisheit sogleich erstickt; nur bestimmt, der Helena Ehre zu machen, aber nicht, sie selbst zu schänden. Sie bekennen ihr Gefühl, und fügen sogleich hinzu:

> 'Αλλα και ὥς, τοιη περ ἐουσ', ἐν νηυσι νεεσθω,
> Μηδ' ἡμιν τεκεεσσι τ' ὀπισσω πημα λιποιτο.
> [Dennoch kehr', auch mit solcher Gestalt, sie in
> Schiffen zur Heimat.
> Ehe sie uns und den Söhnen hinfort noch
> Jammer bereitet!]

Ohne diesen Entschluß wären es alte Gecke; wären sie das, was sie in dem Gemälde des Caylus erscheinen. Und worauf richten sie denn da ihre gierigen Blicke? Auf eine vermummte, verschleierte Figur. Das ist Helena? Es ist mir unbegreiflich, wie ihr Caylus hier den Schleier lassen können. Zwar Homer gibt ihr denselben ausdrücklich:

> Αὐτικα δ' ἀργεννῃσι καλυψαμενη ὀθονῃσιν
> 'Ωρματ' ἐκ θαλαμοιο – –
> [Schnell in den Schleier gehüllt von silberfarbener Leinwand
> Flog sie hinweg aus der Kammer – –]

aber, um über die Straßen damit zu gehen; und wenn auch schon bei ihm die Alten ihre Bewunderung zeigen, noch ehe sie den Schleier wieder abgenommen oder zurückgeworfen zu haben scheinet, so war es nicht das erstemal, daß sie die Alten sahen; ihr Bekenntnis durfte also nicht aus dem itzigen augenblicklichen Anschauen entstehen, sondern sie konnten schon oft empfunden haben, was sie zu empfinden, bei dieser Gelegenheit nur zum erstenmal bekannten. In dem Gemälde findet so etwas nicht

statt. Wenn ich hier entzückte Alte sehe, so will ich auch zugleich sehen, was sie in Entzückung setzt; und ich werde äußerst betroffen, wenn ich weiter nichts, als, wie gesagt, eine vermummte, verschleierte Figur wahrnehme, die sie brünstig angaffen. Was hat dieses Ding von der Helena? Ihren weißen Schleier, und etwas von ihrem proportionierten Umrisse, soweit Umriß unter Gewändern sichtbar werden kann. Doch vielleicht war es auch des Grafen Meinung nicht, daß ihr Gesicht verdeckt sein sollte, und er nennet den Schleier bloß als ein Stück ihres Anzuges. Ist dieses (seine Worte sind einer solchen Auslegung zwar nicht wohl fähig: *Hélène couverte d'un voile blanc* [Helena, bedeckt mit einem weißen Schleier]), so entstehet eine andere Verwunderung bei mir: er empfiehlt dem Artisten so sorgfältig den Ausdruck auf den Gesichtern der Alten; nur über die Schönheit in dem Gesichte der Helena verliert er kein Wort. Diese sittsame Schönheit, im Auge den feuchten Schimmer einer reuenden Träne, furchtsam sich nähernd – Wie? Ist die höchste Schönheit unsern Künstlern so etwas Geläufiges, daß sie auch nicht daran erinnert zu werden brauchen? Oder ist Ausdruck mehr als Schönheit? Und sind wir auch in Gemälden schon gewohnt, so wie auf der Bühne, die häßlichste Schauspielerin für eine entzückende Prinzessin gelten zu lassen, wenn ihr Prinz nur recht warme Liebe gegen sie zu empfinden äußert?
In Wahrheit: das Gemälde des Caylus würde sich gegen das Gemälde des Zeuxis; wie Pantomime zur erhabensten Poesie verhalten.

Homer ward vor alters ohnstreitig fleißiger gelesen, als itzt. Dennoch findet man so gar vieler Gemälde nicht erwähnet, welche die alten Künstler aus ihm gezogen hätten.[1] Nur den Fingerzeig des Dichters auf besondere körperliche Schönheiten scheinen sie fleißig genutzt zu haben; diese malten sie; und in diesen Gegenständen,fühlten sie wohl, war es ihnen allein vergönnet, mit dem Dichter wetteifern zu wollen. Außer der Helena, hatte

1 *Fabricii Biblioth. Graec. Lib. II. cap. 6. p. 345.*

Zeuxis auch die Penelope gemalt; und des Apelles Diana war die Homerische in Begleitung ihrer Nymphen. Bei dieser Gelegenheit will ich erinnern, daß die Stelle des Plinius, in welcher von der letztern die Rede ist, einer Verbesserung bedarf.[1] Handlungen aber aus dem Homer zu malen, bloß weil sie eine reiche Komposition, vorzügliche Kontraste, künstliche Beleuchtungen darbieten, schien der alten Artisten ihr Geschmack nicht zu sein; und konnte es nicht sein, solange sich noch die Kunst in den engern Grenzen ihrer höchsten Bestimmung hielt. Sie nährten sich dafür mit dem Geiste des Dichters; sie füllten ihre Einbildungskraft mit seinen erhabensten Zügen; das Feuer seines Enthusiasmus

1 Plinius sagt von dem Apelles *(Libr. XXXV. sect. 36. p. 698. Edit. Hard.): Fecit et Dianam sacrificantium virginum choro mixtam: quibus vicisse Homeri versus videtur id ipsum describentis.* [Er machte auch eine Diana im Kreise opfernder Jungfrauen, womit er die Verse des Homer, der das gleiche beschreibt, übertroffen zu haben scheint.] Nichts kann wahrer, als dieser Lobspruch gewesen sein. Schöne Nymphen um eine schöne Göttin her, die mit der ganzen majestätischen Stirne über sie hervorragt, sind freilich ein Vorwurf, der der Malerei angemessener ist, als der Poesie. Das *sacrificantium* nur ist mir höchst verdächtig. Was macht die Göttin unter opfernden Jungfrauen? Und ist dieses die Beschäftigung, die Homer den Gespielinnen der Diana gibt? Mit nichten; sie durchstreifen mit ihr Berge und Wälder, sie jagen, sie spielen, sie tanzen *(Odyss. Z. v. 102–106):*

Οἱη δ' 'Αρτεμις εισι κατ' ουρεος ἰοχεαιρα / 'Η κατα Τηυγετον περιμηκετον, ἠ 'Ερυμανδον / Τερπομενη καπροισι και ὠκειῃς ἐλαφοισι· / Τῃ δε ϑ' ἁμα Νυμφαι, κουραι Διος Αἰγιοχοιο, / 'Αγρονομοι παιζουσι· — — — —

[So wie Artemis eilt pfeilfreudig über die Gipfel, / Über Taygetos' Höhn und des Erymanthos Gebirge, / Freudig sich tummelnd im Lauf mit Ebern und flüchtigen Hirschen. / Um sie spielen und jauchzen die flurdurcheilenden Nymphen, / Töchter des donnernden Zeus.]

Plinius wird also nicht *sacrificantium*, er wird *venantium*, oder etwas Ähnliches geschrieben haben; vielleicht *silvis vagantium*, welche Verbesserung die Anzahl der veränderten Buchstaben ohngefähr hätte. Dem παιζουδι beim Homer würde *saltantium* am nächsten kommen, und auch Virgil läßt, in seiner Nachahmung dieser Stelle, die Diana mit ihren Nymphen tanzen *(Aeneid. I. v. 497. 498): Qualis in Eurotae ripis, aut per juga Cynthi / Exercet Diana choros* — — [Wie an Eurotas' Gestaden und auf den Höhen des Kynthus / Sich Diana im Reigen ergötzt —]

Spence hat hierbei einen seltsamen Einfall *(Polymetis Dial. VIII. p. 102.): This Diana,* sagt er, *both in the picture and in the descriptions, was the Diana Venatrix, tho' she was not represented either by Virgil, or Apelles, or Homer, as hunting with her nymphs; but as employed with them in that sort of dances, which of old were regarded as very solemn acts of devotion* [Diese Diana, sowohl in dem Gemälde als in den Beschreibungen, war die Jägerin Diana, obgleich sie weder von Vergil, noch von Apelles, noch von Homer mit ihren Nymphen jagend dargestellt wurde; sondern

entflammte den ihrigen; sie sahen und empfanden wie er: und so wurden ihre Werke Abdrücke der Homerischen, nicht in dem Verhältnisse eines Porträts zu seinem Originale, sondern in dem Verhältnisse eines Sohnes zu seinem Vater; ähnlich, aber verschieden. Die Ähnlichkeit liegt öfters nur in einem einzigen Zuge; die übrigen alle haben unter sich nichts Gleiches, als daß sie mit dem ähnlichen Zuge, in dem einen sowohl als in dem andern harmonieren.

Da übrigens die Homerischen Meisterstücke der Poesie älter waren als irgendein Meisterstück der Kunst; da Homer die Natur eher mit einem malerischen Auge betrachtet hatte, als ein Phidias

mit ihnen in jener Art von Tänzen beschäftigt, die von den Alten als sehr feierliche Handlungen der Andacht betrachtet wurden]. In seiner Anmerkung fügt er hinzu: *The expression of* παιζειν *used by Homer on this occasion, is scarce proper for hunting; as that of, choros exercere in Virgil, should be understood of the religious dances of old, because dancing, in the old Roman idea of it, was indecent even for men, in public; unless it were the sort of dances used in honour of Mars, or Bacchus, or some other of their gods* [Der Ausdruck παιζειν (spielen), der von Homer bei dieser Gelegenheit gebraucht wird, ist kaum passend für »jagen«; wie jenes »choros exercere« (den Reihen führen) bei Vergil von den religiösen Tänzen der Alten verstanden werden muß, weil öffentliches Tanzen nach altrömischer Auffassung selbst für Männer unanständig war; außer es war die Art von Tänzen, die zu Ehren des Mars oder Bacchus oder eines anderen ihrer Götter gepflegt wurden]. Spence will nämlich jene feierliche Tänze verstanden wissen, welche bei den Alten mit unter die gottesdienstlichen Handlungen gerechnet wurden. Und daher, meinet er, brauche denn auch Plinius das Wort *sacrificare: It is in consequence of this that Pliny, in speaking of Diana's nymphs on this very occasion, uses the word, sacrificare, of them; which quite determines these dances of theirs to have been of the religious kind* [Infolgedessen verwendet Plinius, wenn er von den Nymphen der Diana in dieser Situation spricht, das Wort »Sacrificare« (opfern), das genau diese ihre Tänze als solche religiöser Art kennzeichnet]. Er vergißt, daß bei dem Virgil die Diana selbst mittanzet: *exercet Diana choros.* Sollte nun dieser Tanz ein gottesdienstlicher Tanz sein: zu wessen Verehrung tanzte ihn die Diana? Zu ihrer eignen? Oder zur Verehrung einer andern Gottheit? Beides ist widersinnig. Und wenn die alten Römer das Tanzen überhaupt einer ernsthaften Person nicht für sehr anständig hielten, mußten darum ihre Dichter die Gravität ihres Volkes auch in die Sitten der Götter übertragen, die von den ältern griechischen Dichtern ganz anders festgesetzet waren? Wenn Horaz von der Venus sagt *(Od. IV. lib. 1):*

Jam Cytherea choros ducit Venus, imminente luna: / Junctaeque Nymphis Gratiae decentes. / Alterno terram quatiunt pede – – [Schon führt Venus den Reigen beim Scheine des Mondes, / und zierlich tanzen Nymphen und Grazien vereint im / Wechselschritt] waren dieses auch heilige gottesdienstliche Tänze? Ich verliere zu viele Worte über eine solche Grille.

und Apelles: so ist es nicht zu verwundern, daß die Artisten verschiedene ihnen besonders nützliche Bemerkungen, ehe sie Zeit hatten, sie in der Natur selbst zu machen, schon bei dem Homer gemacht fanden, wo sie dieselben begierig ergriffen, um durch den Homer die Natur nachzuahmen. Phidias bekannte, daß die Zeilen:[1]

> Ἠ, και κυανεῃσιν επ᾽ ὀφρυσι νευσε Κρονιων·
> Ἀμβροσιαι δ᾽ ἀρα χαιται ἐπερρωσαντο ἀνακτος,
> Κρατος ἀπ᾽ ἀθανατοιο· μεγαν δ᾽ ἐλελιξεν Ὀλυμπον·

[Also sprach und winkte mit schwärzlichen Brauen Kronion;
Und die ambrosischen Locken des Königs wallten ihm vorwärts
Von dem unsterblichen Haupte, es erbebten die Höhn des Olympes]

ihm bei seinem olympischen Jupiter zum Vorbilde gedienet, und daß ihm nur durch ihre Hilfe ein göttliches Antlitz, *propemodum ex ipso coelo petitum* [fast wie vom Himmel selbst geholt], gelungen sei. Wem dieses nichts mehr gesagt heißt, als daß die Phantasie des Künstlers durch das erhabene Bild des Dichters befeuert, und ebenso erhabener Vorstellungen fähig gemacht worden, der, dünkt mich, übersieht das Wesentlichste, und begnügt sich mit etwas ganz Allgemeinem, wo sich, zu einer weit gründlichern Befriedigung, etwas sehr Spezielles angeben läßt. Soviel ich urteile, bekannte Phidias zugleich, daß er in dieser Stelle zuerst bemerkt habe, wie viel Ausdruck in den Augenbraunen liege, *quanta pars animi*[2] [welch großer Teil der Seele] sich in ihnen zeige. Vielleicht, daß sie ihn auch auf das Haar mehr Fleiß zu wenden bewegte, um das einigermaßen auszudrücken, was Homer ambrosisches Haar nennet. Denn es ist gewiß, daß die alten Künstler vor dem Phidias das Sprechende und Bedeutende der Mienen wenig verstanden, und besonders das Haar sehr vernachlässiget hatten. Noch Myron war in bei-

1 *Iliad. A. v. 528. Valerius Maximus lib. III. cap. 7.*
2 *Plinius lib. XI. sect. 51. p. 616. Edit. Hard.*

den Stücken tadelhaft, wie Plinius anmerkt[1], und nach ebendemselben war Pythagoras Leontinus der erste, der sich durch ein zierliches Haar hervortat.[2] Was Phidias aus dem Homer lernte, lernten die andern Künstler aus den Werken des Phidias.

Ich will noch ein Beispiel dieser Art anführen, welches mich allezeit sehr vergnügt hat. Man erinnere sich, was Hogarth über den Apollo zu Belvedere anmerkt.[3] »Dieser Apollo«, sagt er, »und der Antinous sind beide in ebendemselben Palaste zu Rom zu sehen. Wenn aber Antinous den Zuschauer mit Verwunderung erfüllet, so setzet ihn der Apollo in Erstaunen; und zwar, wie sich die Reisenden ausdrücken, durch einen Anblick, welcher etwas mehr als Menschliches zeiget, welches sie gemeiniglich gar nicht zu beschreiben imstande sind. Und diese Wirkung ist, sagen sie, um desto bewundernswürdiger, da, wenn man es untersucht, das Unproportionierliche daran auch einem gemeinen Auge klar ist. Einer der besten Bildhauer, welche wir in England haben, der neulich dahin reisete, diese Bildsäule zu sehen, bekräftigte mir das, was itzo gesagt worden, besonders, daß die Füße und Schenkel, in Ansehung der obern Teile, zu lang und zu breit sind. Und Andreas Sacchi, einer der größten italienischen Maler, scheinet eben dieser Meinung gewesen zu sein, sonst würde er schwerlich (in einem berühmten Gemälde, welches itzo in England ist) seinem Apollo, wie er den Tonkünstler Pasquilini krönet, das völlige Verhältnis des Antinous gegeben haben, da er übrigens wirklich eine Kopie von dem Apollo zu sein scheinet. Ob wir gleich an sehr großen Werken oft sehen, daß ein geringerer Teil aus der Acht gelassen worden, so kann dieses doch hier der Fall nicht sein; denn an einer schönen Bildsäule ist ein richtiges Ver-

1 *Idem lib. XXXIV. sect. 19. p. 651. Ipse tamen corporum tenus curiosus, animi sensus non expressisse videtur, capillum quoque et pubem non emendatius fecisse, quam rudis antiquitas instituisset* [Es scheint, daß er die Körperformen genau, den seelischen Ausdruck nicht dargestellt, auch Kopf- und Barthaar nicht genauer geschildert habe als das rohe Altertum].

2 *Ibid. Hic primus nervos et venas expressit, capillumque deligentius* [Er hat als erster Muskeln und Adern sowie das Haar genauer dargestellt].

3 »Zergliederung der Schönheit«. S. 47. Berl. Ausg.

hältnis eine von ihren wesentlichen Schönheiten. Daher ist zu schließen, daß diese Glieder mit Fleiß müssen sein verlängert worden, sonst würde es leicht haben können vermieden werden. Wenn wir also die Schönheiten dieser Figur durch und durch untersuchen, so werden wir mit Grunde urteilen, daß das, was man bisher für unbeschreiblich vortrefflich an ihrem allgemeinen Anblicke gehalten, von dem hergerühret hat, was ein Fehler in einem Teile derselben zu sein geschienen.« – Alles dieses ist sehr einleuchtend; und schon Homer, füge ich hinzu, hat es empfunden und angedeutet, daß es ein erhabenes Ansehen gibt, welches bloß aus diesem Zusatze von Größe in den Abmessungen der Füße und Schenkel entspringet. Denn wenn Antenor die Gestalt des Ulysses mit der Gestalt des Menelaus vergleichen will, so läßt er ihn sagen:[1] Σταντων μεν Μενελαος ὑπειρεχεν εὐρεας ὤμους,
'Αμφω δ' ἑζομενω, γεραρωτερος ἦεν 'Οδυσσευς.

»Wann beide standen, ragte Menelaus mit den breiten Schultern hoch hervor; wann aber beide saßen, war Ulysses der Ansehnlichere.« Da Ulysses also das Ansehen im Sitzen gewann, welches Menelaus im Sitzen verlor, so ist das Verhältnis leicht zu bestimmen, welches beider Oberleib zu den Füßen und Schenkeln gehabt. Ulysses hatte einen Zusatz von Größe in den Proportionen des erstern, Menelaus in den Proportionen der letztern.

XXIII.

Ein einziger unschicklicher Teil kann die übereinstimmende Wirkung vieler zur Schönheit stören. Doch wird der Gegenstand darum noch nicht häßlich. Auch die Häßlichkeit erfodert mehrere unschickliche Teile, die wir ebenfalls auf einmal müssen übersehen können, wenn wir dabei das Gegenteil von dem empfinden sollen, was uns die Schönheit empfinden läßt.

Sonach würde auch die Häßlichkeit, ihrem Wesen nach, kein Vorwurf der Poesie sein können; und dennoch hat Homer die äußerste Häßlichkeit in dem Thersites geschildert, und sie nach

1 *Iliad.* Γ. *v. 210. 211.*

ihren Teilen nebeinander geschildert. Warum war ihm bei der Häßlichkeit vergönnet, was er bei der Schönheit so einsichtsvoll sich selbst untersagte? Wird die Wirkung der Häßlichkeit, durch die aufeinanderfolgende Enumeration ihrer Elemente, nicht ebensowohl gehindert, als die Wirkung der Schönheit durch die ähnliche Enumeration ihrer Elemente vereitelt wird?

Allerdings wird sie das; aber hierin liegt auch die Rechtfertigung des Homers. Eben weil die Häßlichkeit in der Schilderung des Dichters zu einer minder widerwärtigen Erscheinung körperlicher Unvollkommenheiten wird, und gleichsam, von der Seite ihrer Wirkung, Häßlichkeit zu sein aufhöret, wird sie dem Dichter brauchbar; und was er vor sich selbst nicht nutzen kann, nutzt er als ein Ingrediens, um gewisse vermischte Empfindungen hervorzubringen und zu verstärken, mit welchen er uns, in Ermangelung rein angenehmer Empfindungen, unterhalten muß.

Diese vermischte Empfindungen sind das Lächerliche, und das Schreckliche.

Homer macht den Thersites häßlich, um ihn lächerlich zu machen. Er wird aber nicht durch seine bloße Häßlichkeit lächerlich; denn Häßlichkeit ist Unvollkommenheit, und zu dem Lächerlichen wird ein Kontrast von Vollkommenheiten und Unvollkommenheiten erfodert.[1] Dieses ist die Erklärung meines Freundes, zu der ich hinzusetzen möchte, daß dieser Kontrast nicht zu krall und zu schneidend sein muß, daß die Opposita, um in der Sprache der Maler fortzufahren, von der Art sein müssen, daß sie sich ineinander verschmelzen lassen. Der weise und rechtschaffene Aesop wird dadurch, daß man ihm die Häßlichkeit des Thersites gegeben, nicht lächerlich. Es war eine alberne Mönchsfratze, das Γελοιον [Lächerliche] seiner lehrreichen Märchen, vermittelst der Ungestaltheit auch in seine Person verlegen zu wollen. Denn ein mißgebildeter Körper und eine schöne Seele sind wie Öl und Essig, die, wenn man sie schon ineinander schlägt, für den Geschmack doch immer getrennet bleiben. Sie

1 Philos. Schriften des Hrn. Moses Mendelssohn T. II. S. 23.

gewähren kein Drittes; der Körper erweckt Verdruß, die Seele Wohlgefallen; jedes das seine für sich. Nur wenn der mißgebildete Körper zugleich gebrechlich und kränklich ist, wenn er die Seele in ihren Wirkungen hindert, wenn er die Quelle nachteiliger Vorurteile gegen sie wird: alsdenn fließen Verdruß und Wohlgefallen ineinander; aber die neue daraus entspringende Erscheinung ist nicht Lachen, sondern Mitleid, und der Gegenstand, den wir ohne dieses nur hochgeachtet hätten, wird interessant. Der mißgebildete gebrechliche Pope mußte seinen Freunden weit interessanter sein, als der schöne und gesunde Wycherley den seinigen. – So wenig aber Thersites durch die bloße Häßlichkeit lächerlich wird, ebensowenig würde er es ohne dieselbe sein. Die Häßlichkeit; die Übereinstimmung dieser Häßlichkeit mit seinem Charakter; der Widerspruch, den beide mit der Idee machen, die er von seiner eigenen Wichtigkeit heget; die unschädliche, ihn allein demütigende Wirkung seines boshaften Geschwätzes: alles muß zusammen zu diesem Zwecke wirken. Der letztere Umstand ist das Οὐ φϑαρτικον [Nicht-Schädliche], welches Aristoteles[1] unumgänglich zu dem Lächerlichen verlanget; so wie es auch mein Freund zu einer notwendigen Bedingung macht, daß jener Kontrast von keiner Wichtigkeit sein, und uns nicht sehr interessieren müsse. Denn man nehme auch nur an, daß dem Thersites selbst seine hämische Verkleinerung des Agamemnons teurer zu stehen gekommen wäre, daß er sie, anstatt mit ein paar blutigen Schwielen, mit dem Leben bezahlen müssen: und wir würden aufhören, über ihn zu lachen. Denn dieses Scheusal von einem Menschen ist doch ein Mensch, dessen Vernichtung uns stets ein größeres Übel scheinet, als alle seine Gebrechen und Laster. Um die Erfahrung hiervon zu machen, lese man sein Ende bei dem Quintus Calaber.[2] Achilles bedauert, die Penthesilea getötet zu haben: die Schönheit in ihrem Blute, so tapfer vergossen, fodert die Hochachtung und das Mitleid des Helden; und Hochachtung und Mitleid werden Liebe. Aber der

1 *De poetica cap. V.*

2 *Paralipom. lib. I. v. 720–775.*

schmähsüchtige Thersites macht ihm diese Liebe zu einem Verbrechen. Er eifert wider die Wollust, die auch den wackersten Mann zu Unsinnigkeiten verleite,

> – – – ἥτ' ἀφρονα φωτα τιϑησι
> Και πινυτον περ ἐοντα. – – – –
> [– – die unverständig den Mann macht,
> Auch wenn er sonst verständig. – – –]

Achilles ergrimmt, und ohne ein Wort zu versetzen, schlägt er ihn so unsanft zwischen Back' und Ohr, daß ihm Zähne, und Blut und Seele mit eins aus dem Halse stürzen. Zu grausam! Der jachzornige mörderische Achilles wird mir verhaßter, als der tückische knurrende Thersites; das Freudengeschrei, welches die Griechen über diese Tat erheben, beleidiget mich; ich trete auf die Seite des Diomedes, der schon das Schwert zucket, seinen Anverwandten an dem Mörder zu rächen: denn ich empfinde es, daß Thersites auch mein Anverwandter ist, ein Mensch.

Gesetzt aber gar, die Verhetzungen des Thersites wären in Meuterei ausgebrochen, das aufrührerische Volk wäre wirklich zu Schiffe gegangen und hätte seine Heerführer verräterisch zurückgelassen, die Heerführer wären hier einem rachsüchtigen Feinde in die Hände gefallen, und dort hätte ein göttliches Strafgerichte über Flotte und Volk ein gänzliches Verderben verhangen: wie würde uns alsdenn die Häßlichkeit des Thersites erscheinen? Wenn unschädliche Häßlichkeit lächerlich werden kann, so ist schädliche Häßlichkeit allezeit schrecklich. Ich weiß dieses nicht besser zu erläutern, als mit ein paar vortrefflichen Stellen des Shakespeare: Edmund, der Bastard des Grafen von Gloster, im »König Lear«, ist kein geringerer Bösewicht, als Richard, Herzog von Gloucester, der sich durch die abscheulichsten Verbrechen den Weg zum Throne bahnte, den er unter dem Namen Richard der Dritte bestieg. Aber wie kömmt es, daß jener bei weitem nicht so viel Schaudern und Entsetzen erwecket als dieser? Wenn ich den Bastard sagen höre:[1]

1 *King Lear. Act. I. Sc. II.*

Thou, nature, art my goddess, to thy law
My services are bound; wherefore should I
Stand in the plague of custom, and permit
The courtesy of nations to deprive me,
For that I am some twelve, or fourteen moonshines
Lag of a brother? Why bastard? wherefore base?
When my dimensions are as well compact,
My mind as gen'rous, and my shape as true
As honest madam's issue? Why brand they thus
With base? with baseness? bastardy, base? base?
Who, in the lusty stealth of nature, take
More composition and fierce quality,
Than doth, within a dull, stale, tired bed,
Go to creating, a whole tribe of fops,
Got' 'tween a-sleep and wake?
[Natur, du bist mein Gott, deinem Gesetz
Ist all mein Dienst geweiht. Was sollt' ich dulden
Den Fluch vererbter Sitte und gestatten
Daß mich der Völker Eigensinn enterbt,
Weil ich ein zwölf, ein vierzehn Mond' erschien
Nach einem Bruder? Was Bastard? Weshalb unecht?
Wenn meiner Glieder Maß so wohl gefügt,
Mein Sinn so edel und so echt die Bildung
Wie einer feinen Dame Frucht! Warum
Mit unecht uns brandmarken? Bastard? Unecht?
Uns, die im heißen Diebstahl der Natur
Mehr Stoff empfahn und kräftigern Feuergeist,
Als in verdumpftem, trägem, schmalem Bett
Verwandt wird auf ein ganzes Heer von Tröpfen,
Halb zwischen Schlaf gezeugt und Wachen.]

so höre ich einen Teufel, aber ich sehe ihn in der Gestalt eines Engels des Lichts. Höre ich hingegen den Grafen von Gloucester sagen:[1]

1 *The life and death of Richard III. Act. I. Sc. I.*

But I, that am not shap'd for sportive tricks
Nor made to court an am'rous looking-glass,
I, that am rudely stampt, and want love's majesty
To strut before a wanton, ambling nymph;
I, that am curtail'd of this fair proportion,
Cheated of feature by dissembling nature,
Deform'd, unfinish'd, sent before my time
Into this breathing world, scarce half made up,
And that so lamely and unfashionably,
That dogs bark at me, as I halt by them:
Why I (in this weak piping time of peace)
Have no delight to pass away the time;
Unless to spy my shadow in the sun,
And descant on mine own deformity.
And therefore, since I cannot prove a lover,
To entertain these fair well-spoken days,
I am determined, to prove a villain!
[Doch ich, zu Possenspielen nicht gemacht,
Noch um zu buhlen mit verliebten Spiegeln;
Ich, roh geprägt, entblößt, von Liebesmajestät
Vor leicht sich drehnden Nymphen mich zu brüsten:
Ich, um dies schöne Ebenmaß verkürzt,
Von der Natur um Bildung falsch betrogen,
Entstellt, verwahrlost, vor der Zeit gesandt
In diese Welt des Atmens, halb kaum fertig
Gemacht, und zwar so lahm und ungeziemend,
Daß Hunde bellen, hink' ich wo vorbei;
Ich nun, in dieser schlaffen Friedenszeit,
Weiß keine Lust, die Zeit mir zu vertreiben,
Als meinen Schatten in der Sonne spähn
Und meine eigne Mißgestalt erörtern;
Und darum, weil ich nicht als ein Verliebter
Kann kürzen diese fein beredten Tage,
Bin ich gewillt, ein Bösewicht zu werden.]

so höre ich einen Teufel, und sehe einen Teufel; in einer Gestalt, die der Teufel allein haben sollte.

XXIV.

So nutzt der Dichter die Häßlichkeit der Formen: welchen Gebrauch ist dem Maler davon zu machen vergönnet?

Die Malerei, als nachahmende Fertigkeit, kann die Häßlichkeit ausdrücken; die Malerei, als schöne Kunst, will sie nicht ausdrükken. Als jener, gehören ihr alle sichtbare Gegenstände zu; als diese, schließt sie sich nur auf diejenigen sichtbaren Gegenstände ein, welche angenehme Empfindungen erwecken.

Aber gefallen nicht auch die unangenehmen Empfindungen in der Nachahmung? Nicht alle. Ein scharfsinniger Kunstrichter[1] hat dieses bereits von dem Ekel bemerkt. »Die Vorstellungen der Furcht,« sagt er, »der Traurigkeit, des Schreckens, des Mitleids usw. können nur Unlust erregen, insoweit wir das Übel für wirklich halten. Diese können also durch die Erinnerung, daß es ein künstlicher Betrug sei, in angenehme Empfindungen aufgelöset werden. Die widrige Empfindung des Ekels aber erfolgt, vermöge des Gesetzes der Einbildungskraft auf die bloße Vorstellung in der Seele, der Gegenstand mag für wirklich gehalten werden, oder nicht. Was hilft's dem beleidigten Gemüte also, wenn sich die Kunst der Nachahmung noch so sehr verrät? Ihre Unlust entsprang nicht aus der Voraussetzung, daß das Übel wirklich sei, sondern aus der bloßen Vorstellung desselben, und diese ist wirklich da. Die Empfindungen des Ekels sind also allezeit Natur, niemals Nachahmung.«

Eben dieses gilt von der Häßlichkeit der Formen. Diese Häßlichkeit beleidiget unser Gesicht, widerstehet unserm Geschmacke an Ordnung und Übereinstimmung, und erwecket Abscheu, ohne Rücksicht auf die wirkliche Existenz des Gegenstandes, an welchem wir sie wahrnehmen. Wir mögen den Thersites weder in der Natur nach im Bilde sehen; und wenn schon sein Bild weniger

1 Briefe die neueste Literatur betreffend, T. V. S. 102.

mißfällt, so geschieht dieses doch nicht deswegen, weil die Häßlichkeit seiner Form in der Nachahmung Häßlichkeit zu sein aufhöret, sondern weil wir das Vermögen besitzen, von dieser Häßlichkeit zu abstrahieren, und uns bloß an der Kunst des Malers zu vergnügen. Aber auch dieses Vergnügen wird alle Augenblicke durch die Überlegung unterbrochen, wie übel die Kunst angewendet worden, und diese Überlegung wird selten fehlen, die Geringschätzung des Künstlers nach sich zu ziehen.

Aristoteles gibt eine andere Ursache an,[1] warum Dinge, die wir in der Natur mit Widerwillen erblicken, auch in der getreuesten Abbildung Vergnügen gewähren; die allgemeine Wißbegierde des Menschen. Wir freuen uns, wenn wir entweder aus der Abbildung lernen können, τι ἑκαστον, was ein jedes Ding ist, oder wenn wir daraus schließen können, ὁτι οὑτος ἐκεινος, daß es dieses oder jenes ist. Allein auch hieraus folget, zum Besten der Häßlichkeit in der Nachahmung, nichts. Das Vergnügen, welches aus der Befriedigung unserer Wißbegierde entspringt, ist momentan, und dem Gegenstande, über welchen sie befriediget wird, nur zufällig; das Mißvergnügen hingegen, welches den Anblick der Häßlichkeit begleitet, permanent, und dem Gegenstande, der es erweckt, wesentlich. Wie kann also jenes diesem das Gleichgewicht halten? Noch weniger kann die kleine angenehme Beschäftigung, welche uns die Bemerkung der Ähnlichkeit macht, die unangenehme Wirkung der Häßlichkeit besiegen. Je genauer ich das häßliche Nachbild mit dem häßlichen Urbilde vergleiche, desto mehr stelle ich mich dieser Wirkung bloß, so daß das Vergnügen der Vergleichung gar bald verschwindet, und mir nichts als der widrige Eindruck der verdoppelten Häßlichkeit übrig bleibet. Nach den Beispielen, welche Aristoteles gibt, zu urteilen, scheinet es, als habe er auch selbst die Häßlichkeit der Formen nicht mit zu den mißfälligen Gegenständen rechnen wollen, die in der Nachahmung gefallen können. Diese Beispiele sind: reißende Tiere und Leichname. Reißende Tiere erregen Schrek-

1 *De poetica cap. IV.*

ken, wenn sie auch nicht häßlich sind; und dieses Schrecken, nicht ihre Häßlichkeit, ist es, was durch die Nachahmung in angenehme Empfindung aufgelöset wird. So auch mit den Leichnamen; das schärfere Gefühl des Mitleids, die schrecktliche Erinnerung an unsere eigene Vernichtung ist es, welche uns einen Leichnam in der Natur zu einem widrigen Gegenstande macht; in der Nachahmung aber verlieret jenes Mitleid, durch die Überzeugung des Betrugs, das Schneidende, und von dieser fatalen Erinnerung kann uns ein Zusatz von schmeichelhaften Umständen entweder gänzlich abziehen, oder sich so unzertrennlich mit ihr vereinen, daß wir mehr Wünschenswürdiges als Schreckliches darin zu bemerken glauben.

Da also die Häßlichkeit der Formen, weil die Empfindung, welche sie erregt, unangenehm, und doch nicht von derjenigen Art unangenehmer Empfindungen ist, welche sich durch die Nachahmung in angenehme verwandeln, an und vor sich selbst kein Vorwurf der Malerei, als schöner Kunst, sein kann: so käme es noch darauf an, ob sie ihr, nicht ebensowohl wie der Poesie, als Ingrediens, um andere Empfindungen zu verstärken, nützlich sein könne.

Darf die Malerei, zu Erreichung des Lächerlichen und Schrecklichen, sich häßlicher Formen bedienen?

Ich will es nicht wagen, so gradezu mit Nein hierauf zu antworten. Es ist unleugbar, daß unschädliche Häßlichkeit auch in der Malerei lächerlich werden kann; besonders wenn eine Affektation nach Reiz und Ansehen damit verbunden wird. Es ist ebenso unstreitig, daß schädliche Häßlichkeit, so wie in der Natur, also auch im Gemälde Schrecken erwecket; und daß jenes Lächerliche und dieses Schreckliche, welches schon vor sich vermischte Empfindungen sind, durch die Nachahmung einen neuen Grad von Anzüglichkeit und Vergnügung erlangen.

Ich muß aber zu bedenken geben, daß demohngeachtet sich die Malerei hier nicht völlig mit der Poesie in gleichem Falle befindet. In der Poesie, wie ich angemerket, verlieret die Häßlichkeit der Form, durch die Veränderung ihrer koexistierenden Teile in sukzessive, ihre widrige Wirkung fast gänzlich; sie höret von dieser Seite gleichsam auf, Häßlichkeit zu sein, und kann sich daher mit andern Erscheinungen desto inniger verbinden, um eine neue besondere Wirkung hervorzubringen. In der Malerei hingegen hat die Häßlichkeit alle ihre Kräfte beisammen, und wirket nicht viel schwächer, als in der Natur selbst. Unschädliche Häßlichkeit kann folglich nicht wohl lange lächerlich bleiben; die unangenehme Empfindung gewinnet die Oberhand, und was in den ersten Augenblicken possierlich war, wird in der Folge bloß abscheulich. Nicht anders gehet es mit der schädlichen Häßlichkeit; das Schreckliche verliert sich nach und nach, und das Unförmliche bleibt allein und unveränderlich zurück.

Dieses überlegt, hatte der Graf Caylus vollkommen recht, die Episode des Thersites aus der Reihe seiner Homerischen Gemälde wegzulassen. Aber hat man darum auch recht, sie aus dem Homer selbst wegzuwünschen? Ich finde ungern, daß ein Gelehrter, von sonst sehr richtigem und feinem Geschmacke, dieser Meinung ist.[1] Ich verspare es auf einen andern Ort, mich weitläuftiger darüber zu erklären.

XXV.

Auch der zweite Unterschied, welchen der angeführte Kunstrichter zwischen dem Ekel und andern unangenehmen Leidenschaften der Seele findet, äußert sich bei der Unlust, welche die Häßlichkeit der Formen in uns erwecket.

»Andere unangenehme Leidenschaften«, sagt er,[2] »können auch außer der Nachahmung, in der Natur selbst, dem Gemüte öfters schmeicheln, indem sie niemals reine Unlust erregen, sondern ihre Bitterkeit allezeit mit Wollust vermischen. Unsere Furcht ist selten von aller Hoffnung entblößt; der Schrecken belebt alle unsere Kräfte, der Gefahr auszuweichen; der Zorn ist mit der Begierde sich zu rächen, die Traurigkeit mit der angenehmen Vorstellung der vorigen Glückseligkeit verknüpft, und das Mit-

1 *Klotzii epistolae Homericae, p. 32. et seq.*
2 Ebendaselbst S. 103.

leiden ist von den zärtlichen Empfindungen der Liebe und Zuneigung unzertrennlich. Die Seele hat die Freiheit, sich bald bei dem vergnüglichen, bald bei dem widrigen Teile einer Leidenschaft zu verweilen, und sich eine Vermischung von Lust und Unlust selbst zu schaffen, die reizender ist, als das lauterste Vergnügen. Es braucht nur sehr wenig Achtsamkeit auf sich selber, um dieses vielfältig beobachtet zu haben; und woher käme es denn sonst, daß dem Zornigen sein Zorn, dem Traurigen seine Unmut lieber ist, als alle freudige Vorstellungen, dadurch man ihn zu beruhigen gedenket? Ganz anders aber verhält es sich mit dem Ekel und den ihm verwandten Empfindungen. Die Seele erkennet in demselben keine merkliche Vermischung von Lust. Das Mißvergnügen gewinnet die Oberhand, und daher ist kein Zustand, weder in der Natur noch in der Nachahmung, zu erdenken, in welchem das Gemüt nicht von diesen Vorstellungen mit Widerwillen zurückweichen sollte.«

Vollkommen richtig; aber da der Kunstrichter selbst, noch andere mit dem Ekel verwandten Empfindungen erkennet, die gleichfalls nichts als Unlust gewähren, welche kann ihm näher verwandt sein, als die Empfindung des Häßlichen in den Formen? Auch diese ist in der Natur ohne die geringste Mischung von Lust; und da sie deren ebensowenig durch die Nachahmung fähig wird, so ist auch von ihr kein Zustand zu erdenken, in welchem das Gemüt von ihrer Vorstellung nicht mit Widerwillen zurückweichen sollte.

Ja dieser Widerwille, wenn ich anders mein Gefühl sorgfältig genug untersucht habe, ist gänzlich von der Natur des Ekels. Die Empfindung, welche die Häßlichkeit der Form begleitet, ist Ekel, nur in einem geringern Grade. Dieses streitet zwar mit einer andern Anmerkung des Kunstrichters, nach welcher er nur die allerdunkelsten Sinne, den Geschmack, den Geruch und das Gefühl, dem Ekel ausgesetzet zu sein glaubet. »Jene beide«, sagt er, »durch eine übermäßige Süßigkeit, und dieses durch eine allzugroße Weichheit der Körper, die den berührenden Fibern nicht genugsam widerstehen. Diese Gegenstände werden sodann auch dem Gesichte unerträglich, aber bloß durch die Assoziation der Begriffe, indem wir uns des Widerwillens erinnern, den sie dem Geschmacke, dem Geruche oder dem Gefühle verursachen. Denn eigentlich zu reden, gibt es keine Gegenstände des Ekels für das Gesicht.« Doch mich dünkt, es lassen sich dergleichen allerdings nennen. Ein Feuermal in dem Gesichte, eine Hasenscharte, eine gepletschte Nase mit vorragenden Löchern, ein gänzlicher Mangel der Augenbraunen, sind Häßlichkeiten, die weder dem Geruche, noch dem Geschmacke, noch dem Gefühle zuwider sein können. Gleichwohl ist es gewiß, daß wir etwas dabei empfinden, welches dem Ekel schon viel näher kömmt, als das, was uns andere Unförmlichkeiten des Körpers, ein krummer Fuß, ein hoher Rücken, empfinden lassen; je zärtlicher das Temperament ist, desto mehr werden wir von den Bewegungen in dem Körper dabei fühlen, welche vor dem Erbrechen vorhergehen. Nur daß diese Bewegungen sich sehr bald wieder verlieren, und schwerlich ein wirkliches Erbrechen erfolgen kann; wovon man allerdings die Ursache darin zu suchen hat, daß es Gegenstände des Gesichts sind, welches in ihnen, und mit ihnen zugleich, eine Menge Realitäten wahrnimmt, durch deren angenehme Vorstellungen jene unangenehme so geschwächt und verdunkelt wird, daß sie keinen merklichen Einfluß auf den Körper haben kann. Die dunkeln Sinne hingegen, der Geschmack, der Geruch, das Gefühl, können dergleichen Realitäten, indem sie von etwas Widerwärtigem gerühret werden, nicht mitbemerken; das Widerwärtige wirkt folglich allein und in seiner ganzen Stärke, und kann nicht anders als auch in dem Körper von einer weit heftigern Erschütterung begleitet sein.

Übrigens verhält sich auch zur Nachahmung das Ekelhafte vollkommen so, wie das Häßliche. Ja, da seine unangenehme Wirkung die heftigere ist, so kann es noch weniger als das Häßliche an und vor sich selbst ein Gegenstand weder der Poesie, noch der Malerei werden. Nur weil es ebenfalls durch den wörtlichen Ausdruck sehr gemildert wird, getrauete ich mich doch wohl zu behaupten, daß der Dichter, wenigstens einige ekelhafte Züge, als ein Ingrediens zu den nämlichen vermischten Empfindungen brauchen könne, die er durch das Häßliche mit so gutem Erfolge verstärket.

Das Ekelhafte kann das Lächerliche vermehren; oder Vorstellungen der Würde, des Anstandes, mit dem Ekelhaften in Kontrast gesetzet, werden lächerlich. Exempel hiervon lassen sich bei dem Aristophanes in Menge finden. Das Wiesel fällt mir ein, welches den guten Sokrates in seinen astronomischen Beschauungen unterbrach.[1]

ΜΑΘ. Πρωην δε γε γνωμην μεγαλην ἀφηρεθη
Ὑπ᾽ ἀσκαλαβωτου. ΣΤΡ. Τινα τροπον; κατειπε μοι.
ΜΑΘ. Ζητουντος αὐτου της σεληνης τας ὁδους
Και τας περιφορας, εἰτ᾽ ἀνω κεχηνοτος
᾽Απο της ὀροφης νυκτωρ γαλεωτης κατεχεσεν.
ΣΤΡ. Ἡσθην γαλεωτῃ καταχεσαντι Σωκρατους.
[Schüler: Doch neulich ward ihm ein großer Gedank'
hinweggeschnappt. Von einem Eidex.
Strepsiades: Wie denn so? Erzähle mir.
Schüler: Da jener einst des Mondes Wandel spähete,
Und seinen Umlauf, jetzt, wie er aufsah offnen Mauls,
Von dem Dach im Dunkel hatt' ihn der Eidex überkackt.
Strepsiades: Spaßhaft! ein Eidex überkackt den Sokrates!]

Man lasse es nicht ekelhaft sein, was ihm in den offenen Mund fällt, und das Lächerliche ist verschwunden. Die drolligsten Züge von dieser Art hat die hottentottische Erzählung: Tquassouw und Knonmquaiha, in dem »Kenner«, einer englischen Wochenschrift voller Laune, die man dem Lord Chesterfield zuschreibet. Man weiß, wie schmutzig die Hottentotten sind; und wie vieles sie für schön und zierlich und heilig halten, was uns Ekel und Abscheu erwecket. Ein gequetschter Knorpel von Nase, schlappe bis auf den Nabel herabhangende Brüste, den ganzen Körper mit einer Schminke aus Ziegenfett und Ruß an der Sonne durch-

1 *Nubes v. 169–174.*

beizet, die Haarlocken von Schmer triefend, Füße und Arme mit frischem Gedärme umwunden: dies denke man sich an dem Gegenstande einer feurigen, ehrfurchtsvollen, zärtlichen Liebe; dies höre man in der edeln Sprache des Ernstes und der Bewunderung ausgedrückt, und enthalte sich des Lachens![1]

1 *The Connoisseur, Vol. I. No. 21.* Von der Schönheit der Knonmquaiha heißt es: *He was struck with the glossy hue of her complexion, which shone like the jetty down on the black hogs of Hessaqua; he was revished with the prest gristle of her nose; and his eys dwelt with admiration on the flaccid beauties of her breasts, which descended to her navel.* Und was trug die Kunst bei, so viel Reize in ihr vorteilhaftes Licht zu setzen? *She made a varnish of the fat of goats mixed with soot, with which she anointed her whole body, as she stood beneath the rays of the sun; her locks were clotted with melted grease, and powdered with the yellow dust of Buchu; her face, which shone like the polished ebony, was beautifully varied with spots of red earth, and appeared like the sable curtain of the night bespangled with stars: she sprinkled her limbs with woodashes, and perfumet them with the dung of Stinkbingsem. Her arms and legs were entwined with the shining entrails of an heifer: from her neck there hung a pouch composed of the stomach of a kid: the wings of an ostrich overshadowed the fleshy promontories behind; and before she wore an apron formed of the shaggy ears of a lion* [Er war hingerissen von dem gleißenden Schmelz ihres Teints, der da leuchtete wie der Gagatflaum der schwarzen Ferkel von Hessaqua; er war von dem netten Knorpel ihrer Nase entzückt, und seine Augen verweilten mit Bewunderung auf den schlotterigen Schönheiten ihrer Brüste, welche ihr bis zum Nabel herabhingen. Sie bereitete einen Firnis von Ziegenfett und Ruß, mit dem sie ihren ganzen Leib salbte, während sie an der Sonne stand. Ihre Locken waren mit ausgelassenem Schmeer verklebt und mit dem gelben Staube des Buchu gepudert, ihr Antlitz, das gleich dem polierten Ebenholz erglänzte, war mit Tupfen von roter Erde herrlich gesprenkelt und sah aus wie der schwarze, mit Sternen gezierte Mantel der Nacht; sie bestreute ihre Glieder mit Holzasche und parfümierte sich mit dem Miste des Stinkbisam. Ihre Arme und Beine waren mit dem glänzenden Eingeweide einer Färse umwunden, von ihrem Hals hing ein Beutel herab, der aus dem Magen eines Böckleins bereitet war, die Flügel eines Straußes überschatteten die hinteren fleischigen Wölbungen, und vorn trug sie eine Schürze, die aus den zottigen Ohren eines Löwen gemacht war]. Ich füge noch die Zeremonie der Zusammengebung des verliebten Paares hinzu: *The Surri or chief priest approached them, and in a deep voice chanted the nuptial rites to the melodious grumbling of the Gom-Gom; and at the same time (according to the manner of Caffraria) bedowed them plentifully with the urinary benediction. The bride and bridegroom rubbed in the precious stream with extasy, while the briny drops trikled from their bodies; like the oozy surge from the rocks of Chirigriqua* [Der Surri oder Oberpriester brachte sie zusammen und sang mit tiefer Stimme den Hochzeitsgesang unter dem melodischen Brummen eines Gom-Gom; und gleichzeitig benetzte er sie (nach der Sitte von Caffraria) mit dem Urinsegen, Braut und Bräutigam rieben mit Entzücken die kostbare Flüssigkeit ein, während die salzigen Tropfen von ihrem Körper herabträufelten wie die schlammigen Wogen von den Felsen Chirigriquas].

Mit dem Schrecklichen scheinet sich das Ekelhafte noch inniger vermischen zu können. Was wir das Gräßliche nennen, ist nichts als ein ekelhaftes Schreckliche. Dem Longin[1] mißfällt zwar in dem Bilde der Traurigkeit beim Hesiodus[2] das Της ἐκ μεν ρινων μυξαι ῥεον; doch mich dünkt, nicht sowohl weil es ein ekler Zug ist, als weil es ein bloß ekler Zug ist, der zum Schrecklichen nichts beiträgt. Denn die langen über die Finger hervorragenden Nägel (μακροι δ' ὀνυχες χειρεσσιν ὑπησαν) scheinet er nicht tadeln zu wollen. Gleichwohl sind lange Nägel nicht viel weniger ekel, als eine fließende Nase. Aber die langen Nägel sind zugleich schrecklich; denn sie sind es, welche die Wangen zerfleischen, daß das Blut davon auf die Erde rinnet:

– – – – ἐκ δε παρειων
Αἶμ' ἀπελειβετ' ἐραζε – – –

Hingegen eine fließende Nase, ist weiter nichts als eine fließende Nase; und ich rate der Traurigkeit nur, das Maul zuzumachen. Man lese bei dem Sophokles die Beschreibung der öden Höhle des unglücklichen Philoktet. Da ist nichts von Lebensmitteln, nichts von Bequemlichkeiten zu sehen; außer eine zertretene Streu von dürren Blättern, ein unförmlicher hölzerner Becher, ein Feuergerät. Der ganze Reichtum des kranken verlassenen Mannes! Womit vollendet der Dichter dieses traurige fürchterliche Gemälde. Mit einem Zusatze von Ekel. »Ha!« fährt Neoptolem auf einmal zusammen, »hier trockenen zerrissene Lappen voll Blut und Eiter!« [3]

ΝΕ. Ὁρω κενην οἰκησιν ἀνθρωπων διχα.
ΟΔ. Οὐδ' ἐνδον οἰκοποιος ἐστι τις τροφη;
ΝΕ. Στειπτη γε φυλλας ὡς ἐναυλιζοντι τῳ.
ΟΔ. Τα δ' ἀλλ' ἐρημα, κοὐδεν ἐσθ' ὑποστεγον;

1 Περι ὑψους, τμημα ή, *p. 18. edit. T. Fabri.*
2 *Scut Hercul. v. 266.*
3 *Philoct. v. 31–39.*

NE. Αὐτοξυλον γ᾽ ἐκπωμα, φαυλουργου τινος
Τεχνηματ᾽ ἀνδρος; και πυρει᾽ ὁμου ταδε.
ΟΔ. Κεινου το θησαυρισμα σημαινεις τοδε.
NE. ᾽Ιου, ἰου· και ταυτα γ᾽ ἀλλα θαλπεται
῾Ρακη, βαρειας του νοσηλειας πλεα.

[Neoptolem: Nichts seh' ich, nein, kein Mensch bewohnt den Ort.
Ulyss: Ist nichts denn drin von nöt'gem Hausgerät?
Neoptolem: Ein Blätterhaufen, eingedrückt zum Pfühl.
Ulyss: Und alles leer sonst? Weiter kein Gerät?
Neoptolem: Ein hölzern Trinkgeschirr, ganz schlecht geformt
Und ohne Kunst. – Sieh da! und Feuerzeug.
Ulyss: Fürwahr, das ist die Habe jenes Manns.
Neoptolem: Doch halt! da liegen Kleider an dem Feuer,
Zerlumpt und voll von blut'ger Wunden Spuren.]

So wird auch beim Homer der geschleifte Hektor, durch das von Blut und Staub entstellte Gesicht, und zusammenverklebte Haar,

Squallentem barbam et concretos sanguine crines,
[Struppig starrte der Bart, verklebt die blutigen Haare],

(wie es Virgil ausdrückt)[1] ein ekler Gegenstand, aber eben dadurch um so viel schrecktlicher, um so viel rührender. Wer kann die Strafe des Marsyas, beim Ovid, sich ohne Empfindung des Ekels denken?[2]

Clamanti cutis est summos derepta per artus:
Nec quidquam, nisi vulnus erat: cruor undique manat:
Detectique patent nervi: trepidaeque sine ulla
Pelle micant venae: salientia viscera possis,
Et perlucentes numerare in pectore fibras.

[Während er schreit, ist die Haut ihm über die Glieder gezogen
Wunden bedecken ihn ganz, und das Blut strömt über und über.
Offen und bloß sind die Nerven zu sehn; die zuckenden Adern

1 *Aeneid. lib. II. v. 277.*
2 *Metamorph. VI. v. 387.*

Schlagen, der Hülle beraubt, und die wallend bewegten Geweide
Konnte man zählen genau und der Brust
durchscheinende Fasern.]

Aber wer empfindet auch nicht, daß das Ekelhafte hier an seiner Stelle ist? Es macht das Schreckliche gräßlich; und das Gräßliche ist selbst in der Natur, wenn unser Mitleid dabei interessieret wird, nicht ganz unangenehm; wie viel weniger in der Nachahmung? Ich will die Exempel nicht häufen. Doch dieses muß ich noch anmerken, daß es eine Art von Schrecklichem gibt, zu dem der Weg dem Dichter fast einzig und allein durch das Ekelhafte offen stehet. Es ist das Schreckliche des Hungers. Selbst im gemeinen Leben drucken wir die äußerste Hungersnot nicht anders als durch die Erzählungen aller der unnahrhaften, ungesunden und besonders ekeln Dinge aus, mit welchen der Magen befriediget werden müssen. Da die Nachahmung nichts von dem Gefühle des Hungers selbst in uns erregen kann, so nimmt sie zu einem andern unangenehmen Gefühle ihre Zuflucht, welches wir im Falle des empfindlichsten Hungers für das kleinere Übel erkennen. Dieses sucht sie zu erregen, um uns aus der Unlust desselben schließen zu lassen, wie stark jene Unlust sein müsse, bei der wir die gegenwärtige gern aus der Acht schlagen würden. Ovid sagt von der Oreade, welche Ceres an den Hunger abschickte:[1]

Hanc (famem) procul ut vidit – –
– refert mandata deae; paulumque morata,
Quanquam aberat longe, quanquam modo venerat illuc,
Visa tamen sensisse famem – – –

[Wie sie von fern den sah – – –
Tat sie der Göttin Geheiß ihm kund, und nach kurzem Verweilen,
Ob auch ferne sie stand, ob auch kaum erst sie gekommen,
Spürete Hunger sie doch.]

1 *Ibid. lib. VIII. v. 809.*

Eine unnatürliche Übertreibung! Der Anblick eines Hungrigen, und wenn es auch der Hunger selbst wäre, hat diese ansteckende Kraft nicht; Erbarmen, und Greul, und Ekel, kann er empfinden lassen, aber keinen Hunger. Diesen Greul hat Ovid in dem Gemälde der Fames nicht gesparet, und in dem Hunger des Eresichthons sind, sowohl bei ihm, als bei dem Kallimachus,[1] die ekelhaften Züge die stärksten. Nachdem Eresichthon alles aufgezehret, und auch der Opferkuh nicht verschonet hatte, die seine Mutter der Vesta auffütterte, läßt ihn Kallimachus über Pferde und Katzen herfallen, und auf den Straßen die Brocken und schmutzigen Überbleibsel von fremden Tischen betteln:

Και ταν βων ἐφαγεν, ταν Ἑστιᾳ ἐτρεφε ματηρ,
Και τον ἀεθλοφορον και τον πολεμηιον ἱππον,
Και ταν αἰλουρον, ταν ἐτρεμε θηρια μικκα –
Και τοθ' ὁ τω βασιληος ἐνι τριοδοισι καθηστο
Αἰτιζων ἀκολως τε και ἐκβολα λυματα δαιτος –

[Und er verzehrte die Kuh, die der Hestia pflegte die Mutter,
Sowie den Wettpreisrenner, zugleich mit dem krieg'rischen Rosse,
Und auch die Katze sodann, der die kleineren Tiere gezittert.
Dann saß dieser, der Sprößling des Königs, nieder am Dreiweg,
Bettelnd um Brocken allda, und des Mahles
verworfenen Abfall.]

Und Ovid läßt ihn zuletzt die Zähne in seine eigene Glieder setzen, um seinen Leib mit seinem Leibe zu nähren.

Vis tamen illa mali postquam consumserat omnem
Materiam – – – – –
Ipse suos artus lacero divellere morsu
Coepit; et infelix minuendo corpus alebat.

[Aber nachdem der Plage Gewalt nun jeglichen Vorrat
Hatte verzehrt, – – – – –

1 *Hym. in Cererem. v. 109–116.*

Riß mit zerfleischendem Biß von den eigenen Gliedern der Arme
Stücke sich ab und ernährte den Leib durch seine
Verminderung.]

Nur darum waren die häßlichen Harpyen so stinkend, so unflätig, daß der Hunger, welchen ihre Entführung der Speisen bewirken sollte, desto schrecklicher würde. Man höre die Klage des Phineus, beim Apollonius:[1]

Τυτθον δ' ἡν ἀρα δη ποτ' ἐδητυος ἀμμι λιπωσι,
Πνει τοδε μυδαλεον τε και ου τλητον μενος ὀδμης.
Οὐ κε τις οὐδε μινυνθα βροτων ἀνσχοιτο πελασσας,
Οὐδ' εἰ οἱ ἀδαμαντος ἐληλαμενον κεαρ εἰη.
'Αλλα με πικρη δητα κε δαιτος ἐπισχει ἀναγκη
Μιμνειν, και μιμνοντα κακῃ ἐν γαστερι θεσθαι.
[Wenn sie auch nur ein wenig vom Mahle mir übrig gelassen,
Haucht es entsetzlichen Dunst von unerträglicher Stärke,
Auch nicht ein Weilchen könnte sich ihm ein Sterblicher nahen,
Auch nicht, wenn sein Herz aus Stahl geschmiedet ihm wäre.
Aber mich zwingt die bittere Not und der Hunger nach Speise
Auszuharren und so den verwünschten Magen zu füllen.]

Ich möchte gern aus diesem Gesichtspunkte die ekele Einführung der Harpyen beim Virgil entschuldigen; aber es ist kein wirklicher gegenwärtiger Hunger, den sie verursachen, sondern nur ein instehender, den sie prophezeien; und noch dazu löset sich die ganze Prophezeiung endlich in ein Wortspiel auf. Auch Dante bereitet uns nicht nur auf die Geschichte von der Verhungerung des Ugolino, durch die ekelhafteste, gräßlichste Stellung, in die er ihn mit seinem ehemaligen Verfolger in der Hölle setzet; sondern auch die Verhungerung selbst ist nicht ohne Züge des Ekels, der uns besonders da sehr merklich überfällt, wo sich die Söhne dem Vater zur Speise anbieten. In der Note will ich noch eine Stelle aus einem Schauspiele von Beaumont und Fletcher anfüh-

1 *Argonaut. lib. II. v. 228–33.*

ren, die statt aller andern Beispiele hätte sein können, wenn ich sie nicht für ein wenig zu übertrieben erkennen müßte.[1]

1 *The Sea-Voyage Act. III. Sc. 1.* Ein französischer Seeräuber wird mit seinem Schiffe an eine wüste Insel verschlagen. Habsucht und Neid entzweien seine Leute und schaffen ein paar Elenden, welche auf dieser Insel geraume Zeit der äußersten Not ausgesetzt gewesen, Gelegenheit, mit dem Schiffe in die See zu stechen. Alles Vorrates an Lebensmitteln sonach auf einmal beraubet, sehen jene Nichtswürdige gar bald den schmählichsten Tod vor Augen, und einer drückt gegen den andern seinen Hunger und seine Verzweiflung folgendergestalt aus:

LAMURE *Oh, what a tempest have I in my stomach! / How my empty guts cry out! My wounds ake, / Would they would bleed again, that I might get / Something to quench my thirst.*

FRANVILLE O *Lamure, the happiness my dogs had / When I kept house at home / They had a storehouse, / A storehouse of most blessed bones and crusts, / Happy crusts. Oh, how sharp hunger pinches me! –*

LAMURE *How now, what news?*

MORILLAT *Hast any meat yet?*

FRANVILLE *Not a bit that I can see, / Here be goodly quarries, but they be cruel hard / To gnaw: I ha' got some mud, we'll eat it with spoons, / Very good thick mud; but it stinks damnably, / There's old rotten trunks of trees too, / But not a leaf nor blossom in all the island.*

LAMURE *How it looks!*

MORILLAT *It stinks too.*

LAMURE *It may be poison.*

FRANVILLE *Let it be any thing; / So I can get it down. Why man, / Poison's a princely dish.*

MORILLAT *Hast thou no bisket? / No crumbs left in thy pocket? Here is my doublet, / Give me but three small crumbs.*

FRANVILLE *Not for three kingdoms, / If I were master of 'em. Oh, Lamure, / But one poor joint of mutton, we ha' scorn'd, man.*

LAMURE *Thou speak'st of paradise; / Or but the snuffs of those healths, / We have lewdly at midnight flang away.*

MORILLAT *Ah! but to lick the glasses.*

Doch alles dieses ist noch nichts gegen den folgenden Auftritt, wo der Schiffschirurgus dazu kömmt.

FRANVILLE *Here comes the surgeon. What / Hast thou discover'd? Smile, smile and comfort us.*

SURGEON *I am expiring, / Smile they that can. I can find nothing, gentlemen, / Here 's nothing can be meat, without a miracle / Oh that I had my boxes and my lints now, / My stupes, my tents, and those sweet helps of nature, / What dainty dishes could I make of 'em.*

MORILLAT *Hast ne'er an old suppository?*

SURGEON *Oh would I had, sir.*

LAMURE *Or but the paper where such a cordial / Potion, or pills hath been entomb'd?*

FRANVILLE *Or the best bladder where a cooling-glister.*

MORILLAT *Hast thou no searcloths left? / Nor any old pultesses?*

Ich komme auf die ekelhaften Gegenstände in der Malerei. Wenn es auch schon ganz unstreitig wäre, daß es eigentlich gar keine ekelhafte Gegenstände für das Gesicht gäbe, von welchen es sich von sich selbst verstünde, daß die Malerei, als schöne Kunst, ihrer entsagen würde: so müßte sie dennoch die ekelhaften Gegenstände überhaupt vermeiden, weil die Verbindung der Begriffe sie auch dem Gesichte ekel macht. Pordenone läßt, in einem Gemälde von dem Begräbnisse Christi, einen von den Anwesenden

FRANVILLE *We care not to what it hath been ministred.*
SURGEON *Sure I have none of these dainties, gentlemen.*
FRANVILLE *Where's the great wen / Thou cut'st from Hugh the sailor's shoulder? / That would serve now for a most princely banquet.*
SURGEON *Ay if we had it, gentlemen. / I flung it over-bord, slave that I was.*
LAMURE *A most improvident villain.*
[LAMURE Welch Ungewitter tobt in meinem Magen! / Wie schrein die leeren Därme! Meine Wunden schmerzen; / O daß sie nur noch einmal bluten möchten, / O hätt ich etwas meinen Durst zu löschen!
FRANVILLE Welch gutes Leben hatten meine Hunde / Daheim in meinem Haus, ein Magazin, / Ein Magazin von schönen Knochen, Krusten, / Kostbaren Krusten! o wie kneipt der Hunger! . . .
LAMURE Wie steht es?
MORILLAT Hast du Essen aufgefunden? / Nicht einen Bissen kann ich hier erspähn. / Zwar gibt's die besten Steine, doch sie sind / Zu hart zum Nagen: etwas Schlamm auch holt' ich, / Mit Löffeln zu verzehren, guten dicken Schlamm, / Allein er stinkt verflucht: auch alte faule Strünke, / Sonst wächst nicht Laub noch Blüt' auf dieser Insel.
LAMURE Wie sieht es aus?
MORILLAT Es stinkt auch.
LAMURE Es mag wohl Gift sein.
FRANVILLE Sei's was es will, wenn's nur hinuntergeht! / Ei, guter Freund, Gift ist ein fürstlich Essen!
MORILLAT Hast du nicht etwas Zwieback, keine Krumen / In deiner Tasche? hier, da nimm mein Wams, / Und gib mir nur dafür drei kleine Krümchen.
FRANVILLE Nicht für drei Königreich, wenn ich sie hätte. / Lamure, o nur ein ärmlich Schöpsenstückchen, / Das wir verschmähten!
LAMURE Du sprichst vom Paradies.
FRANVILLE O nur den Hefen von den Freundschaftsbechern, / Die wir zur Nacht aus Übermut verschüttet.
MORILLAT O, nur die Gläser, um sie abzulecken.
– – – – – – –
FRANVILLE Hier kömmt der Wundarzt, was hast du entdeckt? / O lächle, lächl' und tröst' uns.
WUNDARZT Ich verschmachte, / Jetzt lächle, wer noch kann! ich finde nichts, / Nichts kann uns Nahrung werden ohne Wunder; / O hätt' ich meine Büchsen, meine Lein-

die Nase sich zuhalten. Richardson mißbilliget dieses deswegen,[1] weil Christus noch nicht so lange tot gewesen, daß sein Leichnam in Fäulung übergehen können. Bei der Auferweckung des Lazarus hingegen, glaubt er, sei es dem Maler erlaubt, von den Umstehenden einige so zu zeigen, weil es die Geschichte ausdrücklich sage, daß sein Körper schon gerochen habe. Mich dünkt diese Vorstellung auch hier unerträglich; denn nicht bloß der wirkliche Gestank, auch schon die Idee des Gestankes erwecket Ekel. Wir fliehen stinkende Orte, wenn wir schon den Schnupfen haben. Doch die Malerei will das Ekelhafte, nicht des Ekelhaften wegen; sie will es, so wie die Poesie, um das Lächerliche und Schreckliche dadurch zu verstärken. Auf ihre Gefahr! Was ich aber von dem Häßlichen in diesem Falle angemerkt habe, gilt von dem Ekelhaften um so viel mehr. Es verlieret in einer sichtbaren Nachahmung von seiner Wirkung ungleich weniger, als in einer hörbaren; es kann sich also auch dort mit den Bestandteilen des Lächerlichen und Schrecklichen weniger innig vermischen, als hier; sobald die Überraschung vorbei, sobald der erste gierige Blick gesättiget, trennet es sich wiederum gänzlich, und liegt in seiner eigenen kruden Gestalt da.

wand, / Bählappen, meine Wieken, und die andern / Wohltätigen Gehülfen der Natur, / Welch leckres Mahl wollt' ich daraus bereiten!

MORILLAT Hast du keinen alten Stuhlzapf?

WUNDARZT Möcht ich's, Herr!

LAMURE Nicht ein Papier, in welchem so ein Labsal / Wie Pulver, Pillen, eingekerkert lagen?

FRANVILLE Die Blase, die ein kühlendes Klistier –

MORILLAT Hast du kein Pflaster, keinen alten Umschlag?

FRANVILLE Uns kümmert nicht, wozu es einst gedient.

WUNDARZT Ich habe nichts von solchen Leckerbissen, / Ihr Herrn.

FRANVILLE Wo blieb der große Wulst, den du / Hugh, dem Matrosen, von der Schulter schnittest! / Das wäre jetzt ein rechter Fürstenschmaus.

WUNDARZT Ja, wenn wir den noch hätten, meine Herren, / Ich warf ihn über Bord, ich Eselskopf!

LAMURE Du unbedachter Schurke!]

1 *Richardson de la peinture T. I. p. 74.*

XXVI.

Des Herrn Winckelmanns »Geschichte der Kunst des Altertums« ist erschienen. Ich wage keinen Schritt weiter, ohne dieses Werk gelesen zu haben. Bloß aus allgemeinen Begriffen über die Kunst vernünfteln, kann zu Grillen verführen, die man über lang oder kurz, zu seiner Beschämung, in den Werken der Kunst widerlegt findet. Auch die Alten kannten die Bande, welche die Malerei und Poesie miteinander verknüpfen, und sie werden sie nicht enger zugezogen haben, als es beiden zuträglich ist. Was ihre Künstler getan, wird mich lehren, was die Künstler überhaupt tun sollen; und wo so ein Mann die Fackel der Geschichte vorträgt, kann die Spekulation kühnlich nachtreten.

Man pfleget in einem wichtigen Werke zu blättern, ehe man es ernstlich zu lesen anfängt. Meine Neugierde war, vor allen Dingen des Verfassers Meinung von dem Laokoon zu wissen; nicht zwar von der Kunst des Werkes, über welche er sich schon anderwärts erkläret hat, als nur von dem Alter desselben. Wem tritt er darüber bei? Denen, welchen Virgil die Gruppe vor Augen gehabt zu haben scheinet? Oder denen, welche die Künstler dem Dichter nacharbeiten lassen?

Es ist sehr nach meinem Geschmacke, daß er von einer gegenseitigen Nachahmung gänzlich schweiget. Wo ist die absolute Notwendigkeit derselben? Es ist gar nicht unmöglich, daß die Ähnlichkeiten, die ich oben zwischen dem poetischen Gemälde und dem Kunstwerke in Erwägung gezogen habe, zufällige und nicht vorsätzliche Ähnlichkeiten sind; und daß das eine so wenig das Vorbild des andern gewesen, daß sie auch nicht einmal beide einerlei Vorbild gehabt zu haben brauchen. Hätte indes auch ihn ein Schein dieser Nachahmung geblendet, so würde er sich für die erstern haben erklären müssen. Denn er nimmt an, daß der Laokoon aus den Zeiten sei, da sich die Kunst unter den Griechen auf dem höchsten Gipfel ihrer Vollkommenheit befunden habe, aus den Zeiten Alexanders des Großen.

»Das gütige Schicksal«, sagt er,[1] »welches auch über die Künste bei ihrer Vertilgung noch gewachet, hat aller Welt zum Wunder ein Werk aus dieser Zeit der Kunst erhalten, zum Beweise von der Wahrheit der Geschichte von der Herrlichkeit so vieler vernichteten Meisterstücke. Laokoon, nebst seinen beiden Söhnen, vom Agesander, Apollodorus[2] und Athenodorus aus Rhodus gearbeitet, ist nach aller Wahrscheinlichkeit aus dieser Zeit, ob man gleich dieselbe nicht bestimmen, und wie einige getan haben, die Olympias, in welcher diese Künstler geblühet haben, angeben kann.«

In einer Anmerkung setzet er hinzu: »Plinius meldet kein Wort von der Zeit, in welcher Agesander und die Gehilfen an seinem Werke gelebet haben; Maffei aber, in der Erklärung alter Statuen, hat wissen wollen, daß diese Künstler in der achtundachtzigsten Olympias geblühet haben, und auf dessen Wort haben andere, als Richardson, nachgeschrieben. Jener hat, wie ich glaube, einen Athenodorus unter des Polykletus Schülern für einen von unsern Künstlern genommen, und da Polykletus in der siebenundachtzigsten Olympias geblühet, so hat man seinen vermeinten Schüler eine Olympias später gesetzet: andere Gründe kann Maffei nicht haben.«

Er konnte ganz gewiß keine andere haben. Aber warum läßt es Herr Winckelmann dabei bewenden, diesen vermeinten Grund des Maffei bloß anzuführen? Widerlegt er sich von sich selbst? Nicht so ganz. Denn wenn er auch schon von keinen andern Gründen unterstützt ist, so macht er doch schon für sich selbst eine kleine Wahrscheinlichkeit, wo man nicht sonst zeigen kann, daß Athenodorus, des Polyklets Schüler, und Athenodorus, der Gehilfe des Agesander und Polydorus, unmöglich eine und ebendieselbe Person können gewesen sein. Zum Glücke läßt sich die-

1 Geschichte der Kunst, S. 347.

2 Nicht Apollodorus, sondern Polydorus. Plinius ist der einzige, der diese Künstler nennet, und ich wüßte nicht, daß die Handschriften in diesem Namen voneinander abgingen. Harduin würde es gewiß sonst angemerkt haben. Auch die ältern Ausgaben lesen alle Polydorus. Herr Winckelmann muß sich in dieser Kleinigkeit bloß verschrieben haben.

ses zeigen, und zwar aus ihrem verschiedenen Vaterlande. Der erste Athenodorus war, nach dem ausdrücklichen Zeugnisse des Pausanias,[1] aus Klitor in Arkadien; der andere hingegen, nach dem Zeugnisse des Plinius, aus Rhodus gebürtig.

Herr Winckelmann kann keine Absicht dabei gehabt haben, daß er das Vorgeben des Maffei, durch Beifügung dieses Umstandes, nicht unwidersprechlich widerlegen wollen. Vielmehr müssen ihm die Gründe, die er aus der Kunst des Werks, nach seiner unstreitigen Kenntnis, ziehet, von solcher Wichtigkeit geschienen haben, daß er sich unbekümmert gelassen, ob die Meinung des Maffei noch einige Wahrscheinlichkeit behalte oder nicht. Er erkennet, ohne Zweifel, in dem Laokoon zu viele von den *argutiis* [technischen Feinheiten],[2] die dem Lysippus so eigen waren, mit welchen dieser Meister die Kunst zuerst bereicherte, als daß er ihn für ein Werk vor desselben Zeit halten sollte.

Allein, wenn es erwiesen ist, daß der Laokoon nicht älter sein kann, als Lysippus, ist dadurch auch zugleich erwiesen, daß er ungefähr aus seiner Zeit sein müsse? daß er unmöglich ein weit späteres Werk sein könne? Damit ich die Zeiten, in welchen die Kunst in Griechenland, bis zum Anfange der römischen Monarchie, ihr Haupt bald wiederum emporhob, bald wiederum sinken ließ, übergehe: warum hätte nicht Laokoon die glückliche Frucht des Wetteifers sein können, welchen die verschwenderische Pracht der ersten Kaiser unter den Künstlern entzünden mußte? Warum könnten nicht Agesander und seine Gehilfen die Zeitverwandten eines Strongylion, eines Arcesilaus, eines Pasiteles, eines Posidonius, eines Diogenes sein? Wurden nicht die Werke auch dieser Meister zum Teil dem Besten, was die Kunst jemals hervorgebracht hatte, gleich geschätzet? Und wann noch ungezweifelte Stücke von selbigen vorhanden wären, das Alter ihrer Urheber aber wäre unbekannt, und ließe sich aus nichts schließen, als aus ihrer Kunst, welche göttliche Eingebung müßte den Kenner ver-

1 'Αθηνοθωρος δε και Δαμιας — οὑτοι δε 'Αρκαδες εἰσιν ἐκ Κλειτορος. *Phoc. cap. 9. p. 819. Edit. Kuh.*

2 *Plinius lib. XXXIV. sect. 19. p. 653 Edit. Hard.*

wahren, daß er sie nicht ebensowohl in jene Zeiten setzen zu müssen glaubte, die Herr Winckelmann allein des Laokoons würdig zu sein achtet?
Es ist wahr, Plinius bemerkt die Zeit, in welcher die Künstler des Laokoons gelebt haben, ausdrücklich nicht. Doch wenn ich aus dem Zusammenhange der ganzen Stelle schließen sollte, ob er sie mehr unter die alten oder unter die neuern Artisten gerechnet wissen wollen: so bekenne ich, daß ich für das letztere eine größere Wahrscheinlichkeit darin zu bemerken glaube. Man urteile.
Nachdem Plinius von den ältesten und größten Meistern in der Bildhauerkunst, dem Phidias, dem Praxiteles, dem Skopas, etwas ausführlicher gesprochen, und hierauf die übrigen, besonders solche, von deren Werken in Rom etwas vorhanden war, ohne alle chronologische Ordnung namhaft gemacht: so fährt er folgendergestalt fort:[1] *Nec multo plurium fama est, quorundam claritati in operibus eximiis obstanto numero artificum, quoniam nec unus occupat gloriam, nec plures pariter nuncupari possunt, sicut in Laocoonte, qui est in Titi Imperatoris domo, opus omnibus et picturae et statuariae artis praeponendum. Ex uno lapide eum et liberos draconumque mirabiles nexus de consilii sententia fecere summi artifices, Agesander et Polydorus et Athenodorus Rhodii. Similiter Palatinas domus Caesarum replevere probatissimis signis Craterus cum Pythodoro, Polydectes cum Hermolao, Pythodorus alius cum Artemone, et singularis Aphrodisius Trallianus. Agrippae Pantheum decoravit Diogenes Atheniensis, et Caryatides in columnis templi ejus probantur inter pauca operum: sicut in fastigio posita signa, sed propter altitudinem loci minus celebrata.* [Und von einigen wissen wir nicht viel, da bei ausgezeichneten Werken die Zahl der Künstler ihrem Ruhm entgegensteht, weil ja weder einer allein den Ruhm in Anspruch nehmen, noch mehrere in gleicher Weise namhaft gemacht werden können, wie es mit dem Laokoon der Fall ist,

1 *Libr. XXXVI. sect. 4. p. 730.*

der im Palast des Kaisers Titus steht, ein Werk, das allen andern der Malerei und Bildhauerkunst vorzuziehen ist. Drei ausgezeichnete Künstler, die Rhodier Agesander, Polydorus und Athenodorus haben ihn, seine Kinder und die wunderbaren Windungen der Schlangen aus einem einzigen Stein nach einem gemeinsamen Plane geschaffen. Gleichermaßen haben die Paläste der Kaiser auf dem Palatin mit den vorzüglichsten Bildwerken gefüllt: Kraterus in Gemeinschaft mit Pythodorus, Polydektes mit Hermolaos, ein anderer Pythodorus mit Artemo und für sich allein Aphrodisius von Tralles. Das Pantheon des Agrippa hat Diogenes aus Athen geschmückt, und seine Karyatiden an den Säulen dieses Tempels werden geschätzt wie wenig andere Werke dieser Art, ebenso die auf dem Giebel aufgestellten Figuren, die aber wegen der Höhe ihres Platzes weniger bekannt sind.]

Von allen den Künstlern, welche in dieser Stelle genennet werden, ist Diogenes von Athen derjenige, dessen Zeitalter am unwidersprechlichsten bestimmt ist. Er hat das Pantheum des Agrippa ausgezieret; er hat also unter dem Augustus gelebt. Doch man erwäge die Worte des Plinius etwas genauer, und ich denke, man wird auch das Zeitalter des Kraterus und Pythodorus, des Polydektes und Hermolaus, des zweiten Pythodorus und Artemons, sowie des Aphrodisius Trallianus, ebenso unwidersprechlich bestimmt finden. Er sagt von ihnen: *Palatinas domus Caesarum replevere probatissimis signis.* Ich frage: kann dieses wohl nur so viel heißen, daß von ihren vortrefflichen Werken die Paläste der Kaiser angefüllet gewesen? In dem Verstande nämlich, daß die Kaiser sie überall zusammensuchen und nach Rom in ihre Wohnungen versetzen lassen? Gewiß nicht. Sondern sie müssen ihre Werke ausdrücklich für diese Paläste der Kaiser gearbeitet, sie müssen zu den Zeiten dieser Kaiser gelebt haben. Daß es späte Künstler gewesen, die nur in Italien gearbeitet, läßt sich auch schon daher schließen, weil man ihrer sonst nirgends gedacht findet. Hätten sie in Griechenland in frühern Zeiten gearbeitet, so würde Pausanias ein oder das andere Werk von ihnen gesehen, und ihr Andenken uns aufbehalten haben. Ein

Pythodorus kömmt zwar bei ihm vor[1], allein Harduin hat sehr unrecht, ihn für den Pythodorus in der Stelle des Plinius zu halten. Denn Pausanias nennet die Bildsäule der Juno, die er von der Arbeit des erstern zu Koronea in Böotien sahe, ἀγαλμα ἀρχαιον [ein altertümliches Kunstwerk], welche Benennung er nur den Werken derjenigen Meister gibet, die in den allerersten und rauhesten Zeiten der Kunst, lange vor einem Phidias und Praxiteles, gelebt hatten. Und mit Werken solcher Art werden die Kaiser gewiß nicht ihre Paläste ausgezieret haben. Noch weniger ist auf die andere Vermutung des Harduins zu achten, daß Artemon vielleicht der Maler gleiches Namens sei, dessen Plinius an einer andern Stelle gedenket. Name und Name geben nur eine sehr geringe Wahrscheinlichkeit, derenwegen man noch lange nicht befugt ist, der natürlichen Auslegung einer unverfälschten Stelle Gewalt anzutun.

Ist es aber sonach außer allem Zweifel, daß Kraterus und Pythodorus, daß Polydektes und Hermolaus, mit den übrigen, unter den Kaisern gelebet, deren Paläste sie mit ihren trefflichen Werken angefüllet: so dünkt mich, kann man auch denjenigen Künstlern kein ander Zeitalter geben, von welchen Plinius auf jene durch ein *Similiter* übergehet. Und dieses sind die Meister des Laokoon. Man überlege es nur: wären Agesander, Polydorus und Athenodorus so alte Meister, als wofür sie Herr Winckelmann hält; wie unschicklich würde ein Schriftsteller, dem die Präzision des Ausdruckes keine Kleinigkeit ist, wenn er von ihnen auf einmal auf die allerneuesten Meister springen müßte, diesen Sprung mit einem Gleichergestalt tun?

Doch man wird einwenden, daß sich dieses *Similiter* [gleichermaßen] nicht auf die Verwandtschaft in Ansehung des Zeitalters, sondern auf einen andern Umstand beziehe, welchen diese, in Betrachtung der Zeit so unähnliche Meister, miteinander gemein gehabt hätten. Plinius rede nämlich von solchen Künstlern, die in Gemeinschaft gearbeitet, und wegen dieser Gemein-

1 *Boeotic. cap. XXXIV. p. 778. Edit. Kuhn.*

schaft unbekannter geblieben wären, als sie verdienten. Denn da keiner sich die Ehre des gemeinschaftlichen Werks allein anmaßen können, alle aber, die daran teilgehabt, jederzeit zu nennen, zu weitläuftig gewesen wäre *(quoniam nec unus occupat gloriam, nec plures pariter nuncupari possunt)*: so wären ihre sämtliche Namen darüber vernachlässiget worden. Dieses sei den Meistern des Laokoons, dieses sei so manchen andern Meistern widerfahren, welche die Kaiser für ihre Paläste beschäftiget hätten.

Ich gebe dieses zu. Aber auch so noch ist es höchst wahrscheinlich, daß Plinius nur von neuern Künstlern sprechen wollen, die in Gemeinschaft gearbeitet. Denn hätte er auch von älteren reden wollen, warum hätte er nur allein der Meister des Laokoons erwähnet? Warum nicht auch anderer? Eines Onatas und Kalliteles; eines Timokles und Timarchides, oder der Söhne dieses Timarchides, von welchen ein gemeinschaftlich gearbeiteter Jupiter in Rom war.[1] Herr Winckelmann sagt selbst, daß man von dergleichen älteren Werken, die mehr als einen Vater gehabt, ein langes Verzeichnis machen könne.[2] Und Plinius sollte sich nur auf die einzigen Agesander, Polydorus und Athenodorus besonnen haben, wenn er sich nicht ausdrücklich nur auf die neuesten Zeiten hätte einschränken wollen?

Wird übrigens eine Vermutung um so viel wahrscheinlicher, je mehrere und größere Unbegreiflichkeiten sich daraus erklären lassen, so ist es die, daß die Meister des Laokoons unter den ersten Kaisern geblühet haben, gewiß in einem sehr hohen Grade. Denn hätten sie in Griechenland zu den Zeiten, in welche sie Herr Winckelmann setzet, gearbeitet; hätte der Laokoon selbst in Griechenland ehedem gestanden: so müßte das tiefe Stillschweigen, welches die Griechen von einem solchen Werke *(opere omnibus et picturae et statuariae artis praeponendo* [ein Werk, das allen andern der Malerei und Bildhauerei vorzuziehen ist]) beobachtet hätten, äußerst befremden. Es müßte äußerst befrem-

1 *Plinius lib. XXXVI. sect. 4. p. 730.*
2 Geschichte der Kunst, T. II. S. 332.

den, wenn so große Meister weiter gar nichts gearbeitet hätten, oder wenn Pausanias von ihren übrigen Werken in ganz Griechenland ebensowenig wie von dem Laokoon zu sehen bekommen hätte. In Rom hingegen konnte das größte Meisterstück lange im Verborgenen bleiben, und wenn Laokoon auch bereits unter dem Augustus wäre verfertiget worden, so dürfte es doch gar nicht sonderbar scheinen, daß erst Plinius seiner gedacht, seiner zuerst und zuletzt gedacht. Denn man erinnere sich nur, was er von einer Venus des Skopas sagt,[1] die zu Rom in einem Tempel des Mars stand, *quemcunque alium locum nobilitatura. Romae quidem magnitudo operum eam obliterat, ac magni officiorum negotiorumque acervi omnes a contemplatione talium abducunt: quoniam otiosorum et in magno loci silentio apta admiratio talis est* [die jeden anderen Ort berühmt machen würde. In Rom aber verschwindet sie unter der Menge der Kunstwerke, und die Fülle der Verpflichtungen und Geschäfte lenkt alle von der Betrachtung solcher Dinge ab, da es doch der Muße und tiefer Stille bedarf, um solche Werke bewundern zu können].

Diejenigen, welche in der Gruppe Laokoon so gern eine Nachahmung des Virgilischen Laokoons sehen wollen, werden, was ich bisher gesagt, mit Vergnügen ergreifen. Noch fiele mir eine Mutmaßung bei, die sie gleichfalls nicht sehr mißbilligen dürften. Vielleicht, könnten sie denken, war es Asinius Pollio, der den Laokoon des Virgils durch griechische Künstler ausführen ließ. Pollio war ein besonderer Freund des Dichters, überlebte den Dichter, und scheinet sogar ein eigenes Werk über die Aeneis geschrieben zu haben. Denn wo sonst, als in einem eigenen Werke über dieses Gedicht, können so leicht die einzeln Anmerkungen gestanden haben, die Servius aus ihm anführt?[2] Zugleich war Pollio ein Liebhaber und Kenner der Kunst, besaß eine reiche

1 *Plinius l. c. p. 727.*

2 *Ad ver. 7. lib. II. Aeneid.* und besonders *ad ver. 183 lib. XI.* Man dürfte also wohl nicht unrecht tun, wenn man das Verzeichnis der verlornen Schriften dieses Mannes mit einem solchen Werke vermehrte.

Sammlung der trefflichsten alten Kunstwerke, ließ von Künstlern seiner Zeit neue fertigen, und dem Geschmacke, den er in seiner Wahl zeigte, war ein so kühnes Stück, als Laokoon, vollkommen angemessen:[1] *ut fuit acris vehementiae, sic quoque spectari monumenta sua voluit* [Wie er von heftiger Leidenschaftlichkeit war, so wollte er auch Kunstwerke dieser Art in seinem Besitz sehen]. Doch da das Kabinett des Pollio, zu den Zeiten des Plinius, als Laokoon in dem Palaste des Titus stand, noch ganz unzertrennet an einem besondern Orte beisammen gewesen zu sein scheinet: so möchte diese Mutmaßung von ihrer Wahrscheinlichkeit wiederum etwas verlieren. Und warum könnte es nicht Titus selbst getan haben, was wir dem Pollio zuschreiben wollen?

XXVII.

Ich werde in meiner Meinung, daß die Meister des Laokoons unter den ersten Kaisern gearbeitet haben, wenigstens so alt gewiß nicht sein können, als sie Herr Winckelmann ausgibt, durch eine kleine Nachricht bestärket, die er selbst zuerst bekannt macht. Sie ist diese:[2]

»Zu Nettuno, ehemals Antium, hat der Herr Kardinal Alexander Albani, im Jahre 1717, in einem großen Gewölbe, welches im Meere versunken lag, eine Vase entdecket, welche von schwarz gräulichem Marmor ist, den man itzo Bigio nennet, in welche die Figur eingefüget war; auf derselben befindet sich folgende Inschrift:

ΑΘΑΝΟΔΩΡΟΣ ΑΓΗΣΑΝΔΡΟΥ
ΡΟΔΙΟΣ ΕΠΟΙΗΣΕ

›Athanodorus, des Agesanders Sohn, aus Rhodus, hat es gemacht.‹ Wir lernen aus dieser Inschrift, daß Vater und Sohn am Laokoon gearbeitet haben, und vermutlich war auch Apollodorus (Polydorus) des Agesanders Sohn; denn dieser Athanodorus kann kein anderer gewesen sein, als der, welchen Plinius nennet. Es be-

1 *Plinius lib. XXXVI. sect. 4. p. 729.*
2 Geschichte der Kunst, T. II. S. 347.

weiset ferner diese Inschrift, daß sich mehr Werke der Kunst, als nur allein drei, wie Plinius will, gefunden haben, auf welche die Künstler das Wort ›gemacht‹ in vollendeter und bestimmter Zeit gesetzet, nämlich ἐποιησε, *fecit*: er berichtet, daß die übrigen Künstler aus Bescheidenheit sich in unbestimmter Zeit ausgedrücket, ἐποιει, *faciebat*.«

Darin wird Herr Winckelmann wenig Widerspruch finden, daß der Athanodorus in dieser Inschrift kein anderer, als der Athenodorus sein könne, dessen Plinius unter den Meistern des Laokoons gedenket. Athenodorus und Athanodorus ist auch völlig ein Name; denn die Rhodier bedienten sich des dorischen Dialekts. Allein über das, was er sonst daraus folgern will, muß ich einige Anmerkungen machen.

Das erste, daß Athenodorus ein Sohn des Agesanders gewesen sei, mag hingehen. Es ist sehr wahrscheinlich, nur nicht unwidersprechlich. Denn es ist bekannt, daß es alte Künstler gegeben, die, anstatt sich nach ihrem Vater zu nennen, sich lieber nach ihrem Lehrmeister nennen wollen. Was Plinius von den Gebrüdern Apollonius und Tauriskus saget, leidet nicht wohl eine andere Auslegung.[1]

Aber wie? Diese Inschrift soll zugleich das Vorgeben des Plinius widerlegen, daß sich nicht mehr als drei Kunstwerke gefunden, zu welchen sich ihre Meister in der vollendeten Zeit (anstatt des ἐποιει, durch ἐποιησε) bekannt hätten? Diese Inschrift? Warum sollen wir erst aus dieser Inschrift lernen, was wir längst aus vielen andern hätten lernen können? Hat man nicht schon auf der Statue des Germanicus Κλεομενης – ἐποιησε [Kleomenes hat es gemacht] gefunden? Auf der sogenannten Vergötterung des Homers Ἀρχελαος ἐποιησε? Auf der bekannten Vase zu Gaeta Σαλπιων ἐποιησε?[2] usw.

Herr Winckelmann kann sagen: »Wer weiß dieses besser als ich?

1 *Libr. XXXVI. sect. 4. p. 730.*

2 Man sehe das Verzeichnis der Aufschriften alter Kunstwerke beim Mar. Gudius *(ad Phaedri fab. V. lib. 1.)* und ziehe zugleich die Berichtigung desselben vom Gronov *(Praef. ad tom. IX. Thesauri antiqu. Graec.)* zu Rate.

Aber«, wird er hinzusetzen, »desto schlimmer für den Plinius. Seinem Vorgeben ist also um so öfterer widersprochen; es ist um so gewisser widerlegt.«

Noch nicht. Denn wie, wenn Herr Winckelmann den Plinius mehr sagen ließe, als er wirklich sagen wollen? Wenn also die angeführten Beispiele nicht das Vorgeben des Plinius, sondern bloß das Mehrere, welches Herr Winckelmann in dieses Vorgeben hineingetragen, widerlegten? Und so ist es wirklich. Ich muß die ganze Stelle anführen. Plinius will in seiner Zueignungsschrift an den Titus, von seinem Werke mit der Bescheidenheit eines Mannes sprechen, der es selbst am besten weiß, wie viel demselben zur Vollkommenheit noch fehle. Er findet ein merkwürdiges Exempel einer solchen Bescheidenheit bei den Griechen, über deren prahlende, vielversprechende Büchertitel (*inscriptiones, propter quas vadimonium deseri possit* [Buchtitel, über deren Länge man einen Gerichtstermin versäumen könnte]) er sich vorher ein wenig aufgehalten, und sagt:[1] *Et ne in totum videar Graecos insectari, ex illis mox velim intelligi pingendi fingendique conditoribus, quos in libellis his invenies, absoluta opera, et illa quoque quae mirando non satiamur, pendenti titulo inscripsisse: ut APELLES FACIEBAT, aut POLYCLETUS: tanquam inchoata semper arte et imperfecta: ut contra judiciorum varietates superesset artifici regressus ad veniam, velut emendaturo quidquid desideraretur, si non esset interceptus. Quare plenum verecundiae illud est, quod omnia opera tamquam novissima inscripsere, et tamquam singulis fato adempti. Tria non amplius, ut opinor, absolute traduntur inscripta ILLE FECIT, quae suis locis reddam: quo apparuit, summam artis securitatem auctori placuisse, et ob id magna invidia fuere omnia ea* [Aber damit es nicht scheine, als tadele ich die Griechen in allem, möchte ich wie jene Schöpfer der Malerei und Bildhauerkunst verstanden werden, die, wie du in diesen Büchern finden wirst, auf ihre vollendeten Werke und sogar auf jene,

1 *Libr. I. p. 5. Edit. Hard.*

welche wir nicht genug bewundern können, eine unbestimmte Aufschrift gesetzt haben, wie »Apelles machte« oder »Polyklet machte«. Gleichsam als ob die Kunstwerke immer nur begonnen und nicht vollendet worden wären, so daß dem Künstler gegen die verschiedenen Einwände der Kritik der Ausweg zur Entschuldigung blieb, er würde, wäre er nicht unterbrochen worden, das Beanstandete noch verbessert haben. Es ist also ein Zeichen ihrer Bescheidenheit, daß sie allen ihren Werken eine Aufschrift gaben, als wäre es ihr neuestes, und als wären sie bei jedem durch das Schicksal abberufen worden. Nur drei Kunstwerke, und, wie ich glaube, bestimmt kein weiteres, tragen die bestimmte Aufschrift »Jener hat es gemacht«, auf sie werde ich an der entsprechenden Stelle zurückkommen. Daraus geht hervor, daß diese Künstler von der Vortrefflichkeit ihrer Werke völlig überzeugt waren und deshalb vielfach angefeindet wurden]. Ich bitte auf die Worte des Plinius, *pingendi fingendique conditoribus* [Schöpfern der Malerei und Bildhauerkunst], aufmerksam zu sein. Plinius sagt nicht, daß die Gewohnheit, in der unvollendeten Zeit sich zu seinem Werke zu bekennen, allgemein gewesen; daß sie von allen Künstlern, zu allen Zeiten beobachtet worden: er sagt ausdrücklich, daß nur die ersten alten Meister, jene Schöpfer der bildenden Künste, *pingendi fingendique conditores*, ein Apelles, ein Polyklet, und ihre Zeitverwandte, diese kluge Bescheidenheit gehabt hätten; und da er diese nur allein nennet, so gibt er stillschweigend, aber deutlich genug, zu verstehen, daß ihre Nachfolger, besonders in den spätern Zeiten, mehr Zuversicht auf sich selber geäußert.

Dieses aber angenommen, wie man es annehmen muß, so kann die entdeckte Aufschrift von dem einen der drei Künstler des Laokoons ihre völlige Richtigkeit haben, und es kann demohngeachtet wahr sein, daß, wie Plinius sagt, nur etwa drei Werke vorhanden gewesen, in deren Aufschriften sich ihre Urheber der vollendeten Zeit bedienet; nämlich unter den ältern Werken, aus den Zeiten des Apelles, des Polyklets, des Nicias, des Lysippus. Aber das kann sodann seine Richtigkeit nicht haben, daß Athenodorus und seine Gehilfen, Zeitverwandte des Apelles und Lysippus gewesen sind, zu welchen sie Herr Winckelmann machen will. Man muß vielmehr so schließen: Wenn es wahr ist, daß unter den Werken der ältern Künstler, eines Apelles, eines Polyklets und der übrigen aus dieser Klasse, nur etwa drei gewesen sind, in deren Aufschriften die vollendete Zeit von ihnen gebraucht worden; wenn es wahr ist, daß Plinius diese drei Werke selbst namhaft gemacht hat:[1] so kann Athenodorus, von

1 Er verspricht wenigstens ausdrücklich, es zu tun: *quae suis locis reddam* [auf sie werde ich an der entsprechenden Stelle zurückkommen]. Wenn er es aber nicht gänzlich vergessen, so hat er es doch sehr im Vorbeigehen und gar nicht auf eine Art getan, als man nach einem solchen Versprechen erwartet. Wenn er z. E. schreibet *(Lib. XXXV. sect. 39.): Lysippus quoque Aeginae picturae suae inscripsit,* ἐνεκαυσεν: *quod profecto non fecisset, nisi encaustica inventa* [Auch Lysippus hat auf sein Gemälde in Ägina geschrieben: »Er hat es in Enkaustik gemalt«, was er sicherlich nicht getan hätte, wenn die Enkaustik noch nicht erfunden gewesen wäre]: so ist es offenbar, daß er dieses ἐνεκαυσεν zum Beweise einer ganz andern Sache braucht. Hat er aber, wie Harduin glaubt, auch zugleich das eine von den Werken dadurch angeben wollen, deren Aufschrift in dem Aoristo abgefaßt gewesen: so hätte es sich wohl der Mühe verlohnet, ein Wort davon mit einfließen zu lassen. Die andern zwei Werke dieser Art, findet Harduin in folgender Stelle: *Idem (Divus Augustus) in curia quoque, quam in comitio consecrabat, duas tabulas impressit parieti: Nemeam sedentem supra leonem, palmigeram ipsam, adstante cum baculo sene, cujus supra caput tabula bigae dependet. Nicias scripsit se inussisse: tali enim usus est verbo. Alterius tabulae admiratio est, puberem filium seni patri similem esse, salva aetatis differentia, supervolante aquila draconem complexa. Philochares hoc suum opus esse testatus est. (Lib. XXXV. sect. 10.)* [Derselbe (der göttliche Augustus) setzte auch in dem Amtshause des Senats, das er auf dem Comitium weihte, zwei Gemälde in die Wand ein: eine auf einem Löwen sitzende Nemea, einen Palmzweig in der Hand, daneben ein Greis mit einem Stabe, über dessen Haupt das Gemälde eines Zweigespanns hängt. Nikias schrieb darauf, er habe es in Enkaustik gemalt; denn dieses Ausdrucks bediente er sich. An dem anderen Gemälde bewundert man die Ähnlichkeit, die bei allem Unterschiede der Jahre zwischen einem mannbaren Sohn und seinem greisen Vater besteht, darüber fliegt ein Adler, eine Schlange in den Fängen haltend. Philochares hat es als sein Werk gekennzeichnet.] Hier werden zwei verschiedene Gemälde beschrieben, welche Augustus in dem neuerbauten Rathause aufstellen lassen. Das zweite ist vom Philochares, das erste vom Nicias. Was von jenem gesagt wird, ist klar und deutlich. Aber bei diesem finden sich Schwierigkeiten. Es stellte die Nemea vor, auf einem Löwen sitzend, einen Palmenzweig in der Hand, neben ihr ein alter Mann mit einem Stabe; *cujus supra caput tabula bigae dependet.* Was heißt das? Über dessen Haupte eine Tafel hing, worauf ein zweispänniger Wagen gemalt war? Das ist noch der einzige Sinn, den man diesen Worten geben kann. Also war auf das Hauptgemälde noch ein anderes kleineres Gemälde gehangen? Und beide waren von dem Nicias? So muß es Harduin genommen haben. Denn wo wären hier sonst zwei Gemälde des Nicias,

dem keines dieser drei Werke ist, und der sich demohngeachtet auf seinen Werken der vollendeten Zeit bedienet, zu jenen alten Künstlern nicht gehören; er kann kein Zeitverwandter des Apelles, des Lysippus sein, sondern er muß in spätere Zeiten gesetzt werden.

Kurz; ich glaube, es ließe sich als ein sehr zuverlässiges Kriterium angeben, daß alle Künstler, die das ἐποιησε gebraucht, lange nach den Zeiten Alexanders des Großen, kurz vor oder unter den Kaisern, geblühet haben. Von dem Kleomenes ist es unstreitig; von dem Archelaus ist es höchst wahrscheinlich; und von dem Salpion kann wenigstens das Gegenteil auf keine Weise erwiesen werden. Und so von den übrigen; den Athenodorus nicht ausgeschlossen.

da das andere ausdrücklich dem Philochares zugeschrieben wird? *Inscripsit Nicias igitur geminae huic tabulae suum nomen in hunc modum:* Ο ΝΙΚΙΑΣ ΕΝΕΚΑΥΣΕΝ; *atque adeo e tribus operibus, quae absolute fuisse inscripta, ILLE FECIT, indicavit praefatio ad Titum, duo haec sunt Niciae* [Nikias hat also auf dieses Doppelgemälde seinen Namen folgendermaßen geschrieben: Nikias hat es in Enkaustik gemalt. Und so sind von den drei Werken, die Plinius in der Vorrede an Titus erwähnt hat, daß sie die bestimmte Anschrift »Jener hat es gemalt« tragen, zwei von Nikias]. Ich möchte den Harduin fragen: wenn Nicias nicht den Aoristum, sondern wirklich das Imperfektum gebraucht hätte, Plinius hätte aber bloß bemerken wollen, daß der Meister, anstatt des γραφειν, εγκαιειν [malen; in Enkaustik malen] gebraucht hätte; würde er in seiner Sprache auch nicht noch alsdenn haben sagen müssen, *Nicias scripsit se inussisse* [Nikias schrieb, er habe es in Enkaustik gemalt]? Doch ich will hierauf nicht bestehen; es mag wirklich des Plinius Wille gewesen sein, eines von den Werken, wovon die Rede ist, dadurch anzudeuten. Wer aber wird sich das doppelte Gemälde einreden lassen, deren eines über dem andern gehangen? Ich mir nimmermehr. Die Worte *cujus supra caput tabula bigae dependet,* können also nicht anders als verfälscht sein. *Tabula bigae,* ein Gemälde, worauf ein zweispänniger Wagen gemalet, klingt nicht sehr Plinianisch, wenn auch Plinius schon sonst den Singularem von *bigae* braucht. Und was für ein zweispänniger Wagen? Etwan, dergleichen zu den Wettrennen in den Nemeäischen Spielen gebraucht wurden; so daß dieses kleinere Gemälde in Ansehung dessen, was es vorstellte, zu dem Hauptgemälde gehört hätte? Das kann nicht sein; denn in den Nemeäischen Spielen waren nicht zweispännige, sondern vierspännige Wagen gewöhnlich. *(Schmidius in prol. ad Nemeonicas, p. 2.)* Einsmals kam ich auf die Gedanken, daß Plinius anstatt des *bigae* vielleicht ein griechisches Wort geschrieben, welches die Abschreiber nicht verstanden, ich meine πτυχιον. Wir wissen nämlich aus einer Stelle des Antigonus Karystius, beim Zenobius *(conf. Gronovius T. IX. Antiquit. Graec. Praef. p. 8),* daß die alten Künstler nicht immer ihre Namen auf ihre Werke selbst, sondern auch wohl auf besondere Täfelchen gesetzet, welche dem

Herr Winckelmann selbst mag hierüber Richter sein! Doch protestiere ich gleich im voraus wider den umgekehrten Satz. Wenn alle Künstler, welche ἐποιησε gebraucht, unter die späten gehören: so gehören darum nicht alle, die sich des ἐποιει bedienet, unter die ältern. Auch unter den spätern Künstlern können einige diese, einem großen Manne so wohl anstehende Bescheidenheit wirklich besessen, und andere sie zu besitzen sich gestellet haben.

XXVIII.

Nach dem Laokoon war ich auf nichts neugieriger, als auf das, was Herr Winckelmann von dem sogenannten Borghesischen Fechter sagen möchte. Ich glaube eine Entdeckung über diese Statue gemacht zu haben, auf die ich mir alles einbilde, was man sich auf dergleichen Entdeckungen einbilden kann.

Ich besorgte schon, Herr Winckelmann würde mir damit zuvorgekommen sein. Aber ich finde nichts dergleichen bei ihm; und wenn nunmehr mich etwas mißtrauisch in ihre Richtigkeit machen könnte, so würde es eben das sein, daß meine Besorgnis nicht eingetroffen.

»Einige«, sagt Herr Winckelmann,[1] »machen aus dieser Statue einen Discobolus, das ist, der mit dem Disco, oder mit einer

Gemälde, oder der Statue angehangen wurden. Und ein solches Täfelchen hieß πτυχιον. Dieses griechische Wort fand sich vielleicht in einer Handschrift durch die Glosse, *tabula, tabella* erkläret; und das *tabula* kam endlich mit in den Text. Aus πτυχιον ward *bigae;* und so entstand das *tabula bigae.* Nichts kann zu dem Folgenden besser passen, als dieses πτυχιον; denn das Folgende eben ist es, was darauf stand. Die ganze Stelle wäre also so zu lesen: *cujus supra caput* πτυχιον *dependet, quo Nicias scripsit se inussisse* [Über dessen Haupt ein Täfelchen herabhängt, auf das Nikias schrieb, er habe es in Enkaustik gemalt]. Doch diese Korrektur, ich bekenne es, ist ein wenig kühn. Muß man denn auch alles verbessern können, was man verfälscht zu sein beweisen kann? Ich begnüge mich, das letztere hier geleistet zu haben, und überlasse das erstere einer geschicktern Hand. Doch nunmehr wiederum zur Sache zurückzukommen; wenn Plinius also nur von einem Gemälde des Nicias redet, dessen Aufschrift im Aoristo abgefaßt gewesen, und das zweite Gemälde dieser Art das obige des Lysippus ist: welches ist denn nun das dritte? Das weiß ich nicht. Wenn ich es bei einem andern alten Schriftsteller finden dürfte, als bei dem Plinius, so würde ich nicht sehr verlegen sein. Aber es soll bei dem Plinius gefunden werden; und noch einmal: bei diesem weiß ich es nicht zu finden.

1 Geschichte der Kunst, T. II. S. 394.

Scheibe von Metall, wirft, und dieses war die Meinung des berühmten Herrn von Stosch in einem Schreiben an mich, aber ohne genugsame Betrachtung des Standes, worin dergleichen Figur will gesetzt sein. Denn derjenige, welcher etwas werfen will, muß sich mit dem Leibe hinterwärts zurückziehen, und indem der Wurf geschehen soll, liegt die Kraft auf dem nächsten Schenkel, und das linke Bein ist müßig: hier aber ist das Gegenteil. Die ganze Figur ist vorwärts geworfen, und ruhet auf dem linken Schenkel, und das rechte Bein ist hinterwärts auf das äußerste ausgestrecket. Der rechte Arm ist neu, und man hat ihm in die Hand ein Stück von einer Lanze gegeben; auf dem linken Arme sieht man den Riem von dem Schilde, welchen er gehalten hat. Betrachtet man, daß der Kopf und die Augen aufwärts gerichtet sind, und daß die Figur sich mit dem Schilde vor etwas, das von oben her kommt, zu verwahren scheint, so könnte man diese Statue mit mehrerem Rechte für eine Vorstellung eines Soldaten halten, welcher sich in einem gefährlichen Stande besonders verdient gemacht hat: denn Fechtern in Schauspielen ist die Ehre einer Statue unter den Griechen vermutlich niemals widerfahren: und dieses Werk scheinet älter als die Einführung der Fechter unter den Griechen zu sein.«

Man kann nicht richtiger urteilen. Diese Statue ist ebensowenig ein Fechter, als ein Discobolus; es ist wirklich die Vorstellung eines Kriegers, der sich in einer solchen Stellung bei einer gefährlichen Gelegenheit hervortat. Da Herr Winckelmann aber dieses so glücklich erriet: wie konnte er hier stehen bleiben? Wie konnte ihm der Krieger nicht beifallen, der vollkommen in dieser nämlichen Stellung die völlige Niederlage eines Heeres abwandte, und dem sein erkenntliches Vaterland eine Statue vollkommen in der nämlichen Stellung setzen ließ?

Mit einem Worte: die Statue ist Chabrias.

Der Beweis ist folgende Stelle des Nepos in dem Leben dieses Feldherrn.[1] *Hic quoque in summis habitus est ducibus: resque*

1 *Cap. I.*

multas memoria dignas gessit. Sed ex his elucet maxime inventum ejus in proelio, quod apud Thebas fecit, quum Boeotiis subsidio venisset. Namque in eo victoriae fidente summo duce Agesilao, fugatis jam ab eo conductitiis catervis, reliquam phalangem loco vetuit cedere, obnixoque genu scuto, projectaque hasta impetum excipere hostium docuit. Id novum Agesilaus contuens, progredi non est ausus, suosque jam incurrentes tuba revocavit. Hoc usque eo tota Graecia fama celebratum est, ut illo statu Chabrias sibi statuam fieri voluerit, quae publice ei ab Atheniensibus in foro constituta est. Ex quo factum est, ut postea athletae, ceterique artifices his statibus in statuis ponendis uterentur, in quibus victoriam essent adepti [Auch dieser wird zu den bedeutendsten Feldherren gerechnet und vollbrachte viele bemerkenswerte Taten. Aber besonders hervorragend ist seine neue Taktik in der Schlacht bei Theben, als er den Böotiern zu Hilfe gekommen war. Denn als der Oberbefehlshaber Agesilaos fest auf den Sieg rechnete, nachdem er schon die Söldnertruppe in die Flucht geschlagen hatte, verbot Chabrias der restlichen Schlachtordnung, von der Stelle zu weichen, und lehrte sie, mit gegen den Schild gestemmtem Knie und mit vorgestreckter Lanze den Angriff der Feinde zu erwarten. Auf diesen ungewöhnlichen Anblick hin wagte Agesilaos nicht weiter vorzurücken, und rief die Seinen, die schon vorgingen, durch Trompetensignale zurück. Diese Tat wurde in ganz Griechenland so sehr gerühmt, daß Chabrias sich in jener Stellung eine Statue wünschte und diese auch von Staats wegen ihm auf dem Markte zu Athen errichtet wurde, daher kam es, daß späterhin Athleten und andere Künstler diejenigen Stellungen für ihre Statuen benutzten, in denen sie den Sieg erlangt hatten].

Ich weiß es, man wird noch einen Augenblick anstehen, mir Beifall zu geben; aber ich hoffe, auch wirklich nur einen Augenblick. Die Stellung des Chabrias scheinet nicht vollkommen die nämliche zu sein, in welcher wir die Borghesische Statue erblicken. Die vorgeworfene Lanze, *projecta hasta*, ist beiden gemein, aber das *obnixo genu scuto* erklären die Ausleger durch *obnixo in scutum, obfirmato genu ad scutum:* Chabrias wies seinen Soldaten, wie sie sich mit dem Knie gegen das Schild stemmen, und hinter demselben den Feind abwarten sollten; die Statue hingegen hält das Schild hoch. Aber wie, wenn die Ausleger sich irrten? Wie, wenn die Worte *obnixo genu scuto* nicht zusammen gehörten, und man *obnixo genu* besonders, und *scuto* besonders, oder mit dem darauf folgenden *projectaque hasta* zusammen lesen müßte? Man mache ein einziges Komma, und die Gleichheit ist nunmehr so vollkommen als möglich. Die Statue ist ein Soldat, *qui obnixo genu,*[1] *scuto projectaque hasta impetum hostis excipit* [der mit aufgestemmtem Knie, mit Schild und vorgestreckter Lanze den Angriff der Feinde erwartet]; sie zeigt, was Chabrias tat, und ist die Statue des Chabrias. Daß das Komma wirklich fehle, beweiset das dem *projecta* angehängte *que,* welches, wenn *obnixo genu scuto* zusammengehörten, überflüssig sein würde, wie es denn auch wirklich einige Ausgaben daher weglassen.

Mit dem hohen Alter, welches dieser Statue sonach zukäme, stimmet die Form der Buchstaben in der darauf befindlichen Aufschrift des Meisters vollkommen überein; und Herr Winckelmann selbst hat aus derselben geschlossen, daß es die älteste von den gegenwärtigen Statuen in Rom sei, auf welchen sich der Meister angegeben hat. Seinem scharfsichtigen Blicke überlasse ich es, ob er sonst in Ansehung der Kunst etwas daran bemerket, welches mit meiner Meinung streiten könnte. Sollte er sie seines Beifalles würdigen, so dürfte ich mich schmeicheln, ein besseres Exempel gegeben zu haben, wie glücklich sich die klassischen

1 So sagt Statius *obnixa pectora* [mit gegen den Schild gestemmten, gegen den Schild gepreßtem Knie]. *(Thebaid. lib. VI. v. 873).*
– – – – *rumpunt obnixa furentes / Pectora* [*Sie brechen wütend durch die sich ihnen* entgegenstemmenden Leiber]. welches der alte Glossator des Barths durch *summa vi contra nitentia* [mit äußerster Kraft sich dagegenstemmend] erklärt. So sagt Ovid *(Halieut. v. 11) obnixa fronte* [mit entgegengestemmter Stirn], wenn er von der Meerbramse *(Scaro)* spricht, die sich nicht mit dem Kopfe, sondern mit dem Schwanze durch die Reusen zu arbeiten sucht: *Non audet radiis obnixa occurrere fronte* [Sie wagte nicht, gegen die Rippen (der Reuse) mit entgegengestemmter Stirn anzurennen].

Schriftsteller durch die alten Kunstwerke, und diese hinwiederum aus jenen aufklären lassen, als in dem ganzen Folianten des Spence zu finden ist.

XXIX.

Bei der unermeßlichen Belesenheit, bei den ausgebreitetsten feinsten Kenntnissen der Kunst, mit welchen sich Herr Winckelmann an sein Werk machte, hat er mit der edeln Zuversicht der alten Artisten gearbeitet, die allen ihren Fleiß auf die Hauptsache verwandten, und was Nebendinge waren, entweder mit einer gleichsam vorsätzlichen Nachlässigkeit behandelten, oder gänzlich der ersten der besten fremden Hand überließen.

Es ist kein geringes Lob, nur solche Fehler begangen zu haben, die ein jeder hätte vermeiden können. Sie stoßen bei der ersten flüchtigen Lektüre auf, und wenn man sie anmerken darf, so muß es nur in der Absicht geschehen, um gewisse Leute, welche allein Augen zu haben glauben, zu erinnern, daß sie nicht angemerkt zu werden verdienen.

Schon in seinen Schriften über die Nachahmung der griechischen Kunstwerke ist Herr Winckelmann einige Male durch den Junius verführt worden. Junius ist ein sehr verfänglicher Autor; sein ganzes Werk ist ein Cento, und da er immer mit den Worten der Alten reden will, so wendet er nicht selten Stellen aus ihnen auf die Malerei an, die an ihrem Orte von nichts weniger als von der Malerei handeln. Wenn zum Exempel Herr Winckelmann lehren will, daß sich durch die bloße Nachahmung der Natur das Höchste in der Kunst, ebensowenig wie in der Poesie erreichen lasse, daß sowohl Dichter als Maler lieber das Unmögliche, welches wahrscheinlich ist, als das bloß Mögliche wählen müsse: so setzt er hinzu: »Die Möglichkeit und Wahrheit, welche Longin von einem Maler im Gegensatze des Unglaublichen bei dem Dichter fodert, kann hiermit sehr wohl bestehen.« Allein dieser Zusatz wäre besser weggeblieben; denn er zeiget die zwei größten Kunstrichter in einem Widerspruche, der ganz ohne Grund ist. Es ist falsch, daß Longin so etwas jemals gesagt hat. Er sagt etwas Ähnliches von der Beredsamkeit und Dichtkunst, aber keinesweges von der Dichtkunst und Malerei. Ὡς δ' ἑτερον τι ἡ ῥητορικη φαντασια βουλεται, και ἑτερον ἡ παρα ποιηταις, ουκ ἀν λαθοι σε, schreibt er an seinen Terentian;[1] οὐδ' ὁτι της μεν ἐν ποιησει τελος ἐστιν ἐκπληξις, της δ' ἐν λογοις ἐναργεια [Es dürfte dir nicht unbekannt sein, daß die Phantasie bei Rednern und Dichtern verschiedene Ziele hat, und daß die Absicht der Dichtkunst seelische Erregung, die der Redekunst aber Deutlichkeit ist]. Und wiederum: Οὐ μην ἀλλα τα μεν παρα τοις ποιηταις μυθικωτεραν ἐχει την ὑπερεκπτωσιν, και παντῃ το πιστον ὑπεραιρουσαν· της δε ῥητορικης φαντασιας, καλλιστον ἀει το ἐμπρακτον και ἐναληθες [Überhaupt hat die Phantasie der Dichter einen Überschwang, der an Mythen gemahnt und das Glaubliche gänzlich hinter sich läßt. Das Höchste aber in der Redekunst ist das Wirkliche und Wahrheitsgemäße]. Nur Junius schiebt, anstatt der Beredsamkeit, die Malerei hier unter; und bei ihm war es, nicht bei dem Longin, wo Herr Winckelmann gelesen hatte:[2] *Praesertim cum poeticae phantasiae finis sit* ἐκπληξις, *pictoriae vero,* ἐναργεια. Και τα μεν παρα τοις ποιηταις, *ut loquitur idem Longinus* usw. [Zumal das Ziel der dichterischen Phantasie seelische Erregung, das der Malerei aber die Deutlichkeit ist. Überhaupt hat die Phantasie der Dichter, wie Longin ebenfalls sagt usw.] ›Sehr wohl; Longins Worte, aber nicht Longins Sinn!

Mit folgender Anmerkung muß es ihm ebenso gegangen sein: »Alle Handlungen«, sagt er,[3] »und Stellungen der griechischen Figuren, die mit dem Charakter der Weisheit nicht bezeichnet, sondern gar zu feurig und zu wild waren, verfielen in einen Fehler, den die alten Künstler Parenthyrsus nannten.« Die alten Künstler? Das dürfte nur aus dem Junius zu erweisen sein. Denn Parenthyrsus war ein rhetorisches Kunstwort, und vielleicht, wie die Stelle des Longins zu verstehen zu geben scheinet, auch nur dem einzigen Theodor eigen.[4] Τουτῳ παρακειται τριτον τι

1 Περι ὑψους. τμημα ιδ'. *Edit. T. Fabri. p. 36. 39.*

2 *De pictura vet. lib. I. cap. 4. p. 33.*

3 Von der Nachahmung der griech. Werke usw. S. 23.

4 Τμημα β'.

κακιας εἶδος εν τοις παθητικοις, ὁπερ ὁ Θεοδωρος παρενθυρσον ἐκαλει· ἐστι δε παθος ἀκαιρον και κενον, ἐνθα μη δει παθους· ἠ ἀμετρον, ἐνθα μετριου δει [Außerdem gibt es noch einen weiteren Fehler im pathetischen Stil, den Theodor Parenthyrsus genannt hat. Es handelt sich dabei um unpassendes und hohles Pathos, wo es nämlich keines Pathos bedarf, oder um unmäßiges Pathos, wo nur ein mäßiges hätte gezeigt werden dürfen]. Ja ich zweifle sogar, ob sich überhaupt dieses Wort in die Malerei übertragen läßt. Denn in der Beredsamkeit und Poesie gibt es ein Pathos, das so hoch getrieben werden kann als möglich, ohne Parenthyrsus zu werden; und nur das höchste Pathos an der unrechten Stelle, ist Parenthyrsus. In der Malerei aber würde das höchste Pathos allezeit Parenthyrsus sein, wenn es auch durch die Umstände der Person, die es äußert, noch so wohl entschuldigt werden könnte.

Dem Ansehen nach werden also auch verschiedene Unrichtigkeiten in der »Geschichte der Kunst« bloß daher entstanden sein, weil Herr Winckelmann in der Geschwindigkeit nur den Junius und nicht die Quellen selbst zu Rate ziehen wollen. Z. E.: Wenn er durch Beispiele zeigen will, daß bei den Griechen alles Vorzügliche in allerlei Kunst und Arbeit besonders geschätzet worden, und der beste Arbeiter in der geringsten Sache zur Verewigung seines Namens gelangen können: so führet er unter andern auch dieses an:[1] »Wir wissen den Namen eines Arbeiters von sehr richtigen Wagen, oder Wageschalen; er hieß Parthenius.« Herr Winckelmann muß die Worte des Juvenals, auf die er sich desfalls beruft, *lances Parthenio factas*, nur in dem Katalogo des Junius gelesen haben. Denn hätte er den Juvenal selbst nachgesehen, so würde er sich nicht von der Zweideutigkeit des Wortes *lanx* haben verführen lassen, sondern sogleich aus dem Zusammenhange erkannt haben, daß der Dichter nicht Wagen oder Wageschalen, sondern Teller und Schüsseln meine. Juvenal rühmt nämlich den Catullus, daß er es bei einem gefährlichen Sturme

1 Geschichte der Kunst, T. I. S. 136.

zur See wie der Biber gemacht, welcher sich die Geilen abbeißt, um das Leben davon zu bringen; daß er seine kostbarsten Sachen ins Meer werfen lassen, um nicht mitsamt dem Schiffe unterzugehen. Diese kostbaren Sachen beschreibt er, und sagt unter anderm:

Ille nec argentum dubitabat mittere, lances
Parthenio factas, urnae cratera capacem
Et dignum sitiente Pholo, vel conjuge Fusci.
Adde et bascaudas et mille escaria, multum
Caelati, biberat quo callidus emtor Olynthi.
[Ohne Verzug auch warf er hinab sein Silber, die Schüsseln
Von des Parthenius Hand, den ein Urmaß fassenden Mischkrug,
Pholus, des durstigen, wert und der Ehegattin des Fuscus,
Spülnäpf' auch und tausend Geschirr' und gravierete Becher
Manchen, aus welchen Olynths verschlagener Käufer getrunken.]

Lances, die hier mitten unter Bechern und Schwenkkesseln stehen, was können es anders sein, als Teller und Schüsseln? Und was will Juvenal anders sagen, als daß Catull sein ganzes silbernes Eßgeschirr, unter welchem sich auch Teller von getriebener Arbeit des Parthenius befanden, ins Meer werfen lassen. *Parthenius,* sagt der alte Scholiast, *caelatoris nomen.* Wenn aber Grangäus, in seinen Anmerkungen, zu diesem Namen hinzusetzt: *sculptor, de quo Plinius,* so muß er dieses wohl nur auf gutes Glück hingeschrieben haben: denn Plinius gedenkt keines Künstlers dieses Namens.

»Ja,« fährt Herr Winckelmann fort, »es hat sich der Name des Sattlers, wie wir ihn nennen würden, erhalten, der den Schild des Ajax von Leder machte.« Aber auch dieses kann er nicht daher genommen haben, wohin er seine Leser verweiset; aus dem Leben des Homers, vom Herodotus. Denn hier werden zwar die Zeilen aus der Iliade angeführet, in welchen der Dichter diesem Lederarbeiter den Namen Tychius beilegt; es wird aber auch zugleich ausdrücklich gesagt, daß eigentlich ein Lederarbeiter von des Homers Bekanntschaft so geheißen, dem er durch Einschaltung seines Namens seine Freundschaft und Erkenntlichkeit bezeigen wollen:[1] Ἀπεδωκε δε χαριν και Τυχιῳ τῳ σκυτει, ὃς ἐδεξατο αὐτον ἐν τῳ Νεῳ τειχει, προσελθοντα προς το σκυτειον, ἐν τοις ἐπεσι καταζευξας ἐν τῃ Ἰλιαδι τοισδε.

Αἴας δ' ἐγγυθεν ἠλθε, φερων σακος ἠυτε πυργον,
Χαλκεον, ἑπταβοειον· ὃ οἱ Τυχιος καμε τευχων
Σκυτοτομων ὀχ' ἀριστος, Ὕλῃ ἐνι οἰκια ναιων.

[Er bezeugte dem Lederarbeiter Tychius seinen Dank, der ihn bei der »Neuen Mauer« gastfreundlich aufgenommen hatte, als er zur Schusterwerkstätte gekommen war, indem er ihn in der »Ilias« mit folgenden Worten einführte:

Ajax nahte heran und trug den türmenden Schild vor,
Ehern und siebenhäutig, den Tychius klug ihm vollendet,
Hochberühmt in der Lederbereitung, wohnend in Hyle.]

Es ist also grade das Gegenteil von dem, was uns Herr Winckelmann versichern will; der Name des Sattlers, welcher das Schild des Ajax gemacht hatte, war schon zu des Homers Zeiten so vergessen, daß der Dichter die Freiheit hatte, einen ganz fremden Namen dafür unterzuschieben.

Verschiedene andere kleine Fehler sind bloße Fehler des Gedächtnisses, oder betreffen Dinge, die er nur als beiläufige Erläuterungen anbringet. Z. E.

Es war Herkules, und nicht Bacchus, von welchem sich Parrhasius rühmte, daß er ihm in der Gestalt erschienen sei, in welcher er ihn gemalt.[2]

Tauriskus war nicht aus Rhodus, sondern aus Tralles in Lydien.[3]

Die Antigone ist nicht die erste Tragödie des Sophokles.[4]

1 *Herodotus de vita Homeri, p. 756. Edit. Wessel.*

2 Gesch. der Kunst, T. I. S. 167. *Plinius lib. XXXV. sect. 36. Athenaeus lib. XII. p. 543.*

3 Gesch. der Kunst, T. II. S. 353. *Plinius lib. XXXVI. sect. 4. p. 729. l. 17.*

4 Gesch. der Kunst, T. II. S. 328. »Er führte die Antigone, sein erstes Trauerspiel, im dritten Jahre der siebenundsiebenzigsten Olympias auf.« Die Zeit ist ungefähr rich-

Doch ich enthalte mich, dergleichen Kleinigkeiten auf einen Haufen zu tragen. Tadelsucht könnte es zwar nicht scheinen; aber

tig, aber daß dieses erste Trauerspiel die »Antigone« gewesen sei, das ist ganz unrichtig. Samuel Petit, den Herr Winckelmann in der Note anführt, hat dieses auch gar nicht gesagt; sondern die »Antigone« ausdrücklich in das dritte Jahr der vierundachzigsten Olympias gesetzt. Sophokles ging das Jahr darauf mit dem Perikles nach Samos, und das Jahr dieser Expedition kann zuverlässig bestimmt werden. Ich zeige in meinem »Leben des Sophokles«, aus der Vergleichung mit einer Stelle des älteren Plinius, daß das erste Trauerspiel dieses Dichters, wahrscheinlicherweise, »Triptolemus« gewesen. Plinius redet nämlich *(libr. XVIII. sect. 12. p. 107. Edit. Hard.)* von der verschiedenen Güte des Getreides in verschiednen Ländern und schließt: *Hae fuere sententiae, Alexandro magno regnante, cum clarissima fuit Graecia, atque in toto terrarum orbe potentissima; ita tamen ut ante mortem ejus annis fere CXLV Sophocles poeta in fabula »Triptolemo« frumentum Italicum ante cuncta laudaverit, ad verbum translata sententia: Et fortunatam Italiam frumento canere candido* [Dies war die Ansicht zur Zeit der Herrschaft Alexanders des Großen, als Griechenland das berühmteste und mächtigste Land auf der ganzen Welt war. Und doch hatte etwa 145 Jahre vor dessen Tode der Dichter Sophokles in seinem Drama »Triptolemos« das italische Getreide vor allem andern gelobt in dem wörtlich übersetzten Ausspruch: Und glücklich pries man Italien wegen seines weißen Getreides]. Nun ist zwar hier nicht ausdrücklich von dem ersten Trauerspiele des Sophokles die Rede; allein es stimmt die Epoche desselben, welche Plutarch und der Scholiast und die Arundelschen Denkmäler einstimmig in die siebenundsiebzigste Olympias setzen, mit der Zeit, in welche Plinius den »Triptolemus« setzet, so genau überein, daß man nicht wohl anders als diesen »Triptolemus« selbst für das erste Trauerspiel des Sophokles erkennen kann. Die Berechnung ist gleich geschehen. Alexander starb in der hundertundvierzehnten Olympias; hundertundfünfundvierzig Jahr betragen sechsunddreißig Olympiaden und ein Jahr, und diese Summe von jener abgerechnet, gibt siebenundsiebzig. In die siebenundsiebzigste Olympias fällt also der Triptolemus des Sophokles, und da in eben diese Olympias, und zwar, wie ich beweise, in das letzte Jahr derselben, auch das erste Trauerspiel desselben fällt: so ist der Schluß ganz natürlich, daß beide Trauerspiele eines sind. Ich zeige zugleich ebendaselbst, daß Petit die ganze Hälfte des Kapitels seiner *Miscellaneorum (XVIII. lib. III.* eben dasselbe, welches Herr Winckelmann anführt) sich hätte ersparen können. Es ist unnötig, in der Stelle des Plutarchs, die er daselbst verbessern will, den Archon Aphepsion, in Demotion, oder Ἰλ. π [Neffe] zu verwandeln. Er hätte aus dem dritten Jahr der 77ten Olympias nur in das vierte derselben gehen dürfen, und er würde gefunden haben, daß der Archon dieses Jahres von den Schriftstellern ebenso oft, wo nicht noch öftrer, Aphepsion, als Phädon genennet wird. Phädon nennet ihn Diodorus Siculus, Dionysius Halicarnasseus und der Ungenannte in seinem Verzeichnisse der Olympiaden. Aphepsion hingegen nennen ihn die Arundelschen Marmor, Apollodorus, und der diesen anführt, Diogenes Laërtius. Plutarchus aber nennet ihn auf beide Weise; im Leben des Theseus Phädon, und in dem Leben des Cimons, Aphepsion. Es ist also wahrscheinlich, wie Palmerius vermutet, *Aphepsionem et Phaedonem archontas fuisse eponymos: scilicet uno in magistratu mortuo, suffectus fuit alter* [daß Aphepsion und Phädon die Beamten gewesen sind, nach denen das Jahr genannt wurde, wer meine Hochachtung für den Herrn Winckelmann kennet, dürfte es für Krokylegmus halten.

Ende des ersten Teiles

nur ist der eine während der Amtszeit gestorben, der andere ihm als Ersatzmann gefolgt]. *(Exercit. p. 452)* – Vom Sophokles, erinnere ich noch gelegentlich, hatte Herr Winckelmann auch schon in seiner ersten Schrift von der Nachahmung der griechischen Kunstwerke (S. 8) eine Unrichtigkeit einfließen lassen. »Die schönsten jungen Leute tanzten unbekleidet auf dem Theater und Sophokles, der große Sophokles, war der erste, der in seiner Jugend dieses Schauspiel seinen Bürgern gab.« Auf dem Theater hat Sophokles nie nackend getanzt; sondern um die Tropäen nach dem salaminischen Siege, und auch nur nach einigen nackend, nach andern aber bekleidet *(Athen. lib. I. p. m. 20.)*. Sophokles war nämlich unter den Knaben, die man nach Salamis in Sicherheit gebracht hatte; und hier auf dieser Insul war es, wo es damals der tragischen Muse alle ihre drei Lieblinge, in einer vorbildenden Gradation, zu versammeln beliebte. Der kühne Aeschylus half siegen; der blühende Sophokles tanzte um die Tropäen, und Euripides ward an eben dem Tage des Sieges, auf eben der glücklichen Insel geboren.

Zu Lessings »Laokoon«

I.

Im Jahr 1740 erschien unter dem Titel »Lettres françoises et germaniques« ein von einem in Deutschland lebenden Franzosen, Mauvillon, geschriebenes Buch, in dem sich die Meinung des Autors über den Zustand der deutschen Literatur in einen provokanten Satz, ja Halbsatz zusammenzieht, der die deutschen Zeitgenossen erregte. »Nommez-moi un Esprit créateur sur votre Parnasse«, schrieb Mauvillon; es war eine Aufforderung rhetorischen Charakters, d.h. sie implizierte die Meinung, es gäbe keinen, der zu nennen wäre. »Esprit créateur« läßt sich sinngemäß mit »Originalschriftsteller« übersetzen; denn die deutschen Autoren erschienen ihm als bloße Nachahmer und Übersetzer fremdsprachiger Dichter und Werke, die selber von den anderen Sprachnationen einer Übersetzung nicht für wert befunden würden.

Bald nach der Jahrhundertmitte wird Mauvillons Urteil nicht mehr als Provokation empfunden. Es gilt nicht mehr, oder es gilt nun vornehmlich als Exempel für den zur Borniertheit gewordenen Hochmut der Nachbarnation, die sich darin gefalle, nur sich selber zu gefallen; denn in den Jahren seit der Jahrhundertmitte hat das Deutsche begonnen, zu einer Literatursprache von weltliterarischem – was damals heißt: europäischem – Rang aufzusteigen.

Will man sich das stupende Schauspiel dieses Aufstiegs exemplarisch und in einem besonderen, eingeschränkten Bereich sinnfällig machen, dann bieten sich dafür drei Texte an, die als eine Art von Triptychon, über dem der Name Laokoon stehen kann, den Anfang der Geschichte deutscher Kunstkritik großen Formats markieren. Es sind die »Gedanken über die Nachahmung der griechischen Werke in der Malerei und Poesie«, die Winckelmann 1755 veröffentlicht und mit denen er den Grundstein seines europäischen Ruhmes legt; Lessings »Laokoon oder über die Grenzen der Malerei und Poesie« von 1766; Herders »Kritische Wälder«, oder genauer: deren erstes »Wäldchen«, »Über Herrn Lessings ›Laokoon‹« überschrieben, 1769 gedruckt.

»Kritisch«, im programmatischen Sinn des Wortes, über Kunst, Künstlertum und Kunstwerke zu handeln, ist eine Devise der Aufklärung und gehört von deren Anfängen an auch in Deutschland zu den Ansprüchen und Selbstverpflichtungen derjenigen, die über Kunst räsonieren. Was aber Kunstkritik künftighin sein kann und sein wird – ein eigenständiges Gebiet innerhalb des Gesamtbereichs literarischer Produktion, Denk- und Kunstform sui generis, in welcher die Kunst sich selbst reflektiert und zum Gedanken bringt –, das geht auf die drei genannten Autoren zurück. Ein Winckelmann der Literaturgeschichte will der junge Friedrich Schlegel werden, und seinen Weg zu sich selbst als Kritiker und zu seiner Form von Kunstkritik sucht er in der Auseinandersetzung mit Lessing. In den Schriften seines Bruders August Wilhelm liegt zutage, was dieser Herder zu danken hat.

Was dem Aufstieg der deutschen Literatur zu europäischer Geltung einen eigentümlichen Zug verleiht, ist ein Moment, das wohl vor allem aus kulturgeographischen Umständen hergeleitet werden kann; denn die eine Sprachnation Deutschland ist als Kultur-, Geistes- und Bildungsraum ein vielfältig und unterschiedlich Zusammengesetztes. Das diesem Aufstieg eingeprägte Eigentümliche ist ja nicht, daß da mit einem Male große Begabungen hervortreten: Klopstock, Wieland, Hamann, Winckelmann, Lessing, Herder (früher faßte man sie unter dem Namen ›Vorklassiker‹ zusammen); es ist vielmehr das durchaus Unterscheidende, das zwischen ihnen allen besteht, die scharf markierte Individualität ihrer intellektuellen und literarischen Physiognomie und die bei manchen bis zur Sonderlichkeit und Manieriertheit treibende Originalität ihres Schreibens und ihrer Schriften. Das ist es auch, was Winckelmann, Lessing und Herder zu den Gründerfiguren in der Geschichte der deutschen Kunstkritik, was ihre Schriften zu Marksteinen in der Geschichte der deutschen Prosa macht. Gewiß haben sie auch größeren Gedankenreichtum, einen weiteren Blick über mehr Gegenstandsbereiche, insbesondere über mehr Problemfelder, schärfere Begriffe oder differenziertere Ausdrucksmöglichkeiten als ihre Vorgänger aus der ersten Hälfte des Jahrhunderts, die doch auch unverkennbar, wie sie, innerhalb des Geistesraums europäischer Aufklärung beheimatet waren. Aber wenn durch ihre Schriften alle Texte solcher früheren Autoren zur Rückständigkeit verurteilt und unzulänglich erscheinen, dann resultiert das aus einer Verbindung jener Eigenschaften, die zusammen die Signatur bedeutender Kunstkritik ausmachen: ästhetische Einbildungskraft, kritische, intellektuelle Energie und eine Sprachmächtigkeit, in der sich zugleich die individuelle Besonderheit des Autors unverkennbar darstellt – so nachdrücklich, daß ein Kunstwerk, über das er geschrieben hat, künftighin kaum mehr für sich allein gedacht werden kann, sondern in der geistigen Überlieferung als das von diesem Autor Beschriebene weiterlebt. Der Laokoon ist dafür Beispiel.

II.

Die Archäologen sind bis heute nicht zu einem Konsens über die zeitliche Einordnung der ›*Laokoon*‹ genannten vatikanischen Figurengruppe gelangt. Noch in jüngster Zeit wurde die verbreitete Annahme, das Werk sei als »das letzte bedeutende ... der griechischen Kunst in römischer Zeit« um 50 v. Chr. geschaffen worden (Werner Fuchs, »Die Skulptur der Griechen«, 1969), von der Hypothese in Frage gestellt, die Laokoon-Gruppe sei eine frühkaiserzeitliche Marmorkopie nach einem hellenistischen Bronzeoriginal aus der Mitte des 2. Jahrhunderts v. Chr. (Bernard Andreae, »Odysseus. Archäologie des europäischen Menschenbildes«, 1982). Was jedoch die ästhetische Deutung und Wertung des Werkes angeht, so ist die Archäologie sich zumindest in dem einen Punkt einig, daß Winckelmanns berühmte und von Lessing widerspruchslos an den Anfang seiner Abhandlung gesetzte Sätze unhaltbar sind. Fuchs spricht von der »impressionistischen Schmerz-Grimasse« Laokoons.

Daß dieses Bildwerk trotz der Relativität seines künstlerischen Ranges einmal so exemplarisch werden und zu einem Ruhm gelangen konnte, von dem es noch im heutigen Alltagsbildungswissen zehrt, verdankt es vornehmlich den Autoren, von denen hier die Rede ist. Sie machten die Laokoon-Gruppe zum Paradigma in der Geschichtslegende vom klassischen Griechentum, die weit über das 18. Jahrhundert hinaus geschichtsmächtig wurde. Freilich kamen sie dazu nicht von ungefähr. Seit ihrer Auffindung 1506 in Rom stand die Laokoon-Gruppe bei Künstlern, Kennern und Gelehrten als eines der größten Meisterwerke der Antike in einem Ansehen, dessen Unbestreitbarkeit überdies von einer antiken Autorität gewährleistet schien: Der ältere Plinius (23–79 n. Chr.) nennt es in seiner »Historia Naturalis« ein »opus omnibus et picturae et statuariae artis praeponendum«, ein Werk, das allem in der Mal- und Bildhauerkunst vorzuziehen sei. Der bedeutende Einfluß des Laokoon auf das Schaffen der Renaissance-Künstler, insbesondere auf Michelangelo, setzte unmittelbar nach seiner Auffindung ein. Aber es waren nicht die klassizistischen Züge, die Winckelmann später in diese Plastik hineinsah, was die Künstler des 16. und 17. Jahrhunderts an ihr entdeckten; sie wurden vielmehr von jenen Formmomenten ergriffen und angeregt, die einer manieristischen und barocken Gestaltungstendenz exemplarisch erscheinen konnten.

Von dieser Vorgeschichte aus gesehen lag es nahe, daß Winckelmann in seiner Erklärung der Unübertrefflichkeit griechischer Bildkunst Laokoon zum Kronzeugen machte. Er übernahm damit nur ein seit langem geltendes Urteil. Auf der anderen Seite war darin auch etwas Abwegiges; denn die Kriterien, die er zum Erweis jener Unübertrefflichkeit nannte, standen in eklatantem Widerspruch zu dem ›Geist‹, der für die früheren Verehrer aus diesem Bildwerk gesprochen hatte. Die Annahme, daß gerade darin für Winckelmann eine Provokation lag, mag wohl das Richtige treffen; jedenfalls kehrte er mit seiner Neudeutung der Laokoon-Gruppe einen Zeugen der Verteidigung einer von ihm verworfenen Kunstrichtung um und machte aus ihm einen, ja *den* Zeugen seiner Anklage.

So finden wir Laokoon in den »Gedanken über die Nachahmung der griechischen Werke« unmittelbar verbunden mit jenen zwei berühmten Thesen, die Winckelmanns klassizistisches Credo in nuce enthalten: Auf die erste These – »Der einzige Weg für uns, groß, ja wenn es möglich ist, unnachahmlich zu werden, ist die Nachahmung der Alten« – folgt die Versicherung, man werde »den Laokoon ebenso unnachahmlich als den Homer« finden, sei man einmal mit den griechischen Kunstwerken vertraut geworden wie mit einem Freunde; das ist noch Echo der bisherigen Wirkungsgeschichte des Werkes. Wenn aber dann der anderen These, mit der das Kriterium der »edlen Einfalt und stillen Größe« eingeführt wird, der Verweis auf Laokoon folgt, dann ist dieser damit in das Gegenbild seines früheren Bedeutens verkehrt.

III.

Carl Justi hat von Lessings Abhandlung, an deren Beginn die Sätze zitiert sind, die Laokoon zum Paradigma der neu gedeuteten griechischen Kunst machen, gesagt, sie sei »durchaus ein Reflex von Winckelmanns Lehren«. Verstehen wir »Reflex« als Widerschein, dann kann das Urteil gelten. Insoweit die »Gedanken über die Nachahmung« eine Streit- und Programmschrift waren, der es darum ging, ein an den griechischen Bildwerken angeschautes Schönheitsideal klassizistischer Observanz vor- und einem widersprechenden, herrschenden Geschmack entgegenzustellen, stimmt Lessing mit ihr überein. Für beide Autoren ist die unvergängliche Aktualität der Kunst der Griechen Anfangs- und Endpunkt ihrer Rede. Beide demonstrieren die Verkehrtheiten heutiger Kunstpraxis, indem sie das Richtige der antiken Kunstwerke zeigen, wobei die Stelle, die in Winckelmanns Schrift Laokoon innehat, bei Lessing vor allem von Homer eingenommen wird. Jener erkennt die Größe und den seelischen Adel griechischer Bildwerke darin, daß deren Figuren sich in dem »Stande der Einheit« und der »Ruhe« zeigen, und er führt das – geradezu verwegen – am Beispiel Laokoons vor (der doch eher dazu geeignet gewesen wäre, das Gegenteil zu demonstrieren): zur Belehrung heutiger Künstler, deren Beifall nichts finde, »als worin ungewöhnliche Stellungen und Handlungen, die ein freches Feuer begleitet, herrschen«, deren Lieblingsbegriff der »Kontrapost« sei, und die »eine Seele in ihren Figuren« verlangten, »die wie ein Komet aus ihrem Kreise weicht« (ein Vorklang von Kleists Marionettentheater-Aufsatz!). Analog verfährt Lessing, wenn er »die Regel von der Einheit der malerischen Beiwörter, und der Sparsamkeit in den Schilderungen körperlicher Gegenstände« feststellt und dazu erklärt: »In dieser besteht die große Manier des Homers, und der entgegengesetzte Fehler ist die Schwachheit der meisten neuern Dichter, die in einem Stücke mit dem Maler wetteifern wollen«. Es ist der Widerschein von Winckelmanns ›Gräkomanie‹, den wir in Lessings Abhandlung finden: wenn jener mit der Erhebung der griechischen Kunst zum einzig nachzuahmenden Vorbild seine Schrift beginnt, so setzt dieser bereits in seine Vorrede den Satz: »Es ist das Vorrecht der Alten, keiner Sache weder zu viel noch zu wenig zu tun«, macht sie, weil sie maßvoll sind, zum rechten Maß, das vor Augen »wir Neuern«, die »in mehrern Stücken geglaubt« haben, »uns weit über sie wegzusetzen«, unserer falschen Kunstpraxis innewerden sollten.

Winckelmanns Beschreibung der griechischen Welt, des griechischen Menschen und – als deren Widerschein begriffen – der Kunstwerke der Griechen fügt sich zu jener Geschichtslegende zusammen, die, zumindest in Deutschland, zum Text seines Jahrhunderts (und darüber hinaus) geworden ist. Lessing hat, gerade auch im »Laokoon«, an der Fortschreibung dieser Legende teilgenommen. Wenn er in diesen Dingen Winckelmann widerspricht, ist es eine Modifikation, aber nicht eine Sprengung von dessen Griechenbild: Es ist ein Widerspruch, der sich innerhalb der Erörterung des Verhältnisses von Kunstidealität und Naturwahrheit auftat (einem der Schlüsselthemen der ästhetischen Debatten des Jahrhunderts). So wendet er sich – in den Abschnitten über den »Philoktet« des Sophokles breit ausgeführt – vor allem gegen das, was ihm als Relikt stoischen Zwanges bei Winckelmann erscheint und insistiert auf der Vereinbarkeit der Größe der Seele (und damit der Kunstidealität) mit dem vom Schmerz erpreßten Schreien des sinnlichen Menschen (der Naturwahrheit).

Das spätere historische Urteil hat dieses geschichtslegendenhafte

Griechenbild ›gräkomanisch‹ genannt, weil es die in seinem Bann Stehenden bis zur Verblendung faszinierte. Eine solche Kraft geht nicht aus einem bloß historischen Interesse an einer Vergangenheitswelt hervor; sie speist sich aus dem lebendigen Bezug, in den eine Gegenwart sich selbst und ihre Zukunft zu dieser Vergangenheit setzt. Für Winckelmann, Lessing und die ihnen Folgenden war das Griechentum ›erinnerte Zukunft‹, sie schrieben als »rückwärts gekehrte Propheten«, wie der junge Friedrich Schlegel, selbst noch ganz von solchem Geist erfüllt, die wahren Historiker nannte. Und damit bekam dieses Griechentum für sie höchste Aktualität: als Vor-Bild und Richtmaß für ihre Gegenwartswelt und das in ihr gelebte Leben, dessen Veränderung, Erneuerung das große Thema und das Betreiben des Jahrhunderts der Aufklärung und des Humanitätsdenkens war. Der wesentliche Inhalt der griechischen Geschichtslegende war ja diese Humanität als Inbegriff und Inbild des richtigen Lebens, von welchem das Jahrhundert als von einem künftig (wieder) zu Gewinnenden träumte. Deshalb steht hinter Winckelmanns Devise von der durch Nachahmung der Alten allein erreichbaren Unnachahmlichkeit kein bloß artistisches Interesse, das sich innerhalb des Gesamtbereichs menschlicher Tätigkeit auf den Sonderbereich künstlerischer Produktion zusammenzieht; gemeint war von ihm die Lebenstotalität, an deren renovatio die Künstler durch ihr Schaffen mitarbeiteten. Und nicht anders ist für Lessing alles künstlerische Tun und Bilden nichts, das um seiner selbst willen besteht und interessiert, sondern es ist auf den einen gemeinsamen Zweck der Beförderung der Humanität, der Erziehung des Menschen zum richtigen Leben gerichtet.

Diese prinzipielle Einigkeit zweier Griechenverehrer, deren utopisch orientierte Humanitätsvorstellung sich in einem klassizistischen Kunstprogramm äußert, rechtfertigt die Rede vom Widerschein Winckelmanns in Lessings »Laokoon«. Um aber in den Blick zu bekommen, worin die Eigenständigkeit, das ganz andere und Neue dieser Schrift besteht, müssen wir von den wesentlichen Differenzen zwischen beiden Autoren sprechen, mit welchen dann die Besonderheit ihrer Individualität und die Originalität ihrer unterschiedlichen kunsttheoretischen Konzepte zutage treten.

IV.

Zum Dank dafür, daß die Sonne sie bescheint, heißt es bei Bertolt Brecht, werfen die Dinge Schatten. Sie danken mit der Zeichnung des Umrisses ihrer selbst, das Schattenbild der eigenen Gestalt ist ihre Gegengabe. So sind sie der Sonne dankbar und werden deren Geschenk gerecht, indem sie als Beschenkte sich selber treu bleiben. Lessing bekundet Winckelmann, der ihm zu denken gegeben hat, seine Dankbarkeit damit, daß er ihm widerspricht. Seine Gegengabe erfolgt in der Gestalt von Kritik. Das negiert nicht die Achtung, die er ihm entgegenbringt; nur daß diese sich nicht in lobredender Bewunderung erklärt, von der Lessing nichts hielt. Es scheint so, als schlösse Bewunderung für ihn die Preisgabe der Bemühung um Gleichheit und des Anspruchs auf sie ein. Beruhigt sich nicht der Bewunderer in seinem Unvermögen, ja sogar Unwillen, Vergleichbares zu leisten wie der Bewunderte, und meint noch gar, damit eine Tugend zu üben? – Wenn Kritik, produktive Kritik, Lessings Dankerweis ist, so versäumt er freilich dabei, an Winckelmann vieles, ja gerade dessen Eigenstes wahrzunehmen und zu würdigen. Herder, der in seiner Kritik des »Laokoon« Lessing mit ähnlicher Art von Dankbarkeit begegnet, hat dafür Wiedergutmachung geleistet; nicht nur mit Argumenten, sondern allein schon durch seine Weise, von Kunst und Kunstwerken zu reden. Sie hat weit mehr gemein mit der Winckelmanns und wird so gewissermaßen zu der Stimme, mit der dieser seinem Kritiker hätte antworten können (was er nicht getan hat). Aber Lessings Versäumnis, die Besonderheit des anderen und seines Werkes zu würdigen, ist Erfordernis für ihn, der sich auf dem eigenen, selbst zu bahnenden Weg nicht beirren und ablenken lassen darf. So beginnt er zwar mit Winckelmann, führt mit dem ersten Schritt seiner Abhandlung in die Mitte von dessen »Gedanken über die Nachahmung der griechischen Werke«, aber nicht, um sich unter deren Zeichen zu stellen. Vielmehr löst er die zitierten Sätze aus ihrem Kontext und macht sie zum ›Einstieg‹ in ein Reflexionsgeschäft anderer, eigener Art. In dessen Fortgang bekommt, wovon Winckelmann handelte, einen anderen Stellenwert. Was für diesen selbstverständlich schien, wird Lessing zum Problem; was diesem ein Beiläufiges war, wächst zu immenser Gewichtigkeit an, und Einsichten und Divinationen des andern, deren Ursprung aus neuer, authentischer Erfahrung von der Leuchtkraft seiner Sprache versichert wurde, bleiben wort- und anscheinend interesselos unbeachtet.

Natürlich hat das mit der Verschiedenheit ihrer Geistesart, ihrer Denkform, ihrer Persönlichkeit zu tun. In einer typologisierenden Beschreibung könnte man sie so weit auseinanderrücken, daß zwischen ihnen keine andere Begegnung zu erwarten wäre, als die von Schillers Cäsar und Brutus: »Geh Du linkswärts, laß mich rechtswärts gehn.« Was beide trennt, ist zunächst einmal die auf Schritt und Tritt spürbare Differenz zwischen einem Interpreten und Historiker von Bildkunstwerken, der die sinnliche Anschauung zum Substrat seiner Argumentation macht, und einem Philologen und Dialektiker; und es ist eindeutig, daß Lessing, als Philologe über die Kunstwerke der Alten räsonierend, Winckelmanns kunstkritischer Methode gegenüber zurückgeblieben erscheint. Im Vergleich mit ihr ist sein Verfahren ›blicklos‹. Kaum ist er von der Körperlichkeit plastischer Kunst fasziniert, viel mehr vom Buchstaben gebannt, genauer: vom Geist, der in den Buchstaben hauste. Vom »tastenden Gefühl der Seele im Körper«, wie Herder – an Winckelmann anschließend – sagen wird, wurde *er* nicht geleitet, und Goethes »Sehe mit fühlendem Aug', fühle mit sehender Hand« hätte *er* von sich nicht sagen können. In dieser Hinsicht ist sein »Laokoon« kein Reflex Winckelmanns, ja er fällt in den Abschnitten, wo er von einzelnen antiken Kunstwerken handelt, methodisch hinter ihn zurück, nähert sich jener von den ›Antiquaren‹ betriebenen Altertumskunde, die philologisch aus Nachrichten, die von weitverstreuten Texten und Textfragmenten der Antike überliefert wurden, Auskunft zu finden bemüht waren über das Was, Wann und Wo der Kunstwerke, über ihr Bedeuten, den Zeitpunkt ihrer Entstehung und die Künstler, von denen sie geschaffen wurden. Das war ein Geschäft vergleichender Textexegese, das der ästhetischen Anschauung meist gänzlich entbehrte. Winckelmanns Begründung der Archäologie als einer neuen, eigenständigen Wissenschaft bestand ja eben darin, daß er die zuvor in den Eigenbereich der Künstler und Kunstliebhaber gehörige ästhetische Erfahrung mit wissenschaftlich-historischer Systematik verband und alle ›antiquarische‹ Kunsterörterung damit weit überholte.

Es ist evident, daß eine solche unterscheidende Kennzeichnung der beiden Autoren auf Kosten Lessings geht: sie bringt ihn und seinen »Laokoon« nur negativ ins Bild. Um ihm gerecht zu werden, ist es besser, von einer anderen, tiefreichenden Differenz zu sprechen – von der zweier wissenschaftlich-kritischer Diskurse. In dem Winckelmanns konstituiert sich die neue Kunstgeschichtsschreibung. Lessings »Laokoon« zielt dagegen auf eine systematische, weitgehend semiotisch fundierte Theorie der Künste und Kunstgattungen. Es gehört zu den Merkwürdigkeiten der Rezeptionsgeschichte, daß die historische Wirkung der Konzepte der beiden Autoren im umgekehrten Verhältnis zur fortdauernden literarischen Aktualität ihrer Texte selbst immer gestanden hat. Bis heute wird der Anfang der Archäologie von Winckelmann an datiert, und sein Versuch einer Entwicklungsgeschichte der griechischen Kunst galt stets als Prototyp der Kunstgeschichtsschreibung. Aber die Texte selbst blieben eine Lektüre historischer Bildung und Wissenschaft, und nur einzelne Passagen daraus fanden Eingang in den Kanon des klassischen deutschen Schrifttums. Lessings »Laokoon« hingegen brachte es sogar dazu, bereits in den Gymnasien zur Pflichtlektüre der Schüler zu werden, blieb aber dafür ohne eigentliche, d. h. konsequente Nachfolge im Bereich der Ästhetik, wurde nicht Paradigma kunsttheoretischer Problemstellung und Methodik. Erst die Semiotik unserer eigenen Gegenwart hat begonnen, sein Verfahren mit der Verbindlichkeit eines wissenschaftlichen Erkenntnisinteresses zu studieren, nicht mehr nur mit historisch-hermeneutischer Verstehensbemühung. Der Grund für diese eigentümliche Wirkungsgeschichte mag wohl in der Übermacht zu suchen sein, die der Historismus in Deutschland bis in unser Jahrhundert behauptet hat. Sie gewährleistete die Kontinuität von Winckelmanns ›wissenschaftlicher‹ Geltung, fand der Historismus doch in ihm eine seiner Gründergestalten (vgl. Friedrich Meinekkes Buch über »Die Entstehung des Historismus«). Lessings »Laokoon« ließ sich dagegen zwar vorzüglich als Objekt historischer Betrachtungen an, aber mit den Fragen, die er an Kunst und Kunstwerke stellte, lief er an allem historischen Interesse vorbei. Sie zielten auf ein ganz anderes und waren dort, wo sich die Geisteswissenschaften an Winckelmann und Herder, später an Hegel anschlossen, nicht integrierbar. »Noch hat sich keiner, auch nicht Herder, träumen lassen, wo ich hinaus will«, schreibt Lessing 1769, den »Laokoon« betreffend, an Nicolai. Wie auch immer danach einer oder der andere es sich träumen lassen konnte – dahin, wo Lessing »hinaus« wollte, mochte ihm doch keiner folgen.

V.

Noch keiner habe sich träumen lassen, »wo ich hinaus will«: Lessings Bemerkung gründet zunächst einmal in dem simplen Faktum, daß der »Laokoon« Fragment ist, erster Teil eines Ganzen, das nicht fertig war (und nie fertig wurde). Sie ist aber auch charakteristisch als eine Äußerung seines intellektuellen Temperaments: während seine Kritiker noch an den Brocken kauen, die er ihnen vorgeworfen hat, ist er über die veröffentlichte Abhandlung – und damit auch über die Kritiker und ihre Kritik – hinaus, bei neuen, weiterschreitenden Gedanken. Überdies hat er seitdem auch die »Hamburgische Dramaturgie« geschrieben und sich darin mit einer Fülle gattungstheoretischer Probleme herumgeschlagen, wobei der Nachhall des »Laokoon« deutlich vernehmbar, das Aufgreifen und Weiterführen dortiger Überlegungen sichtbar ist. Es ist Lessings Geistesart, daß er nie bei einem einmal Erreichten stehenbleibt und – darüber hinaus – im Grunde nie mit etwas ›fertig‹ ist. (Darin ist er zum Inbegriff seines Zeitalters, der Aufklärung, geworden; darin bildet er ab, was den westlich-europäischen

Geist der Neuzeit insgesamt bestimmt.) Alles Erkundete und Aufgeschriebene ist nie am Ziel, ist nur ein Stück Wegs dorthin. Überdies ist der Verlauf dieses Wegs meist alles andere als geradlinig. Auch im »Laokoon« verfolgen Lessings Rede und Argumentation ja nicht eine durchgängige, geschweige kürzeste Strecke zwischen Ausgangs- und Zielpunkt. Er bewegt sich eher wie ein Spaziergänger, liebt Umwege und Seitenwege, sucht abseits Liegendes auf und verweilt nach Belieben, wenn es ihm behagt. So präzis, scharfkonturiert und konsequent die argumentative Entwicklung seiner Gedanken an jedem Punkt ist, so viel Läßlichkeit erlaubt er sich bei der lockeren Verknüpfung der einzelnen und besonderen Erörterungen zum Ganzen. Freilich ist dabei auf eine geradezu sinnliche Weise spürbar, daß seine intellektuelle Energie ihrer selbst gewiß und jeder Schritt des Gedankengangs vom Vertrauen auf den festen Boden unter den Füßen und auf die Richtigkeit des eingeschlagenen Weges erfüllt ist. Die Spontaneität seines Denkens hat nichts Eruptives, sie verbindet sich mit jener »Mäßigung und Genauigkeit«, die er in der Vorrede zum »Laokoon« rühmt, und so kommt die Souveränität und mit ihr jener Reiz seiner Prosa zustande, den man besonnene Unmittelbarkeit nennen könnte.

Nicht die gerade Linie vom Anfang auf ein angestrebtes Ziel zu beschreibt Lessings Argumentationsgang im »Laokoon«; passender scheint es zu sagen, da sei ein in seinen Grenzen noch gar nicht genau bestimmbarer Raum, angefüllt mit Phänomenen vielfältiger Art, zugleich aber erkannt als problematischer Boden; und Lessing hat sich vorgenommen, diesen Raum auszuschreiten, wobei er sich gelegentlich erlaubt, zwischen solchem Ausschreiten und einem bloßen Sich-Ergehen abzuwechseln. Die als »Laokoon. Erster Teil« veröffentlichte Abhandlung stellt sich, so betrachtet, als eine Teilerkundung dieses Raumes dar, und erst mit dem Abschluß des ganzen Werkes wäre dann auch das Ganze des Raumes ausgeschritten, ausgemessen und damit für den Leser erschlossen; auch der Kritiker könnte dann, ohne sich's träumen lassen zu müssen, sagen, er wisse nun, wo Lessing hinauswollte.

In dem Vergleich mit einem Fußgänger, in der Metapher vom Sich-Ergehen stecken nun freilich Momente, durch welche die Erkenntnisbemühung und Geistesarbeit Lessings in dieser Abhandlung auf eine idyllisierende Weise verharmlost werden. Denken wir uns, dem einmal gewählten Raum-Bild weiter folgend – mit welchem ja nichts anderes bezeichnet wird als der weite Bereich der Kunst überhaupt, der bildenden und der Dichtkunst im besonderen –, diesen Raum als einen Park, einen Landschaftsgarten, dann liegt es nahe, angesichts dessen, was Lessing im »Laokoon« macht, den Zustand dieses ›Gartens der Kunst‹ – mit den Augen Lessings gesehen – auf zweifache Weise verwahrlost sich vorzustellen. Er ist zum einen verwildert: da wächst und wuchert eine Vielzahl von Gesträuch und Unkraut, das sich breitmacht, ohne ›ein Recht‹ zur Anwesenheit oder gar Zugehörigkeit zum Garten zu haben. Zum anderen ist seine mögliche Schönheit beeinträchtigt dadurch, daß ein falscher Geschmack ihn verunstaltet hat. Zusammen mit seiner Erkundung obliegt also dem, der die Topographie dieses Raumes zu schreiben sich vorgesetzt hat, noch die weitere Aufgabe eines Räumungsgeschäftes oder doch die Markierung alles dessen, was notwendig oder füglich in diesem Garten keinen Platz haben darf, was aus ihm zu entfernen oder in der Gartenanlage zu verändern ist. Diesem Geschäft vor allem ist die polemisch-kritische Arbeit des »Laokoon« gewidmet. Sie ist »Reinigungswerk«, wie es Gervinus in seiner großen Literaturgeschichte, noch mit unbedenklicher Zustimmung, nennt, und ihr eignet ein gutes Maß an Radikalität, d. h., sie geht bis zur Wurzel, um die für einen Übelstand erachtete Sache mit der Wurzel auszureißen. Im »Laokoon« wie in den anderen kritischen Schriften Lessings macht das kritisch-polemische Verfahren sinnfällig, daß die alte Parallelsetzung der ästhetischen und philosophischen Revolutionen dieses Jahrhunderts in Deutschland mit der bürgerlichen Revolution in Frankreich plausibel ist. Da werden Lizenzen entzogen, altgewohnte Privilegien aufgekündigt, Geltungshierarchien umgestoßen und neubestimmt, und ob man von abgeschlagenen Köpfen oder, wie es die Historiker des 19. Jahrhunderts taten, von abgeschnittenen Zöpfen sprechen will, mag anheimgestellt bleiben. Es ist der Rigorismus kritischer Vernunft, vor der das Bestehende und Gebräuchliche dadurch, daß es ist, sich kein Recht erwirbt, den Anspruch auf forthinniges Dasein geltend zu machen. Und wie überall, wo diese Vernunft durch ihren Erkenntnis- und Richtspruch die Scheidung der Dinge in richtige und verkehrte vornimmt, steht die betroffene Wirklichkeit in Gefahr, ihre Purifikation mit ihrer Dezimierung zu bezahlen. Lessings Rigorismus markiert – um zur weniger andringlichen Garten-Metaphorik zurückzukehren – eine so beträchtliche Zahl von Gewächsen, denen er die Aufenthaltserlaubnis im Kunst-Garten entzogen sehen will, daß sich gelegentlich die Frage aufdrängt, ob das noch Lichtung sei oder doch schon Kahlschlag. Es geht ja nicht nur um die sogenannte Beschreibungspoesie, deren ›Annihilierung‹ zwar beinahe im Zentrum des »Laokoon« steht und eine wahrhaft eingreifende literarhistorische Wirkung zeitigte (so nachdrücklich und fortdauernd, daß sie vor allem anderen für die Vorstellung, worum es im »Laokoon« gehe, bestimmend blieb); weit darüber hinaus reichen ja Lessings Verdikte, die bildenden Künste, insbesondere die Malerei betreffend. Ihnen gegenüber zeigt sich das Richtmaß der ›reinen Kunst‹ in seiner ganzen Unerbittlichkeit und führt zu Konsequenzen, deren praktische und strikte Befolgung die historische Fülle künstlerischer Realisationen eliminieren müßte zugunsten einer uniformen Kunstübung, die, eingezwängt in den eng gewordenen Kreis der ihr zugestandenen Gestaltungsmöglichkeiten, nur ein wesentlich Gleiches mit eingeschränkten Mitteln beständig hätte wiederholen können. In der Tat ist eine solche Uniformierungstendenz jedem Klassizismus inhärent.

VI.

Die aus dem Horaz stammende Formel »ut pictura poesis« gehört zu den meistgebrauchten der klassischen Zitate, mit denen die Poetiken der ersten Hälfte des 18. Jahrhunderts gespickt zu sein pflegen. In dieser Formel ist eine Ansicht zusammengefaßt, der die

Poesie als »redendes Gemälde«, die Malerei als ein »stummes Gedicht« erscheint. Dem »falschen Geschmack« der Künstler und den »unbegründeten Urteilen« der Kunstrichter, die sich aus dieser Ansicht ergeben, »entgegenzuarbeiten, ist die vornehmste Absicht folgender Aufsätze«, schreibt Lessing in der Vorrede zum »Laokoon«.

Daß er nicht der erste ist, der sich gegen diese falsche Tendenz einer summarischen und vagen Gleichsetzung der beiden Kunstarten wendet, ist ebenso bekannt wie der historische Sachverhalt, daß erst durch ihn als eine falsche Tendenz notorisch wird, was zuvor landläufige Meinung in der Theorie und übliche, ja rühmenswerte Übung in der Praxis der Kunst war. Daß ihm sein Unternehmen so vorzüglich und folgenreich glückte, verdankt er dem entscheidenden Schritt, den er über die Erörterung seiner Vorgänger hinaus zu tun vermochte. Dieser Schritt führt ihn von der nachahmungstheoretischen Rede über die Kunst zu einem Diskurs, in welchem der Werkcharakter des Kunstgebildes vor allem unter dem Aspekt seines Wirkens und seiner Wirkung bedacht wird: als ein funktionales Gebilde instrumentellen Charakters, dessen ratio darin liegt, daß mit ihm Wirkungen bestimmter Art beim Rezipienten erzielt werden können.

Daß vor allem die Nachahmungs*poetik* an der Formel »ut pictura poesis« so lange und so strikt festgehalten hat, läßt sich daraus erklären, daß ihr Blick vornehmlich auf die Verbindung des Kunstwerks, als der Nachahmung (Abbild), mit der ›Natur‹, als dem Nachgeahmten (Urbild), gerichtet war. Diese diktierte, was jenes sein sollte, durfte, konnte. Hinter der Reflexion auf die gegenständlichen Inhalte der Nachahmung stand das Bedenken der Mittel der nachahmenden Kunst zurück. Von diesen Nachahmungsinhalten aus ergaben sich im wesentlichen auch die Bestimmungen, durch welche innerhalb der Dichtkunst die Gattungen voneinander unterschieden wurden. Der im Grunde stets ontologisch fundierten Nachahmungspoetik war die Frage wesentlich, welche Gegenstände überhaupt für die Dichter tauglich oder würdig zur Nachahmung seien bzw. welche als minder- oder hochwertige Objekte der Nachahmung zu gelten haben (daraus ergab sich eine Art von Gattungshierarchie); es ging ihr nicht um die Natur der Kunstmittel, d. h. um die Frage, zu welcher Wahl von Nachahmungsgegenständen die Künstler auf Grund der Besonderheit der ihnen zur Verfügung stehenden unterschiedlichen Nachahmungsmittel gehalten seien. Wenn es aber primär um die ›Natur‹ der Nachahmungsinhalte ging, dann verdeckte die Feststellung, daß Maler und Dichter eine gemeinsame, abbildende (»malende«) Tätigkeit ausüben, den gewissermaßen akzidentiell erscheinenden Umstand, daß sie es mit unterschiedlichen Mitteln tun. Ob es ein König oder ein Bauer, Achill oder Thersites, Engel oder Mensch, hohe oder gemeine Handlungen sind, die zur Abbildung kommen, waren die den Diskurs bestimmenden Fragen, nicht, ob sie in Stein, Farbe oder Worten zum Bild werden.

Der zentrale, theoretische Teil von Lessings Auseinandersetzungen mit dem Grundsatz »ut pictura poesis« beginnt im Kapitel XVI mit dem Satz: »Doch ich will versuchen, die Sache aus ihren ersten Gründen herzuleiten.« Die »Sache« ist die Differenz zwischen den Erfordernissen und Möglichkeiten der verschiedenen Künste »Malerei und Poesie«. Bisher hat Lessing sich auf der Ebene der kontrastiven Phänomenbeschreibung bewegt, nun aber geht er auf die »ersten Gründe« zurück, um die zutage getretenen Phänomene aus ihnen »herzuleiten«; und dabei wird für ihn, was den Nachahmungspoetikern nur akzidentiell war, ein prinzipielles Moment. Allerdings schreibt er keine »Anfangsgründe der schönen Wissenschaften und Künste«, wie sich zu seiner Zeit die Untersuchungen nennen, in denen es um eine Grundlegung der Ästhetik überhaupt geht. In bezug auf deren Prinzipienfragen arbeitet er, so weit es erforderlich wird, mit den übernommenen Grundbegriffen Alexander Baumgartens und seiner Schule, d. h. mit einem ganz aktuellen Konzept, das zwar an den Wolffschen Rationalismus anschließt, aber gerade erst – seit den 40er Jahren – seine Formulierung gefunden hat (womit die Wissenschaft ›Ästhetik‹ überhaupt erst eigentlich begründet wurde). Lessings Interesse gilt nicht dem, was die Künste überhaupt Kunst sein läßt, ihrem

Gemeinsamen, sondern dem, was sie unterscheidet; im veröffentlichten 1. Teil seiner Abhandlung beschränkt er sich überdies auf die bildenden Künste und die Poesie, wobei letztere ein deutliches Übergewicht hat. In den überlieferten Nachlaß-Materialien zum »Laokoon« deutet sich allerdings – wie schon in einer Seitenbemerkung der Vorrede – an, daß er auch noch andere Kunstarten, Musik und Tanz, ins Blickfeld rücken wollte; im übrigen aber ist auch in diesen Notaten die Dominanz der Poesie bzw. der Poetik unverkennbar.

Die Erkundung der »Grenzen von Malerei und Poesie« erfolgt also mittels einer grundlegenden Bestimmung dessen, wodurch sie, die darin, daß sie »nachahmende Künste« sind, übereinstimmen, sich unterscheiden und was jede von ihnen ausschließlich vermag oder nicht vermag; welche Zwecke sie sich setzen können bzw. welche zu verfolgen ihnen verwehrt ist; was ein zweckmäßiger oder zweckwidriger Gebrauch der unterschiedlichen Mittel ist, die ihnen zur Verfügung stehen; und vor allem: von welcher Beschaffenheit diese Mittel sind. Mit der Bestimmung der Beschaffenheit dieser Mittel aber zeigt sich die Grundlage, auf der Lessings Kunstlehre ruht. Das erfolgt fast beiläufig: »Ich schließe so. Wenn es wahr ist, daß die Malerei zu ihren Nachahmungen ganz andere Mittel, oder Zeichen, gebrauchet, als die Poesie [...]«. Die »Mittel« werden als »Zeichen« definiert, und damit wird eine Zeichentheorie zur Basis und zum Instrument der Erkenntnis der verschiedenen Kunstarten.

Eine Erörterung der Zulänglichkeit bzw. Insuffizienz dessen, was Lessing aus der Zeichenlehre seiner Zeit übernimmt und zu seinem analytischen Instrumentarium macht, kann hier ebensowenig Gegenstand der Erörterung werden wie die Demonstration der Virtuosität, mit der er doch mit dem groben, d. h. wenig differenzierten Raster arbeitet, das ihm die Unterscheidung »natürlicher« und »willkürlicher« Zeichen bietet. Schauen wir statt dessen darauf, was seine Kunstlehre besondert, was sie für sich selbst auszeichnet im Unterschied zu anderen Weisen, über Kunst zu reden.

Eine Notiz, die sich in den Aufzeichnungen zum »Laokoon« aus Lessings Nachlaß findet, »Einige Gedanken zur Fortsetzung meines Werks« überschrieben, taugt als Ausgangspunkt einer solchen Charakteristik: »Ich behaupte, daß nur das die Bestimmung einer Kunst sein kann, wozu sie einzig und allein geschickt ist, und nicht das, was andere Künste eben so gut, wo nicht besser können, als sie. Ich finde bei dem Plutarch ein Gleichnis, das dieses sehr wohl erläutert. Wer, sagt er [...], mit dem Schlüssel Holz spellen und mit der Axt die Türen öffnen will, verdirbt nicht so wohl beide Werkzeuge, als daß er sich selbst des Nutzens beider Werkzeuge beraubt.« Es ist eine These, die mit ähnlicher Argumentation sich auch in der »Hamburgischen Dramaturgie« (79. u. 80. Stück) findet. Dort lautet sie so: »Ein Dichter kann viel getan haben, und doch noch nichts damit vertan [d. h.: vollbracht] haben. Nicht genug, daß sein Werk Wirkungen auf uns hat: es muß auch die haben, die ihm, vermöge der Gattung, zukommen; es muß diese vornehmlich haben, und alle anderen können den Mangel derselben auf keine Weise ersetzen; besonders, wenn die Gattung von der Wichtigkeit und Schwierigkeit und Kostbarkeit ist, daß alle Mühe und aller Aufwand vergebens wäre, wenn sie weiter nichts als solche Wirkungen hervorbringen wollte, die durch eine leichtere und weniger Anstalten erfordernde Gattung ebensowohl zu erhalten wäre. Ein Bund Stroh aufzuheben, muß man keine Maschinen in Bewegung setzen; was ich mit dem Fuß umstoßen kann, muß ich nicht mit einer Mine sprengen wollen; ich muß keinen Scheiterhaufen anzünden, um eine Mücke zu verbrennen.« Und dann die Nutzanwendung auf die Gattung Drama: »Wozu die sauere Arbeit der dramatischen Form? wozu ein Theater erbauet, Männer und Weiber verkleidet, Gedächtnisse gemartert, die ganze Stadt auf einen Platz geladen? wenn ich mit meinem Werke, und mit der Aufführung desselben, weiter nichts hervorbringen will, als einige von den Regungen, die eine gute Erzählung, von jedem zu Hause in seinem Winkel gelesen, ungefähr auch hervorbringen würde.«

Diese Sätze haben etwas unmittelbar Einleuchtendes und wirken doch zugleich befremdlich. Das resultiert daraus, daß uns sowohl die wirtschaftliche Kosten : Gewinn-Rechnung als auch die technische (Energie-)Aufwand : (Leistungs-)Ertrag-Relation vertraute Denk- und Argumentationsmodelle sind. Ungewohnt mag uns nur ihre Einführung in die ästhetische Reflexion anmuten; denn von dieser sind wir schon seit langem, schon vom Ende des 18. Jahrhunderts an, eher mit der Vorstellung vertraut gemacht worden, daß die Kunstwerke und das Kunstschaffen sich gerade dadurch auszeichnen, daß sich in ihnen ein Gegenbereich zu dem des wirtschaftlich-technischen Denkens und der ihm zugehörigen Praxis darstellt. Es ist auch schwer vorstellbar, daß Lessings Überlegungen von einer früheren Kunsttheorie, einer, die sich etwa auf eine höfisch-repräsentative Kunstpraxis bezog, angestellt worden wären. Aus ihnen spricht die ökonomische Rationalität bürgerlicher Observanz, die es gewohnt ist, ihre Unternehmungen nach dem Nutzeffekt und -wert zu überprüfen und danach einzurichten; und mit ihr verbindet sich eine technische Rationalität, der es um die funktionale Perfektionierung des Instrumentariums geht, mit dem sie zur Erzielung bestimmter Wirkungen arbeitet.

Lessings »Laokoon« ist in seinem zentralen, grundsätzlichen Teil eine Veranstaltung primär technischer Intelligenz. Zwar reicht die Bestimmung des letzten Zwecks aller Kunst, insofern diese auf Moralität, Bildung zur Humanität, bezogen ist, darüber hinaus. Aber um den Nachweis dieser Bestimmung geht es darin nicht. Es ist ein strikt wissenschaftlicher und pragmatischer Geist, der sich von aller Spekulation fernhält: der Geist der Analyse. Er erkennt im Kunstgebilde ein vom Menschen geschaffenes Instrument, das seinen Sinn und Wert in seiner Brauchbarkeit erweist. Aber es wäre historisch kurzsichtig, Lessings Verfahren nur auf das aufklärerisch-bürgerliche Denken seines Jahrhunderts zu beziehen. Darin, daß er von der Kunst als einer »techne« handelt, zeigt er sich zugleich als Schüler der griechischen Philosophie, genauer: des Aristoteles, an dessen »Poetik« er sich auch bei den prinzipiellen Erörterungen der Tragödie in der »Hamburgischen Dramaturgie« anschließt. Das hat Konsequenzen, nicht nur in bezug auf die

Begrenzung des Reflexionsbereichs, in dem Lessing sich bewegt, sondern auch für den Begriff der Kunst überhaupt. Im Kapitel II des »Laokoon« finden wir – in einer Bemerkung über das Recht des Gesetzgebers, die Künste seiner Legislatur zu unterwerfen – die strikte Scheidung zwischen Wissenschaft und Kunst getroffen: jene geht auf Wahrheit, diese auf Vergnügen (das das Schöne bereitet). Das ist aristotelisch gedacht – im Gegensatz zur platonisch-neuplatonischen Überlieferung, die Schönheit und Wahrheit miteinander verband, das Schöne zum Scheinen der Wahrheit machte. »Illusion« ist der zentrale Begriff in Lessings Beschreibung der Wirkung des Kunstgebildes auf uns – nicht ›Erkenntnis‹. Daraus ergibt sich, daß jegliche Art von ›Metaphysik der Kunst‹, daß ein spekulatives Philosophieren über sie außerhalb des Bereichs seines Diskurses liegt. Gar die Verbindung von Religion und Kunst, auf die er im Kapitel IX zu sprechen kommt, dient ihm nur dazu, sie als ›unreine‹ Verbindung, nämlich unrein für das Kunstwerk, zu disqualifizieren. Als »bloßes Hilfsmittel der Religion« verdient die Kunst ihren Namen nicht, weil sie »nicht um ihrer selbst willen«, d.h. um der Schönheit willen, geschaffen werde.

Lessings Erörterung der Kunst als »techne« grenzt sich auch prinzipiell gegen die Weise über Kunst zu reden ab, die zur gleichen Zeit in einer mächtigen Bewegung aufkommt und in der sogenannten ›Genieästhetik‹ kulminiert. Die entscheidenden Tendenzen, in denen diese Bewegung sich bekundet, bleiben ihm fremd und haben mit seiner Sache nichts zu tun. Der ungemeine Umfang seines historischen Wissens in vielen Bereichen der Kunst verbindet sich bei ihm nicht mit historisch-hermeneutischer Verstehensbemühung und Deutungslust. Herders Einfühlung und Einsicht in die individuelle Lebendigkeit, die sich in den Kunstwerken ferner Zeiten und Räume vielfältig offenbart, ist nicht seine Sache. Das Maß, an welchem er, was als Fülle der geschichtlichen Realisationsformen und -weisen von Kunst sich ihm darbietet, mißt, sucht er nicht in diesen selbst; stets stellt er sie sich gegenüber als Auskunftsmittel für das Geschäft seiner eigenen

Erkundung der richtigen Kunstgesetze. Fern liegt ihm auch, von den Kunstwerken im Rückgang auf die Individualität des Künstlers zu handeln. »Ausdruck« ist bei ihm nicht grundlegende Kategorie, die das Werk als Objektivation dessen, der es geschaffen hat, bestimmt. Wenn *er* den Begriff gebraucht, um von den »Zeichen der Seele« (Kommerell) zu sprechen, dann bezieht er sich damit nicht auf den sich in seinem Werk darstellenden Künstler, sondern auf das im Kunstwerk Dargestellte. Und schließlich gibt es zwischen ihm und der Genieästhetik keine Vermittlungsmöglichkeiten. Nicht daß ihm das Genie als künstlerische Schöpfungskraft unwesentlich wäre; aber es ist ihm keine verläßliche Größe dort, wo es darum geht, die Kunst auf »techne« zu gründen. Im aristotelischen Verstand bedeutet diese ja etwas vom Menschen Hergestelltes, das ihm nicht von ›Natur‹ (wie bei den Tieren) oder durch Zufall von selbst gelungen ist, sondern aus der Einsicht in die Sache heraus auf methodischem Weg. Dieser Kunst liegt Wissen zugrunde, Genie aber, im jetzt aufkommenden Sinn des Wortes, definiert sich ja gerade daraus, daß es als ein Organ der Natur, die in seiner Schöpfungskraft, durch sie hindurch, sich darstellt, das Kunstgebilde hervorbringt, ohne dabei der Reflexion auf seine Kunstmittel zu bedürfen. Wenn Lessing hingegen – im 34. Stück der »Hamburgischen Dramaturgie« – von den Werken des Genies, des »edelsten Geschöpfs« des »höchsten Genies«, Gottes, spricht, dann erkennt er in diesen Werken zwar eine Nachahmung des göttlichen Schöpfers, aber eine, die von einem zweckgerichtet und absichtsvoll planenden Geist geschaffen wird, der seine poetische Welt zu einem Ganzen fügt, in dessen Ordnung alles Zufällige getilgt ist. Wie »Gott« in diesen Sätzen keine pantheistisch vorgestellte ›Weltseele‹ ist, sondern höchste schaffende Vernunft, so ist das Genie nicht ›Natur‹, sondern ›Techniker‹ höchsten Grades; was es gegenüber anderen Künstlern auszeichnet, ist nicht die Irrationalität seines Schaffens, also ein Nicht-Wissen, sondern die *unmittelbare* Verfügung über ein umfassendes Wissen von den Gesetzen der Kunst: das Genie hat es, wenn es seiner bedarf, es braucht dieses Wissen nicht erst, wie andere, mühsam als Lernender zu erwerben. Deshalb ist das Studium der Werke des Genies eine förderliche, ja unentbehrliche Aufgabe des Kunstkritikers. Sie weisen ihn auf die praktisch befolgten Regeln hin, die er in seiner theoretischen Arbeit zu einem gesicherten Wissen befestigen will – zu einem Wissen, dessen verläßlicher Bestand Tradierbarkeit und damit Kontinuität einer Kunstübung garantiert, die, wenn nicht »im Reinen und Rechten« (Goethe), so doch auf dem richtigen Weg zu sein versichert wäre. Die Auslieferung des Prozesses der Kunst an das schöpferische Genie hieße dagegen, ihn der ›Natur‹ bzw. dem Zufall einmaliger und spontaner Eingebungen anheimzustellen, derart, daß mit jedem Genie die Kunst gewissermaßen immer wieder von neuem anfinge; denn ohne das Wissen und die in ihm gründende »techne« müßte Unberatenheit und damit Willkür und Beliebigkeit die Signatur des künstlerischen Schaffens aller sein, die nicht selbst Genie sind.

VII.

Die Frage, wo Lessing »hinaus will« mit dem, was er im »Laokoon. Erster Teil« begonnen hat, ist noch unbeantwortet geblieben. Über seine fortdauernde Beschäftigung mit dem Problemfeld, das er sich zu erschließen begonnen hat, unterrichtet ein bedeutender Brief an Nicolai vom 26. Mai 1769. In ihm deutet sich an, wie Lessing die poetologischen Überlegungen auf zeichentheoretischer Basis weiterzuführen beabsichtigt. Während er im ausgeführten Teil des »Laokoon« von den raum-zeitlichen Aspekten ausging, die sich mit der Beschaffenheit der »natürlichen« und der »willkürlichen« Zeichen verbinden – das führte ihn zur Unterscheidung zwischen den zugemessenen Nachahmungsobjekten: »Körper« für die Bildkünste, »Handlungen« für die Poesie –, spricht er nun von Überlegungen, die sich auf die möglichen Mischungen, Verbindungen und Modifikationen natürlicher und willkürlicher Zeichen beziehen. Die Umrisse einer Poetik deuten sich an, in welcher das Wesen der poetischen Sprache und eine Unterscheidung der poetischen Gattungen mittels semiotischer Analyse erörtert worden wären. Nehmen wir hinzu, was die Aufzeichnung aus dem Nachlaß zur »Fortsetzung meines Werks« und die korrespondierenden Passagen aus der »Hamburgischen Dramaturgie« enthalten, dann verstärkt sich die Vermutung, Lessing habe als eigentliches Ziel eine praxisbezogene Theorie im Sinn, von welcher gemäß ihrer Zugehörigkeit zu einer Kunstart oder -gattung der spezifische Gebildecharakter der Kunstwerke festgestellt wird, und zwar mittels der Analyse der Beschaffenheit der jeweils verfügbaren Kunstmittel (»Zeichen«) und der Feststellung der aus dieser Beschaffenheit sich ergebenden spezifischen Möglichkeiten (und deren Grenzen). *Unterscheidung* ist es, was Lessings Verfahren betreibt und was er als Ziel dieses Verfahrens mit Leidenschaft verfolgt. In dem genau Unterschiedenen aber steht ihm dann das Ideal der nach Art- und Gattungszugehörigkeit ganz rein gebildeten Werke vor Augen.

Die zweite Hälfte des 18. Jahrhunderts wird durch einen literarhistorischen Prozeß markiert, den man als den der Verwischung der Gattungsgrenzen und der Auflösung der ›objektiven‹ Gattungen bezeichnet. Nicht nur die Autoren des Sturm und Drang sind daran beteiligt, auch der Dramatiker Lessing selbst. Aber wenn zwei das gleiche tun, tun sie nicht dasselbe. Was bei den Stürmern und Drängern gewissermaßen tumultuarisch erfolgt und von der Willkür subjektivistischer Entscheidungen geprägt ist, das ist bei Lessing eine Konsequenz gattungspoetologischer Reflexion, die ihn dazu führt, den alten Grenzbestimmungen zuwiderzuhandeln, um der selbstgewonnenen, neuen Einsicht in die Gattungsreinheit willen. An dieser hält er, anders als die Sturm-und-Drang-Poeten, fest aus einer Gesinnung, die »auf dem ehrwürdigen Leben der Formen und ihrer Gesetze [ruht], und auf dem Glauben an dies vom dichterischen Subjekt ganz unabhängige Leben.« (Kommerell)

Kurt Wölfel

Erläuterungen

Zur Entstehung und Wirkung

Von der äußeren Entstehungsgeschichte des »Laokoon« erfahren wir, wenigstens aus Lessings Briefwechsel, sehr wenig. Das Manuskript, zum größten Teil in Breslau ausgearbeitet (1762–1765), aber erst nach Lessings Rückkehr nach Berlin vollendet, geht aus einer Anzahl von Notizen, Studienblättern und Skizzen hervor, die er dann für die geplante Fortsetzung des allein ausgeführten I. Teils aufhebt. Angelegt wird diese Materialsammlung schon, ehe die Konzeption einer monographischen Studie, wie sie der »Laokoon« (I. Teil) darstellt, überhaupt besteht. »Verschiedene kritische und antiquarische Aufsätze« liegen teilweise schon vor dem Erscheinen der »Geschichte der Kunst des Altertums« von J. J. Winckelmann »in seinem Pulte«, wie der Breslauer Rektor Klose berichtet. Sie sollten zunächst als lose Sammlung unter dem Titel »Hermaea« (Glückliche Funde) erscheinen. Von planmäßigen Entwürfen zum »Laokoon« kann man frühestens seit Frühjahr 1763 sprechen. Zwei solcher Entwürfe sind in Angriff genommen, als Lessing sich im Juli/August 1763 erstmals mit Mendelssohn und Nicolai darüber bespricht. Winckelmanns »Geschichte der Kunst des Altertums« kommt zu Weihnachten 1763 heraus. Lessing ist zu dieser Zeit mit dem 3. Entwurf beschäftigt. Erst im 4. Entwurf stellt Lessing die Behauptung auf, der »Laokoon« sei, als er das Werk Winckelmanns erhalten habe, fast vollendet gewesen. Den 5. Entwurf seines Laokoon bezeichnet Lessing bereits als »zweiten Teil«. Dieser schließt sich, mit dem XXX. Abschnitt einsetzend, unmittelbar an den 1. Teil an, der mit dem XXIX. Abschnitt endet. Der einzig vollendete 1. Teil des »Laokoon« erscheint erst zur Ostermesse 1766. Die Materialien zur Fortsetzung werden zuerst in der von Karl Lessing besorgten 2. Auflage des »Laokoon« (1788) mitgeteilt.

Die antike *Laokoon-Gruppe* gab auch Anlaß zu jenem *wahrnehmungspsychologischen* und *wirkungsästhetischen Experiment*, das *Goethe* etwa 30 Jahre nach Lessing in seinem eigenen Aufsatz »Über Laokoon« vorgeschlagen hat:

»Um die Intention des Laokoons recht zu fassen, stelle man sich in gehöriger Entfernung mit geschloßnen Augen davor; man öffne sie und schließe sie sogleich wieder, so wird man den ganzen Marmor in Bewegung sehen, man wird fürchten, indem man die Augen wieder öffnet, die ganze Gruppe verändert zu finden. Ich möchte sagen, wie sie jetzt dasteht, ist sie ein fixierter Blitz, eine Welle, versteinert im Augenblicke, da sie gegen das Ufer anströmt.«

Goethes zentrale These lautet:

»Äußerst wichtig ist dieses Kunstwerk durch die Darstellung des Mo-

ments. Wenn ein Werk der bildenden Kunst sich wirklich vor dem Auge bewegen soll, so muß ein vorübergehender Moment gewählt sein; kurz vorher darf kein Teil des Ganzen sich in dieser Lage befunden haben, kurz hernach muß jeder Teil genötigt sein, diese Lage zu verlassen; dadurch wird das Werk Millionen Anschauern immer wieder neu lebendig sein.«
Damit weist Goethe wie Lessing auf den »fruchtbaren Moment«, in dem die »action«, die poetische Handlung, zum Stillstand kommt, wie sie etwa von Vergil im 2. Buch der »Aeneis« gestaltet wurde. Anders freilich als Lessing ist Goethe als »Augenmensch« und »Maler-Dichter« der Ansicht, daß Worte und Bilder grundsätzlich »Korrelate« seien, »die sich immerfort [gegenseitig] suchen«!
Er schreibt in »Dichtung und Wahrheit« über den Einfluß und historischen Stellenwert des Lessingschen »Laokoon«:
»Das so lange mißverstandene *ut pictura poesis* war auf einmal beseitigt, der Unterschied der bildenden und Redekünste klar, die Gipfel beider schienen nun getrennt, wie nah ihre Basen auch zusammenstoßen mochten.«
Mit Sicherheit lassen sich aus Lessings »Laokoon« noch heute grundsätzliche ästhetische Werturteile ableiten – insbesondere gegen: kitschigen, sentimentalen oder schwülstig-pathetischen Bildgebrauch in Poesie wie Rhetorik, aber auch gegen »action painting« schlechthin (wie z. B. Panoramabilder, Bänkelsangtafeln, Schlachtengemälde und Comic Strips).
Allerdings: Ist es in der Auseinandersetzung mit Lessings »Laokoon« schon seit jeher ein Ärgernis gewesen, ausgerechnet die *Plastik* als Exempel für die »Grenzen« der *Malerei* zu sehen, so ist die Einschränkung der »Laokoon«-Theorie auf das Statuarisch-Plastische als das Heroisch-Erhabene, die »große Manier« Homers, wohl noch nicht so deutlich gesehen worden.
Gemeint ist nämlich immer: Epos oder »große Manier«, hoher Stil, auf den sich Goethes »Gipfelunterscheidung« von Epos und Statue ausschließlich bezieht, während an der Basis, im *genus medium* oder *humile*, Naturdichtung (z. B. Lyrik, Prosaskizze) und Landschaftszeichnung durchaus eng benachbart sein können!
Das sozio-kulturelle Problem der *genera-dicendi-* oder *Stilhöhen-Lehre* wird schließlich ganz deutlich an der ästhetischen Kritik der *»poetischen Gemälde«* (durch Lessing) sowie der entschiedenen Abwertung, ja Ablehnung des (im naturalistischen Sinne) »Häßlichen«, »Gemeinen« und »Niedrigen« in der Kunst.
Es wäre in diesem Zusammenhang nun interessant zu beobachten, wie diese Konsequenzen der Lessingschen »Laokoon«-Theorie von der Schillerschen Ästhetik direkt aufgegriffen und weitergeführt werden. Insbesondere hat Schiller ausdrücklich die empfindsamen Naturgedichte Friedrich von Matthissons mit den Maßstäben des »Laokoon« rezensiert (»Über

Matthissons Gedichte«, 1794) und damit deren kritische Gültigkeit für bestimmte »sentimentalische« Genres und Stilphänomene erwiesen. Ebenso in diesen Kontext gehört aber auch die Schillersche Unterscheidung »Realist« – »Idealist« in der großen Abhandlung »Über naive und sentimentalische Dichtung« sowie schließlich die für alle *Realismus-* und *Naturalismus-*Theorien wegen ihrer sozial-historischen Kontextbezogenheit entscheidende Verbindung zur Lehre von den Stilhöhen, der *genera dicendi*, die Schiller besonders deutlich in seiner Kritik der »Gedichte von Gottfried August Bürger« anwendet, aber auch in den beiden großen Abhandlungen über das »Erhabene« oder in einer späten kleinen theoretischen Skizze über den »Gebrauch des Gemeinen und Niedrigen in der Kunst«, die sowohl Ernst Bloch als auch Franz Mehring besonders provoziert und angeregt hat. – Dichotomische Entgegensetzung (*oben* oder *unten*) bzw. hierarchische Dreiteilung (*hoch – mittel – niedrig*) bestimmen noch heute die Diskussion über Trivial- und Kolportageliteratur, wie z. B. Kriminal-, Abenteuer-, Science-fiction-, Schauerroman oder die audiovisuellen Massenmedien: »Pictura laïcorum litteratura est.«

Quellen

Die folgende Aufstellung gibt einen Überblick über den Stand der Forschung auf dem Gebiete der Kunstästhetik und Altertumskunde um die Mitte des 18. Jh.s. Sie berücksichtigt lediglich solche Schriften, die Lessing nicht nur über das Material informierten, sondern seine Betrachtungsweise beeinflußten oder seine kritische Stellungnahme herausforderten.

Leon Battista degli Alberti, »Della pittura libri tre«, um 1450.
Lodovico Dolce, »Dialogo della pittura«, Venedig 1557.
Charles-Alphonse du Fresnoy, »De arte graphica liber«, 1684.
Joseph Addison, »Dialogues upon the usefulness of ancient medals«, 1702.
Jonathan Richardson, »Essay on the theory of painting«, 1718.
Charles Dubos, »Réflexions critiques sur la poésie, la peinture et la musique«, 1719.
François-Marie de Marsy, »Pictura«, 1736.
Johann Jakob Breitinger, »Critische Dichtkunst«, 1740.
Johann Jakob Bodmer, »Critische Betrachtungen über die poetischen Gemälde der Dichter«, 1741.
Joseph Spence, »Polymetis«, 1747.
James Harris, »Discourse on Music, Painting and Poetry«, 1744.
Moses Mendelssohn, »Betrachtungen über die Quellen der schönen Wissenschaften und Künste«, 1757.

Anne Claude Philippe de Tubières, Comte de *Caylus*, »Tableaux tirés de l'Iliade, de l'Odyssée d'Homère et de l'Enéide de Virgile«, 1757.
Henry Watelet, »L'Art de peindre«, 1760.
Christian Ludwig von Hagedorn, »Betrachtungen über die Malerei«, 1762.
Anton Raphael Mengs, »Gedanken über die Schönheit und über den Geschmack in der Malerei«, Zürich 1762.
Johann Joachim Winckelmann, »Geschichte der Kunst des Altertums«, 1763.
Denis Diderot, »Lettre sur les sourds et muets«, 1751.
–, »Essai sur la peinture«, 1756.
Daniel Webb, »Enquiry into the beauties of painting«, 1764.

Überlieferung

1. Erstdruck: Laokoon oder über die Grenzen der Mahlerey und Poesie. Mit beyläufigen Erläuterungen verschiedener Punkte der alten Kunstgeschichte. Erster Theil. Berlin, Bey Christian Friedrich Voß, 1766. – Dieser von Lessing selbst sehr sorgfältig überwachte Erstdruck ist die authentische Fassung des – einzig vollendeten – ersten Teils.
2. Neue vermehrte Auflage. Hg. von K. G. Lessing. Berlin, bey Christian Friedrich Voß und Sohn. 1788. – Diese Ausgabe veröffentlicht erstmals das nachgelassene Material zur Fortsetzung.
3. In: Sämmtliche Schriften, Bd. 9, Berlin 1792.

Dokumente

S. B. Klose. In: K. G. Lessing, Lessings Leben, I, S. 245 f.
Er hatte nun verschiedene kritische und antiquarische Aufsätze in seinem Pulte liegen, die er hier in Breslau niedergeschrieben; nun war er um einen Titel besorgt. Anfangs glaubte er nicht, sie in ein Ganzes verweben zu können; daher wollte er sie unter der Aufschrift: »Hermäa«, d. h. Glückliche Funde, drucken lassen. Da aber Winckelmanns »Geschichte der Kunst des Altertums« ihm so viel Stoff zu Untersuchungen und Berichtigungen darbot, und Laokoon ganz vorzüglich seinen Forschungsgeist aufgereizt hatte, wobei er die Beschreibungen des Vergil, Petron und Sadoletus verglich, so leitete ihn dieses auf allgemeine Aussichten über die Bestimmung der Grenzen der Poesie und Malerei, welche er nun zusammengestellt dem Publikum unter dem Titel »Laokoon« vorlegte. Er äußerte bei der Gelegenheit oft seine Besorgniß wegen des Stils, da er mehrere Jahre kein großes zusammenhängendes Ganze geschrieben hatte. Und gerade

dieses Werk zeichnet sich durch seine classische Energie, Präcision und Eleganz vor allen andern aus.

Lessing an C.A. Klotz. Berlin, 9. Juni 1766
Ich verspreche meinem Laokoon wenige Leser, und ich weiß es, daß er noch weniger gültige Richter haben kann.

Lessing an J.W.L. Gleim. Berlin, 1. Februar 1767
Mein Laokoon ist nun wieder die – Nebenarbeit. Mich dünkt, ich komme mit der Fortsetzung deßelben, für den großen Haufen unsrer Leser, auch noch immer früh genug. Die wenigen, die mich itzt lesen, verstehen von der Sache eben so viel, wie ich, und mehr.

C.F. Weiße an J.N. Meinhard, 1. März 1766
Lessing hat mir auch von seiner Abhandl., die wie ich höre unter der Presse ist, gesagt: Da andere immer eine Vergleichung zwischen der Malerei und Poesie angestellt, will er zeigen, worinnen sie voneinander abgehen und die Grenzen bestimmen: er hat auch willens, Winckelmannen verschiedene Fehler aufzudecken, und da dieser, wie ich sicher weiß, die Kritik nicht leiden kann, und überhaupt die deutschen Gelehrten für elende Insekten ansieht, so könnte der Streit leicht interessant werden.

Lessing an F. Nicolai. Hamburg, 13. April 1769
Da so viele Narren itzt über den Laokoon herfallen, so bin ich nicht übel Willens mich einen Monat oder länger, in Kassel oder Göttingen auf meiner Reise zu verweilen, um ihn zu vollenden. Noch hat sich keiner, auch nicht einmal Herder, träumen lassen, wo ich hinaus will.

Erläuterungen

7 *Laokoon:* Priester des Apollo, der die Trojaner warnte, das hölzerne Pferd der Griechen in ihre Stadt zu lassen. Er wurde mit seinen beiden Söhnen von zwei aus dem Meer auftauchenden Schlangen erwürgt. – Der griech. Mythos, zuerst in der »Iliupersis« des Arktinos überliefert und danach vielfach variiert, findet in der Erzählung Vergils (»Aeneis«, 2. Buch) seine verbindliche literarische Gestaltung. – Seit der 2. Hälfte des 5. Jh.s auch bildliche Darstellungen auf griech. Vasen; später auf pompejanischen Wandgemälden. Die Namen der Bildhauer der Statuengruppe werden bei Plinius überliefert: Agesandros aus Rhodos und seine Söhne Polydoros und Athanadoros. Die Laokoon-Gruppe wurde 1506 in Rom bei den Titus-Thermen gefunden und befindet sich seitdem im Belvedere-

Palast im Vatikan (Museo Pio-Clementino). Lessing kannte sie zunächst nur aus Abbildungen und hat sie erst später – auf seiner Italienreise – besichtigt. Der nach Auffindung der Gruppe falsch ergänzte emporgestreckte Arm des Laokoon wurde kürzlich entfernt und durch den ursprünglichen Arm ersetzt, der 1905 in einer stadtrömischen Steinmetzwerkstatt entdeckt worden war.

9 *abziehen:* abstrahieren.

10 *griechischen Voltaire:* Der Vergleich ist ein Seitenhieb auf Voltaire. Der Ausspruch ist von Plutarch überliefert und bezieht sich auf den griech. Lyriker Simonides von Keos (556–468 v. Chr.). Dieselbe Art des »Witzes« findet sich z. B. auch bei Wieland: bei ihm wird Anakreon »der Gleim Griechenlands« genannt. – *viele der neuesten Kunstrichter:* H. Blümner (»Laokoon-Studien«, Freiburg und Tübingen 1881 f.) verweist auf Hurds Kommentar zu Horaz' »Dichtkunst«, auf die Schriften von Webb, Dubos, Spence, Caylus, L. von Hagedorn u. a. (vgl.: Quellen) – vor allem aber auf Winckelmanns Frühschriften, der noch seinen »Versuch einer Allegorie, besonders für die Kunst« (1766) mit obigem Ausspruch des Simonides beginnt. – *Afterkritik:* unzulängliche oder der Originalität und dem Range nach sekundäre Kritik.

11 *die Schilderungssucht:* Lessing denkt besonders an den Engländer Thomson und seine dt. Nachahmer. – *die Allegoristerei:* abfällig gebraucht – im Gegensatz zur Allegorie als einem legitimen Darstellungsmittel der Kunst. – *willkürliche Schriftart:* Die Entgegensetzung der »willkürlichen« und »natürlichen« Zeichen in den Künsten ist für Lessing eines der wichtigsten Themen. Die willkürlichen Zeichen entsprechen der Allegorie. Da diese Unterscheidung für das ästhetische Kernproblem (bes. im Kap. XVI) des »Laokoon« von großer Wichtigkeit ist, seien hierzu die wichtigsten Definitionen aus Lessings Entwürfen mitgeteilt:

»Von der Verschiedenheit der Zeichen, deren sich die schönen Künste bedienen, hanget auch die Möglichkeit und Leichtigkeit ab, mehrere derselben miteinander zu einer gemeinschaftlichen Wirkung zu verbinden.

Die Verschiedenheit zwar, nach welcher sich ein Teil der schönen Künste willkürlicher und der andere natürlicher Zeichen bedienet, kann bei dieser Verbindung nicht besonders in Betrachtung kommen. Da die willkürlichen Zeichen, eben deswegen, weil sie willkürlich sind, alle mögliche Dinge in allen ihren möglichen Verbindungen ausdrücken können, so ist von dieser Seite ihre Verbindung mit den natürlichen Zeichen ohne Ausnahme möglich.

Allein da diese willkürliche Zeichen zugleich aufeinanderfolgende Zeichen sind, die natürlichen Zeichen aber nicht alle aufeinanderfolgen, sondern eine Art derselben nebeneinander geordnet werden müssen: so folget von selbst, daß die willkürlichen Zeichen sich mit diesen beiden Arten natür-

licher Zeichen nicht gleich leicht und gleich intim werden vereinigen lassen.
Daß willkürliche aufeinanderfolgende Zeichen mit natürlichen aufeinanderfolgenden Zeichen sich leichter und intimer werden vereinigen lassen, als mit natürlichen nebeneinandergeordneten Zeichen, ist klar. Daß aber auf beiden Teilen noch der Unterschied hinzukommen kann, daß es entweder Zeichen für einerlei oder für verschiedne Sinne sind, so kann diese intime Verbindung wiederum ihre Grade haben.
1. Die Vereinigung willkürlicher, aufeinanderfolgender hörbarer Zeichen, mit natürlichen, aufeinanderfolgenden hörbaren Zeichen ist unstreitig unter allen möglichen die vollkommenste, besonders wenn noch dieses hinzukömmt, daß beiderlei Zeichen nicht allein für einerlei Sinn sind, sondern auch von eben demselben Organo zu gleicher Zeit gefaßt und hervorgebracht werden können.
Von dieser Art ist die Verbindung der Poesie und Musik, so daß die Natur selbst sie nicht sowohl zur Verbindung, als vielmehr zu einer und eben derselben Kunst bestimmt zu haben scheinet.
Es hat auch wirklich eine Zeit gegeben, wo sie beide zusammen nur eine Kunst ausmachten. Ich will indes nicht leugnen, daß die Trennung nicht natürlich erfolgt sei, noch weniger will ich die Ausübung der einen ohne die andere tadeln, aber ich darf doch bedauern, daß durch diese Trennung man an die Verbindung fast gar nicht mehr denkt, oder wenn man ja noch daran denkt, man die eine Kunst nur zu einer Hilfskunst der anderen macht, und von einer gemeinschaftlichen Wirkung, welche beide zu gleichen Teilen hervorbringen, gar nichts mehr weiß. Hernach ist noch auch dieses zu erinnern, daß man nur eine Verbindung ausübt, in welcher die Dichtkunst die helfende Kunst ist, nämlich in der Oper, die Verbindung aber, wo die Musik die helfende Kunst wäre, noch unbearbeitet gelassen hat.« – *Kollektanea:* Stoffsammlungen. – *trotz einer:* besser als eine. – *Gesner's Wörterbuch:* »Novus linguae et eruditionis Romanae Thesaurus« von J. M. Gesner, 1747. – *aussetzte:* ausging. – *die übrigen Künste:* über Musik und Tanzkunst wollte Lessing in späteren Teilen des »Laokoon« sprechen.
12 *Virgil:* Die betreffenden Stellen aus der »Aeneis« stehen im V. Abschnitt des »Laokoon«. – *Philoktet:* Gestalt der griechischen Sage. Bekommt von Herakles, als er dessen Scheiterhaufen anzündet, zum Lohn den Bogen mit den nie ihr Ziel verfehlenden Giftpfeilen, ohne die – einem Orakelspruch zufolge – Troja nicht zu erobern ist. Von einer Schlange gebissen, wird er wegen seiner übelriechenden Wunde während der Fahrt nach Troja auf einer Insel zurückgelassen. Odysseus und Neoptolemos holen ihn später ins griechische Lager, wo er von dem Arzt Machaon geheilt wird. – Vgl. das gleichnamige Drama von Sophokles.

13 *Die Klagen, das Geschrei:* Ob man hier mit Lessing in den vom Dichter vorgeschriebenen Klagelauten heftiges Jammern und Schreien erkennen will oder nur ängstlich beklommenes Seufzen, ist zunächst Sache der philologischen Interpretation. Herder dürfte jedoch zu Unrecht bestritten haben, daß der Philoktet des Sophokles laut schreie. – *a, a:* Schmerzensausrufe. – *Théat. des Grecs:* Theater der Griechen.
14 *Venus:* röm. Liebesgöttin, entspr. griech. Aphrodite. – *Diomedes:* einer der griech. Helden vor Troja. Er verwundet Aphrodite (Venus) und den Kriegsgott Ares (Mars). – Η δε μεγα: »Ilias« 5, Vs. 434. – *Palnatoko:* angebl. Gründer der Seeräuberstadt Jomsburg (Vineta) auf der Insel Wollin im 10. Jh. – *furchte sich:* fürchtete sich. – *de causis:* »Über die Gründe, warum die noch heidnischen Dänen den Tod verachteten«; in: »Antiquitates Danicae« (Dänische Altertümer), 1690.
15 ουδ' εια: »Ilias« 7, Vs. 427. – *die Dacier:* in einer Anmerkung zu ihrer frz. Übers. der »Ilias«, Paris 1711. – *Sohn des weisen Nestors:* Peisistratos.
16 *Der sterbende Herkules:* Die Tragödie, in der Sophokles den Tod des Herkules behandelt, trägt den Titel »Die Trachinierinnen«. In der letzten Szene wird Herkules von dem Gewand des Nessos vergiftet, das ihm seine Gattin Deianeira ahnungslos geschickt hat. – *an den Philoktet gewagt:* der Franzose Jean Baptiste Châteaubrun (1686–1775).
17 *die Liebe:* Plinius und Athenagoras haben die Legende überliefert, daß die erste Tonplastik (Koroplastik) entstanden sei, als ein Mädchen (griech. Κοϱη) den Schattenriß ihres scheidenden Geliebten an die Wand zeichnete, der dann von ihrem Vater, einem Töpfer, mit Ton gefüllt wurde. – *alter Epigrammatist:* Dichter eines Epigramms oder Sinngedichts: Vgl. Lessings »Zerstreute Anmerkungen über das Epigramm« (Bd. 2).
18 *Piräikus:* vermutlich Zeitgenosse Alexanders des Großen, malte Genrebilder und Stilleben (»Rhopographie«), die wenig geschätzt wurden. – *Rhyparograph:* entweder ein Spitzname des Pireicus oder irrtümlich für »Rhopograph« (Genre- und Stillebenmaler). – *Edit. Conring:* Die Ausgabe von Conring erschien: Helmstedt 1656, Braunschweig 1730. – *de umbra poetica:* »Poetischer Schatten«; von B. G. Boden. – *Älian Var. Hist.:* »Vermischte Geschichten«, ein Werk des griech. Schriftstellers Claudius Aelianus (2. Jh. n. Chr.) in 14 Büchern. – *De pictura vet.:* eine Geschichte der antiken Malerei (1637, 1694) des frz. Philologen Franciscus Junius (du Jon). – *Anthropograph:* Menschenmaler.
19 *Hellanodiken:* Kampfgericht bei den Olympischen Spielen im alten Griechenland. – *eine ikonische:* als Porträt, naturgetreu. – *in Ungeheuern:* Mißgeburten infolge schreckenerregender Eindrücke, denen die Mütter ausgesetzt waren. – *des Aristodamas:* richtig: der Aristodama, der Mutter des Aratus von Sikyon.
20 *eines Merkurius:* Beim Heroldstab umschlingen die Schlangen dekorativ

die Enden der Zauberrute. Bei Merkur sind Schlangen als Attribute selten; bei Herkules können sie nicht als solche angesehen werden.
21 *Seguini Numis:* »Ausgewählte Stücke zur antiken Münzkunde, mit Anmerkungen erläutert« von P. Séguin, 1660. – *de Praest.:* E. Spanheim, »Abhandlungen über die Vortrefflichkeit und den Gebrauch antiker Münzen«, 1664. – *Les Césars:* »Die ›Cäsaren‹ des Julianus«, von Spanheim aus dem Griech. ins Frz. übers., 1660. – *runde Scheibe:* Schild des Meleager. – *Meleager:* Der griechischen Sage nach König von Kalydonien. Er jagt den kalydonischen Eber und schenkt der von ihm geliebten Atalanta Kopf und Fell als Siegeszeichen und tötet die darüber erzürnten Brüder seiner Mutter. Diese wirft daraufhin das Holzscheit in die Flammen, von dem ihr geweissagt worden war, daß, wenn es verbrenne, auch ihr Sohn Meleager sterben müsse. – *Parzen:* Schicksalsgöttinnen. – *Kassandra:* richtig: Kleopatra, die Gattin des Meleager. Die Figur wird auch als eine seiner Schwestern gedeutet.
22 *Iphigenia:* Tochter des Agamemnon und der Klytemnästra. Nach dem Orakel des Sehers Kalchas muß sie der Artemis geopfert werden, um der griechischen Flotte günstigen Wind zur Fahrt nach Troja zu erwirken. Die Göttin vertauscht sie mit einer Hirschkuh und entführt sie in einer Wolke auf die Insel Tauris, wo Iphigenie ihre Priesterin wird. – *verhüllete:* Bei den Griechen war die Verhüllung des Hauptes ein Ausdruck stärkster Trauer.
23 *bärtigen Kopf:* tragische Maske. – *Antiquit. expl.:* B. de Montfaucon, »Das Altertum – erklärt und in Bildern dargestellt«, 1719–1724.
24 *nur gedachten:* soeben erwähnten. – *die Lokrischen Felsen:* bei der Stadt Lokris. – *Euböische Vorgebirge:* in der griech. Küstenlandschaft Euböa. – *dieses Gemäldes:* Reliefs vom Konstantinsbogen, urspr. an einem Bau des Kaisers Trajan, dessen Kampf gegen die Dacer dargestellt wird.
25 στιβον και: Sophokles, »Philoktet«, Vs. 206.
26 *transitorisch:* vorübergehend; im Augenblick entstehend und verschwindend. Vgl. dazu die grundsätzlichen Ausführungen im Kap. XVI.
27 *rasender Ajax:* griech. Held im Trojanischen Krieg. Obwohl er den Leichnam des Achilles aus den Händen der Trojaner rettet, bekommt er nicht, wie versprochen, dessen Waffen zum Lohn. Rasend vor Wut stürzt er sich in sein Schwert. – *Medea:* Gattin des griech. Helden Jason. Als dieser sie verläßt, tötet sie ihre Kinder und dessen Braut Kreusa. – *Anthol.:* die »Griechische Anthologie«.
28 *Vita Apoll.:* »Leben des Apollonius von Tyana«, von Flavius Philostratus (d. Ä.). – *übersehe:* überblicke.
29 *clamores:* Vergil, »Aeneis«, 2. Ges., Vs. 222.
30 *gleichmäßig:* gleichartig.
31 *fatal:* verhängnisvoll. – *Strafgericht:* Die Schuld des Philoktet bestand darin, daß er in das Heiligtum der Chryse eindrang, deren heilige Schlange ihn deshalb verwundete.

32 ῾Ιυ αυτος: Sophokles, »Philoktet«, Vs. 674ff. – *Winshem'sche Übersetzung:* Lessing hatte sie zu seinen Studien über das »Leben des Sophokles« benutzt. – *Cast on:* Thomson, »Agamemnon« III, 1 (Übers.: J. D. Michaelis, Göttingen 1750).

33 *Industrie:* Fleiß, Beschäftigung. – *Robinson Crusoe:* Held des berühmten gleichnamigen Romans von Daniel Defoe, 1719. – *Scholiasten:* Ausleger, Kommentatoren. – *neuer deutscher Übersetzer:* Johann Jakob Steinbrüchel. Seine Philoktet-Übersetzung erschien 1760.

35 *das Chateaubrunsche Stück:* »Philoctète«, 1755. – *Mercure de France:* eine frz. Zeitschrift.

37 *Ungeduld:* mangelnde Geduld (im Ertragen des Schmerzes).

38 *Klopffechter:* im 17. Jh. professionelle Fechter, die auf Jahrmärkten ihre Kunst zur Schau stellten; später allgemein s.v.w. »Raufbolde«. Lessing nennt auch seinen theologischen Gegner Goeze einen »Klopffechter«. – *Kothurne:* stelzenartige, hohe Absätze, die die griechischen Schauspieler in der Tragödie trugen. Hier allgemein für die tragische Bühne. – *Ktesias:* versehentl. für Ktesilaus. Der bei Plinius erwähnte »sterbende Verwundete« ist nicht identisch mit dem »sterbenden Fechter« des Kapitols, einer pergamesischen Darstellung aus dem 3. Jh. v. Chr. (»Sterbender Gallier«). – *Bombast:* Schwulst, Prunk, Aufwand. – *Rodomontaden:* Großsprechereien.

39 *Zufall:* Anfall. – *Lichas:* der Bote, der dem Herkules das mit der Salbe (von dem Blute) des Kentauren Nessos vergiftete Gewand bringt.

40 *Orakel:* Nach den beiden Orakeln sollte Herakles in 15 Monaten erlöst werden oder durch einen Bewohner des Hades (Nessos) untergehen. – *Skävopöie:* Skeuopoiie: die Kunst des σκευοποιος, des Maskenbildners. – *Zeit der Kaiser:* der römischen Kaiserzeit. – *Trach.:* »Die Trachinierinnen«. – *Topographiae:* die erste topographische Beschreibung Roms.

41 *Suppl. aux Ant.:* Die Ergänzungen zu Montfaucons »Antiquité expliquée« (1719), erschienen 1724. – *Sinon:* griech. Jüngling, der das hölzerne Pferd, in dem die Krieger verborgen sind, in die Stadt Troja führt.

42 *Quintus Calaber:* eigtl. Quintus von Smyrna; in den »Posthomerica« (4. Jh. n. Chr.). – *Minerva:* italische Göttin; entspr. der griech. Pallas Athene.

43 *Paralip.:* Paralipomena = Ergänzungen und Entwürfe. – και παιδοβρωτος: Lykophron, »Kassandra«, Vs. 347.

44 *Hic aliud:* Vergil, »Aeneis«, 2. Ges., Vs. 199–224 (Übers.: J. H. Voß). – *Petron:* »Satyricon« 89, 29–51. Ob die Gemäldegalerie existiert hat, ist ungewiß. Eumolp wird hier als Stegreifdichter karikiert, der sich dabei bewährter literarischer Vorlagen bedient. – *Protogenes:* hat vermutlich einen ganzen Zyklus rhodischer Helden gemalt.

45 *Hypothesis:* vgl. Kap. XXVI. – *Ecce alia:* bei Petron (s. o.). (Frei übertragen von W. Heinse.)

46 *illi agmine:* Vergil, »Aeneis«, 2. Ges., Vs. 212–217 (Übers.: J. H. Voß). – εὖθα γυναικες: Quintus (Calaber) von Smyrna, 12. Buch, Vs. 459–461.

47 *ille simul:* Vergil, »Aeneis«, 2. Ges., Vs. 220.

48 *Bis medium:* ib. Vs. 218/19. – Mensur: Größenverhältnis, Proportion.

49 *Drydens englischem Virgil:* die Vergil-Übersetzung des englischen Dichters und Kritikers John Dryden (1631–1700).

51 *Perfusus:* Vergil, »Aeneis«, 2. Ges., Vs. 221.

52 *Traité de la Peinture:* »Abhandlung über die Malerei«.

54 *De Laocoontis Statua:* (Übers.: nach der Ausg. von F. Bornmüller).

55 *v. Leodegarii a Quercu Farrago Poematum:* Die »Farrago poematum« (Vermischte Gedichte) des französischen Philologen Leodegarius a Quercu (Duchesne) erschienen 1560. – *Delic. Poet.:* Janus Gruter, »Kostbarkeiten italienischer Dichter«, 1608.

56 *Dido:* In der »Aeneis« des Vergil Königin von Karthago, die sich mit Aeneas vermählt, als dieser auf der Flucht aus Troja dorthin verschlagen wird. Sie tötet sich, als Aeneas auf Befehl des Zeus nach Italien aufbricht.

61 *Rhea:* Die Vestalin (= Priesterin der Vesta, der Göttin des Hauses und des Herdes) Rhea Silvia ist der Sage nach die Stammutter Roms. Sie gebiert dem Kriegsgott Mars die Zwillinge Romulus und Remus. – *Polymetis:* »Polymetis oder eine Untersuchung über die Übereinstimmung zwischen den Werken der römischen Dichter und den überlieferten Stücken der alten Künstler; ein Versuch, sie eins aus dem andern zu erklären. In zehn Büchern von Reverend Mr. Spence. Gedruckt für Dodsley.« – *clipeo fulgentis:* Statt fulgentis = blitzenden ist evtl. venientis = kommenden zu lesen.

62 *Cephalus:* sagenhafter König von Thessalien. Von der Jagd erhitzt, ruft er die erfrischende Morgenkühle (»aura«) an. Seine Gattin Prokris, die ihn hinter einem Gebüsch belauscht, hält das Wort »aura« für den Namen einer Geliebten und verrät sich durch eine Bewegung. Cephalus, der ein Wild hinter dem Gebüsch vermutet, tötet sie mit seinem Speer. – *Basrelief:* mit nur wenig aus dem Bildgrund herausgewölbten Figuren – im Gegensatz zum Hautrelief. – *Hysteronproteron:* das Hintere nach vorn; umgekehrte Reihenfolge. – *Emblema:* Sinnbild, Abzeichen. Bildliche Darstellung mit festgelegter Bedeutung.

63 *Aura venias:* Ovid, »Metamorphosen«, Buch 7, Vs. 813 f. (Übers.: Suchier). – *Thetis:* griech. Göttin des Meeres. Mutter des Helden Achilles. – Tην μεν: »Ilias« 18.

64 *schlechter:* schlichter.

65 *Bellona:* röm. Kriegsgöttin. – *Victoria:* röm. Siegesgöttin. – *Drachme:* kleines griech. Geldstück.

67 *Ephemeron:* Eintagsfliege.

68 *pontem indignatus:* Vergil, »Aeneis«, 8. Ges., Vs. 725. – *Araxes:* Fluß in Asien. – *It Ver...:* Lukrez, »Von der Natur der Dinge«, 5. Buch, 737–747 (Übers.: H. Diels).

70 *an dem Diadem:* Tatsächlich sitzen die Hörner nicht auf der Binde, sondern kommen über ihr aus der Stirn hervor. – *Ein solcher Zusatz:* Lessing ist im Unrecht: Das Diadem ist an den Statuen des Dionysos keineswegs selten, sondern ein sehr gewöhnliches Attribut. Nach Plinius ist Dionysos der Erfinder des Diadems. – *samothracische Geheimnisse:* Auf der Insel Samothrake wurden die Kabiren, ursprünglich semitische Gottheiten, in Form eines Geheimkultes verehrt. Diese Mysterien wurden später zum Teil auf andere Götter übertragen und auch in Rom übernommen. – *gemeine Leute:* Leute niederen Standes. – *vor ihren Kopf:* nach ihrem Kopf. – *Begeri Thes. Brandenbg.:* L. Beger, »Thesaurus Brandenburgicus«.

73 *Argonaut.:* ein Heldenepos über den Argonautenzug (»Argonautica«) von Valerius Flaccus. – *Illa Paphon:* (Übers.: Bindewald). – *Thebaid.:* das Heldenepos »Thebais« von Statius.

74 *Lemnos:* griech. Inselstadt. – *Hypsipyle:* Die griech. Sage berichtet, daß die Frauen von Lemnos aus Eifersucht alle ihre Männer töteten. Aus dieser Gefahr rettete Hypsipyle ihren Vater, den König Thoas.

75 *letzten ohn' einen:* vorletzten.

76 *Cerynea:* Stadt in der nordpeloponnesischen Landschaft Achaia. – *Abraxas:* urspr. eine gnostische Bezeichnung für die 365 Himmelssphären; als Name des höchsten Wesens bei Basileides. Die sog. Abraxasgemmen stellen Motive der Gnosis (eigtl. = »Erkenntnis«) dar. – *hetrurisch:* etruskisch. – *Orestes und Pylades:* zwei Brüder, die den Gattenmord ihrer Mutter Klytemnästra an dieser und ihrem Gatten Aegisth rächten und deshalb von den Furien verfolgt wurden.

77 *Vesta:* röm. Göttin des Hauses und Herdes; entspr. griech. Hestia. – *Folge:* Folgerung. – *Saturnus:* Kronos, der jüngste der Titanen. Er überwindet seinen Vater Uranos, verbannt ihn in den Tartaros und verschlingt, mit Ausnahme seines jüngsten Sohnes Zeus, alle seine Kinder. – *Ops:* altitalische Göttin der Erde, der Fruchtbarkeit und des Ackerbaus, später mit Ceres (Demeter) und Rhea, der Gemahlin des Kronos, identifiziert. – *in Gefahr:* Aus dieser Gefahr wird die schlummernde Vesta vom Esel des Silen erweckt. – *Priapus:* Gott der Fruchtbarkeit. – *Karniole:* rötlicher Schmuckstein (Abart des Quarzes). – *expirantis:* Catull, Gedicht 64, Vs. 194. – *Stoschisches Kabinett:* die Berliner Gemmensammlung des Archäologen Philipp Baron von Stosch, die auch Winckelmann beschreibt. Lessing schrieb meist – irrtümlich oder der Aussprache wegen –: »Stoßisches Kabinett«. – *Descript.:* »Beschreibungen geschnittener Steine«. – *Symbola:* Sinnbilder. – *eigensinnige:* dem eigenen Sinn entsprechende.

78 *Numa:* N. Pompilius. Sagenhafter König der etrurisch-römischen Vor-

zeit. – *Priesterin Sylvia:* Rhea Sylvia (s. o.). – *Esse diu:* Ovid, »Fasten«, 6. Buch, Vs. 295 ff. (Übers.: E. Klußmann).
79 *Pontificis Vestae:* (Gen.) Oberpriester(in?) der Vesta. – *Prytaneo:* Prytaneum = Staatsgebäude der Athener mit dem Staatsherd, auf dem ein immerwährendes Feuer brannte. – *Jasseer:* Bewohner der griech. Stadt Jassos in Kleinasien. – *Palladium:* kleines Holzbild der bewaffneten Göttin Pallas Athene, das den Bestand der Stadt Troja verbürgte und daher von den Griechen Diomedes und Odysseus geraubt wurde. – Später allgemein für: schützendes Heiligtum. – *Tympanum:* eine Art Handtrommel, wohl dem Tambourin vergleichbar, die beim Kult benutzt wurde. – *Lipsius de Vesta:* J. Lipsius' Abhandlung über »Die Göttin Vesta und die Vestalinnen« erschien 1603. – *Plinius:* »Naturgeschichte«, hg. von J. Harduinus, 1685 und 1723. – *Codinus:* Das »Corpus Byzantinae Historiae« (Ausg. Venedig 1729) stammt schon aus dem 10. Jh., geht also nicht erst auf Kodinos (15. Jh.) zurück. – Τηv γηv: Hestia wird mit Ge (Erde) und Kybele (Rhea) gleichgesetzt. – *Suidas:* kein Verfassername. »Suda« ist der Titel eines griech. Wörterbuches aus dem 10. Jh. mit historischen Notizen über alte Schriftsteller und Auszügen aus ihren Werken (Ausgabe von C. Küster, 1705).
81 *Serraglio:* Serail.
82 *Vulkan:* entspr. griech. Hephaistos; Gott des Feuers und des Handwerks.
83 *Te semper:* Horaz, »Oden«, Buch 1, 35, 17 ff. – *Sarpedon:* Sohn des Zeus und der Laodameia, Fürst der Lykier, fällt von der Hand des Patroklos im Trojanischen Krieg. Apollo wäscht die Leiche und übergibt sie dem Tod und dem Schlaf, »den Zwillingen« (»Ilias« 16).
84 Πεμπε δε: »Ilias«, 16, Vs. 679 f. (Übers.: J. H. Voß).
85 *Eliac. Edit. Kuh.:* die Reisebeschreibungen des Pausanias in der Ausgabe von Kuhnius (Kühn), 1696. – αμφοτερους: auf das Übersetzungsproblem geht Lessing ausführlich in »Wie die Alten den Tod gebildet« ein. Er will das »verkrüppelt« oder »krumm« durch »gekreuzt«, »übereinandergeschlagen« ersetzt wissen – eine an sich einleuchtende, aber für die antiken Darstellungen kaum zutreffende These. – *Maffei (Raccol. Pl.):* Maffei in seiner »Sammlung antiker und moderner Statuen«, 1704. – *Aschenkruge:* eine umstrittene Deutung Lessings.
86 *die Natur:* Schon H. P. Sturz (Brief an Lessing vom 23. 9. 1767) hat eingewendet, daß die Schilderungen Thomsons keine direkte Vorlage für spätere bildliche Darstellungen abgeben könnten.
87 *Ad Pisones:* Der Brief an die Pisonen enthält die »Dichtkunst« (Ars poetica) des Horaz.
89 *Jalysus:* rhodischer Stammheros. Auf dem Gemälde des Protogenes als Jäger dargestellt. – *Cydippe:* Heldin einer antiken Liebesgeschichte.

90 *Rhodi lib.:* J. Meursius' (de Meurs) Werk über Rhodos erschien 1675. – *überkam:* überfiel.

91 ῾Η δ'ἀναχασσαμενη: »Ilias«, 21. Ges., V. 403–05. – *Nestor:* König von Pylos; der Älteste und Weiseste der Griechen vor Troja.

93 *Assertion:* Behauptung. – ῾Ηϱχε: »Ilias« 18 (Übers.: J.H. Voß).

94 *Idäus:* Sohn des Hephaistospriesters Dares. Nicht Neptun, sondern Hephaistos entfernt ihn im Nebel aus der Gefahr des Schlachtgetümmels vor Troja. – *bei dem Dichter:* der Dichter der »Ilias«, also Homer. – An dieser Auffassung des unsichtbar machenden Nebels als einer bloßen poetischen Redensart entzündet sich Herders Widerspruch in den »Kritischen Wäldern«.

96 *Ida:* Berg in Kleinasien, von dem aus Zeus den Kampf um Troja beobachtete. – *Pluto:* Gott der Unterwelt. Besitzt einen von Hephaistos geschmiedeten, unsichtbar machenden Helm. – *Sthenelus:* griech. Krieger. In seiner Gestalt mischt sich die Göttin Athene in den Kampf um Troja.

99 Οι δε ϑεοι: »Ilias« 4, Vs. 1–4 (Übers.: J.H. Voß). – *Pandarus:* trojanischer Krieger.

101 *Der Verlust des Gesichts:* Milton erblindete. Homer galt im Altertum als blind, weil man ihn mit dem blinden Verfasser des Hymnus auf den delischen Apollo identifizierte. Der »poeta vates« = Dichter als Seher wird in der Tradition der klassisch-antiken Poetik gern – dialektisch oder paradox – als blinder Schreiber dargestellt! – *Das verlorene Paradies:* Miltons Epos »Paradise Lost«, 1667.

102 *Drydens Ode:* von G.F. Händel vertont. – *Erot. T.:* Plutarchs »Eroticus« in der Ausgabe von H. Stephanus, 1572.

104 *bequemes:* angemessenes, passendes. – *die Zeichen:* eine auch von Mendelssohn, Herder u.a. vieldiskutierte Theorie, die auf John Locke (»An Essay concerning Human Understanding«, 1690, Buch III) zurückgeht. Aus Anlaß der Rezension Garves hat Lessing noch einmal ausführlich in einem Brief an Nicolai (26. 5. 1769) Stellung dazu genommen und zieht das Fazit: »Die Poesie muß schlechterdings ihre willkürlichen Zeichen zu natürlichen zu erheben suchen; und nur dadurch unterscheidet sie sich von der Prose, und wird Poesie ... die höchste Gattung der Poesie ist die, welche die willkürlichen Zeichen geändert zu natürlichen Zeichen macht. Das ist aber die dramatische; denn in dieser hören die Worte auf willkürliche Zeichen zu seyn, und werden natürliche Zeichen willkürlicher Dinge.«

106 *Farbenstein:* Stein, auf dem der Maler früher selbst seine Farben rieb.

107 ῾Ηβη: »Ilias«, 5. Ges. (Übers.: J.H. Voß). – μαλακον: »Ilias«, 2. Ges., Vs. 42–46 (Übers.: J.H. Voß).

108 *Heraldik:* Wappenkunde. – *Wappenkönigsbeschreibung:* Der Wappenkönig war der Vorsteher der Wappenherolde. Er führte bei Turnieren

und anderen feierlichen Anlässen die Wappenbücher der zugelassenen Ritterschaft. – *bemerkt:* bezeichnet. – *Pelotps:* sagenhafter König von Elis, der aus Phrygien einwanderte. Erhält vom Götterboten Hermes das Glück und Reichtum verleihende Zepter des Zeus. – Σκηπτρον: »Ilias«, 2. Ges., (Übers.: J. H. Voß).

109 Ζευς Κρονιων: Zeus, der Sohn des Kronos. – Lessing verwendet eine falsche Ableitung von Chronos = die Zeit.

110 Ναι μα: »Ilias:, 1. Ges. (Übers.: J. H. Voß).

111 *aus dem Mittel:* aus der Mitte, der Menge. – τοξον: »Ilias«, 4. Ges. (Übers.: J. H. Voß).

114 *Herrn v. Hallers »Alpen«:* ein 1729 erschienenes philosophisches Lehrgedicht mit langen Naturbeschreibungen von dem Schweizer Dichter Albrecht von Haller.

115 *Herr von Kleist:* als Verfasser des beschreibenden Gedichtes »Der Frühling«.

116 *wörtliche Schilderungen:* Schilderungen durch Worte. – *dogmatisch:* didaktisch, lehrhaft. – *Optima torvae; Illi ardua:* Aus Vergils »Georgica«, einem Lehrgedicht über den Landbau, 2./3. Buch (Übers.: R. A. Schröder).

118 *De A. P.:* »De arte poetica« (Über die Dichtkunst).

119 *Eklogen:* Hirtengedichte. – *Tizian:* Wahrscheinlich ist das heute nicht mehr Tizian zugeschriebene Bild der Galerie Borghese in Rom gemeint, das Richardson erwähnt.

120 *Absicht:* Hinsicht.

122 *Suspension:* Verzögerung.

123 *statu absoluto:* nicht dekliniert. – *prädizieret:* ausgesagt.

124 *genus omne:* Vergil, »Aeneis«, 8. Ges., Vs. 628f. (Übers. J. H. Voß).

125 *statu absoluto: Ingentem clipeum:* (Übers.: Th. von Scheffer).

126 *rerumque ignarus:* ib. Vs. 730. – *gutwilliger Ehemann:* Der oft betrogene Hephaistos (Vulkan) wußte nicht, daß die »lieben Enkel« von Anchises stammen. In der »Aeneis« wird ein genealogischer Mythos entworfen: Aeneas, Sohn des Anchises, ist der Stammvater der Julier.

128 Λαοι: »Ilias« 18, Vs. 497–507 (Übers.: J. H. Voß).

129 *bequemsten:* geeignetsten.

130 *actu ... virtute:* actu = tatsächlich; virtute = dem Wesen nach potenziell. Zwei der aristotelischen Philosophie entlehnte Grundbegriffe der Scholastik. – *Data:* Gegebenheiten, Tatsachen. – Einheiten: Die drei sog. »aristotelischen« Einheiten des Dramas (Ort, Zeit und Handlung) wurden damals vielfach auch auf die Prinzipien der bildenden Kunst übertragen.

131 *Phocic.:* Das Kapitel über Phokis in der Griechenland-Beschreibung des Pausanias.

133 *Perspektivische:* Nach Vitruv hat um 405 v. Chr. Agatharchos als erster die Regeln der Perspektive in seiner Schrift über die von ihm gemalte Bühnendekoration aufgestellt. – *Herkulanum:* Herkulan(e)um, die Nachbarstadt Pompejis, wurde 1719 wiederentdeckt. – *Körperliche Schönheit:* Diese Definition der Schönheit (entspr. »concinnitas«) ist aus der Theorie der ital. Renaissance übernommen worden. – *Betracht. über die Malerei:* von Chr. L. von Hagedorn. In der Mitte des 18. Jh.s. ein besonders einflußreiches kunsttheoretisches Werk.

134 *Enumeration:* Aufzählung. – *Nireus:* Herrscher von Smyrna. Nahm am Trojanischen Krieg teil, war aber mehr durch Schönheit als durch Kriegstaten berühmt. – *luxuriert:* geschwelgt. – *die Französin:* Anne Dacier. – *Compend. chron.:* »Compendium chronicon«, die »Kurzgefaßte Byzantinische Geschichte« des Constantinos Manasses. – *Comment. sur:* C. G. Bachet de Méziriacs Kommentar zu Ovid, 1626. – *Phrygius:* Dares Phrygius; angebl. Verfasser eines lat. Romans über den Fall Trojas (»De excidio Trojae«).

135 Το μεσοφρυον: Anakreon, 15. (28.) Ode, Vs. 13 ff. (Übers.: Degen-Mörike). – *Verstand:* Sinn.

136 *politischer Vers:* griech. »Stichos politikos«; von Polis (= Stadt, Staat) abzuleiten. Der allgemein übliche 15silbige epische Vers der griechischen Literatur in deren mittlerer Periode.

138 *Pandämonium:* der über Nacht erbaute Palast Satans im 1. Gesang von Miltons »Verlorenem Paradies« (Vers 748 f.).

140 *An einem anderen Orte:* Athenäus berichtet in seinem Sammelwerk »Deipnosophisten« (Buch 13, S. 603 ff.), daß Sophokles dem Dichter und dem Maler unterschiedliche Mittel zur Darstellung körperlicher Eigenschaften zugewiesen habe. Lessing kommt nicht mehr darauf zu sprechen.

141 *Tandem progreditur:* (Übers.: Th. von Scheffer). – *jener alte Künstler:* angeblich war es Apelles (nach Clemens von Alexandria, »Paedagogus« II, 125).

142 *Bathyll:* der Geliebte Anakreons. – *Direktion:* Anweisung. – Απεχει βλεπω: Anakreon, 15. (28.) Ode, Vs. 33 f. (Übers.: Degen-Mörike). – *Pollux:* einer der beiden Dioskuren (Zeussöhne). – Μετα δε: Anakreon, 16. (29.) Ode, Vs. 27–36, 43 f. (Übers.: Degen-Mörike).

144 Ου νεμεσις: »Ilias« 3, Vs. 156–158 (Übers.: J. H. Voß). – *Lesbia:* richtig: Corinna, Lesbia ist der Name, den Catull seiner Geliebten gibt. – *Quos humeros:* Ovid, »Amores«, 1. Buch, 5. Ges., Vs. 19–22 (Übers.: A. Berg).

146 Χαριτες: (Übers.: Lessing). Chariten gleichbedeutend mit Grazien, den Göttinnen der Anmut. – *Karnation:* sinnliche Gestalt.

147 *die zu Crotona:* Einwohner von Kroton in Süditalien. – περι

λογον...: »Über die Prüfung der Reden«. Titel des 12. Kapitels der »Redekunst« des Dionysius von Halikarnassos.

148 *Turpe senilis...:* Ovid, »Amores«, 1. Buch, 9. Ged., Vs. 4. – *'Αλλα και...:* »Ilias«, 3. Ges., Vs. 159f. (Übers.: J. H. Voß). – *Αὔτικα...:* »Ilias«, 3. Ges., Vs. 141f. (Übers.: J. H. Voß).

149 *des Grafen:* Caylus. – *Homer ... fleißiger gelesen:* Diese These wurde von C. A. Klotz besonders angegriffen. Lessing antwortet darauf in den beiden ersten »Antiquarischen Briefen«. – *Fabricius Biblioth. Graec.:* J. A. Fabricius, »Griechische Bibliothek«, 1705–1728.

150 Οἴη δ' 'Αρτεμις: »Odyssee«, 6. Ges., Vs. 102–106 (Übers.: Th. von Scheffer).

152 'Η, και κυανεησιν: »Ilias«, 1. Ges., Vs. 527–30 (Übers.: J. H. Voß).

153 *Pasquilini:* richtig: Pasqualini. Wahrscheinlich ein Sänger der päpstlichen Kapelle. – *Zergliederung der Schönheit:* Hogarths theoretisches Hauptwerk »Analysis of Beauty« (Übers.: C. G. Mylius).

154 *Antenor:* greiser Trojaner, der die griechischen Unterhändler Odysseus und Menelaus beherbergt. Er möchte Helena an die Griechen ausliefern. – *Thersites:* der Häßlichste im Griechenlager, der die Anführer schmäht und für eine Rückkehr nach Griechenland eintritt. – *krall:* grell. – *Opposita:* Kontrastfarben.

156 *wird interessant:* erweckt Teilnahme, appelliert an das Gefühl. Erst im 17. Jh., besonders in der frz. Dramentheorie, wird »Interesse« im Sinne der Wirkungspoetik gebraucht; urspr. ein ökonomisch-juristischer Fachausdruck (= Zinsen; in diesem Sinne noch in der »Minna von Barnhelm«).

157 ἦτ ἄφρονα: Quintus, Fortsetzung der »Ilias«, 1. Buch, Vs. 737 (Übers.: nach der Ausg. von Rilla). – *Richard der Dritte:* 1483–1485 König von England. Titelfigur des Dramas von Shakespeare.

158 *Thou Nature:* (Übers.: Tieck).

159 *But I:* (Übers.: A. W. Schlegel).

160 *schließt sie sich ... ein:* beschränkt sie sich. – *scharfsinniger Kunstrichter:* Mendelssohn im 82. Literaturbrief.

162 *Anzüglichkeit:* Anziehung.

165 *gepletschte Nase:* plattgedrückte Nase.

166 *das Wiesel:* bei Aristophanes kein Wiesel, sondern ein Gecko. – ΜΑΘ. Πρωην: (Übers.: J. H. Voß).

168 *Traurigkeit:* Achlys, die Finsternis des Todes. – *Hesiodus:* Der »Schild des Herkules« ist schon im Altertum dem Hesiod abgesprochen worden. Er stammt aus dem 7. Jh. v. Chr. – *Scut. Hercul.:* »Der Schild des Herkules« (s. o.). – ΝΕ. 'Ορω: Sophokles, »Philoktet«, Vs. 31–39 (Übers.: Hamacher).

169 *der geschleifte Hektor:* H. wird von Achill am Hals verletzt und

rückwärts am Wagen zu den Schiffen geschleift (»Ilias« 22). Später schleift Achill den Leichnam Hektors um das Grab des Patroklos (»Ilias« 24). Die Szenen gehören zu den grausamsten des Trojanischen Krieges. – *Marsyas:* geht mit Apoll einen Wettstreit im Flötenspiel ein. Als er unterliegt, zieht ihm Apoll bei lebendigem Leibe die Haut ab. – *Clamanti cuti:* (Übers.: R. Suchier).

170 *Oreade:* Bergnymphe. – *Ceres:* entspr. griech. Demeter. Göttin des Wachstums und der Fruchtbarkeit.

171 *Eresichthon:* fällt mutwillig einen Baum in einem der Göttin Ceres geweihten Hain und wird mit unstillbarem Hunger bestraft. – Και ταν: Kallimachos, »Hymnus auf Demeter«, Vs. 109–112, 115–116 (Übers.: C. Schwenck). – *Vis tamen:* Ovid, »Metamorphosen«, 8. Buch, Vs. 864–867 (Übers.: R. Suchier).

172 *Harpyen:* urspr. Göttinnen des Sturms, die die Menschen plagen. Dargestellt als Raubvögel mit Jungfrauenköpfen. – *Phineus:* phönizischer König, dem die Harpyen das Essen rauben oder besudeln. – Τυτϑον: Apollonius von Rhodos, »Argonautica«, 2. Buch, Vs. 228–233 (Übers.: Th. v. Scheffer). – *instehender:* bevorstehender. – *Ugolino:* Dante, »Göttliche Komödie«, Hölle, 32. Ges., Vs. 124–139. Der Graf Ugolino benagt den Schädel des Erzbischofs Ruggiero, der ihn in den Hungerturm von Pisa hatte werfen lassen. Im 33. Gesang schildert Ugolino seinen und seiner Söhne Hungertod. Seit dem Sturm-und-Drang-Drama »Ugolino« von H.W.v. Gerstenberg ein beliebtes Schauerliteratur- und Horror-Video-Motiv.

173 *Lamure: Oh, what a tempest:* Beaumont-Fletcher, »Die Seereise«, 3. Akt, 1. Szene (Übers.: H.L. Kannegießer).

177 *Olympias:* die griechische Zeitrechnung zählte nach den seit 776 v.Chr. alle vier Jahre stattfindenden Festen in Olympia. – *achtundachtzigsten Olympias:* 428–425 v.Chr. – *als:* wie. – *siebenundachtzigsten Olympias:* 432–429 v.Chr.

178 *Stronglyon:* ist kein Zeitgenosse der hier genannten Bildhauer.

180 *Polydectes:* eigtl. Polydeukes. Griech. Bildhauer. – *Hermolao:* Hermolaus. 1.Jh. v.Chr. Röm. Bildhauer. – *Caryatides:* Gebälkträgerinnen. Stützpfeiler in Frauengestalt.

181 *Pantheum:* das (heute noch erhaltene) Pantheon in Rom. – αγαλμα ἀρχαιον: Plinius, Buch 35, Kap. 139.

184 *Kabinett:* hier: Kunstsammlung. – *Plinius:* zählt im 36. Buche seiner »Historia naturalis« die Kunstwerke dieser Sammlung auf. – *Base:* in manchen Ausgaben irrtümlich »Vase« geschrieben. Gemeint ist s.v.w. Basis, Untersatz – Winckelmann setzt hinzu: »eine Statue«. Die Basis wurde später in der Villa Albani ausgestellt.

185 *Germanicus:* Dieser »Germanicus«, jetzt im Louvre zu Paris, ist das

Bildnis eines Römers aus der Mitte des 1. Jh.s. v. Chr., in Form einer griechischen Hermesstatue.

188 *encaustica:* Malverfahren mit heiß aufgetragenen Wachsfarben, die sich fest miteinander und dem Bildgrund verbinden. – *Comitium:* Platz neben dem Forum, auf dem Versammlungen der Patrizier und öffentliche Gerichtsverhandlungen stattfanden.

189 *Aorist:* besondere Vergangenheitsform im Griechischen. – *Nemeäische Spiele:* Wettkämpfe zu Ehren des Zeus in der Stadt Nemea.

190 *Borghesischer Fechter:* entstanden im 1. Jh. v. Chr.; dem Agasias von Ephesus zugeschrieben. Er befindet sich heute im Louvre zu Paris. Die Statue, einen Krieger darstellend, wurde in Antium gefunden und befand sich lange Zeit in der Villa Borghese in Rom. Lessing hat seine Deutung auf Chabrias in den »Antiquarischen Briefen« zuerst verteidigt, schließlich aber zurückgenommen. – *tabula bigae:* Statt »tabula« ist »tabella« zu lesen; ein Votivbildchen, das den Sieg beim Wagenrennen in Nemea verherrlicht.

191 *Discobulus:* Diskuswerfer. – *des Standes:* der Stellung. – *Vorstellung:* Darstellung.

194 *Cento:* hier s.v.w. Flickwerk. Als Fachausdruck der Poetik bezeichnet C. ein aus einzelnen Versen anderer Dichtungen neu zusammengestelltes Gedicht. – *die Möglichkeit:* in den »Erläuterungen des Gedanken von der Nachahmung der griechischen Werke in der Malerei«, 1756. – *die zwei größten Kunstrichter:* Winckelmann hatte in dieser Schrift gesagt: »Aristoteles (Poetik, Kap. 25) setzt hierinne (daß der Dichter lieber das Unmögliche, welches wahrscheinlich ist, als das bloß Mögliche wählt) das Wesen der Dichtkunst und berichtet uns, daß die Gemälde des Zeuxis diese Eigenschaften gehabt haben.«

195 *Terentian:* Adressat der Schrift »Vom Erhabenen« des Pseudo-Longin. – Περι ὑψους: »Vom Erhabenen«; eine besonders seit dem 16. Jh. mehrfach herausgegebene, übersetzte und kommentierte Schrift aus der antiken Rhetorik, die besonders die Ästhetik als Lehre von den »Affekten«, »Empfindungen« und ähnlichen emotional bedingten »Gemütskräften« im 18. Jh. stark beeinflußt hat. – *Parenthyrsus:* Schwulst, überflüssiges Pathos. – *De pictura vet.:* eine Geschichte der alten Malerei von F. Junius, 1637.

197 *Catullus:* ein reicher Römer. Nicht mit dem Dichter zu verwechseln. – *Geilen:* Hoden. – *Ille nec argentum:* Juvenal, »Satiren«, Nr. 12, Vs. 43–47 (Übers.: A. Berg). Der verschlagene Käufer ist Philipp von Mazedonien, der die Stadt Olynth durch Bestechung erkauft hatte. – *der alte Scholiast:* F. Junius. – *Leben des Homers:* eine kompilierte Biographie, die fälschlich Herodot zugeschrieben wurde.

199 *»Leben des Sophokles«:* Das unvollendete Werk erschien erst 1790, herausgegeben von Lessings Freund, dem Braunschweiger Professor,

Shakespeare-Übersetzer und Lesebuchautor J.J. Eschenburg. – *hundert und vierzehnten Olympias:* 323 v. Chr. – *Archon:* s.v.w. Herrscher. Höchster griechischer Beamter. – *Miscellaneorum:* S. Petit, »Miszellen«, 1630. – *die Arundelschen Marmor:* Die »Marmora Arundeliana«, eine Sammlung antiker Inschriften und Kunstdenkmäler des Engländers Thomas Howard Arundel (1586–1646).

200 *Krokylegmus:* eigentlich: das Absuchen von Flocken; übertragen: das Suchen nach kleinen Fehlern; wurde von den alten Grammatikern als Zeichen der Schmeichelei angesehen, da man damit vorgibt, keine größeren Fehler finden zu können. – *Trophäen:* Siegeszeichen aus den Waffen der besiegten Feinde. – *Salaminischen Siege:* bei Salamis siegten die Athener zur See über die Perser (480 v. Chr.). – *Gradation:* Stufenfolge, Steigerung.

Bodo Lecke

Zu dieser Ausgabe:

insel taschenbuch 1048
Gotthold Ephraim Lessing
Laokoon oder über die Grenzen
der Malerei und Poesie.

Der Text folgt der Ausgabe: Lessings Werke. Herausgegeben von Kurt Wölfel. Dritter Band. Schriften II, Antiquarische Schriften. Insel Verlag Frankfurt am Main 1967. Die Erläuterungen wurden für die vorliegende Ausgabe von Bodo Lecke überarbeitet. Umschlagabbildung: Die *Laokoon-Gruppe* (wahrscheinlich tiberianisch, 1. Hälfte des 1. Jh.s n. Chr.) Vatikan, Museo Pio-Clementino. Frühkaiserzeitliche Kopie eines Werkes des späten 2. Jh.s v. Chr. Die Namen der Bildhauer sind bei Plinius als Agesandros aus Rhodos und seine Söhne Athanadoros und Polydoros überliefert. Foto: *Scala,* Florenz.

Kunst, Musik, Leben und Werk
insel taschenbuch

Lou Andreas-Salomé. Leben. Persönlichkeit. Werk. Eine Biographie von Cordula Koepcke. it 905

Aus der Kunst des polnischen Volkes. Herausgegeben von Willy Fleckhaus. Mit zahlreichen Fotografien. it 448

Johann Sebastian Bach. Leben und Werk in Daten und Bildern. Herausgegeben von Klaus Peter Richter. it 788

Johann Sebastian Bach. Eine Lebensgeschichte von Charles Sanford Terry. Deutsch von Alice Klengel. it 802

Ernst Batta: Obelisken. Ägyptische Obelisken und ihre Geschichte in Rom. Mit zahlreichen Abbildungen. it 765

Alban Berg. Leben und Werk in Daten und Bildern. Herausgegeben von Erich Alban Berg. it 194

Besuche im Städel. Betrachtungen zu Bildern. Herausgegeben von Klaus Gallwitz. Mit biographischen Notizen von Dolf Sternberger. it 939

Heinrich Bornkamm: Das Jahrhundert der Reformation. Gestalten und Kräfte. it 713

Bertolt Brecht. Leben und Werk im Bild. Mit autobiographischen Texten, einer Zeittafel und einem Essay von Lion Feuchtwanger. it 406

Jean Anthèlme Brillat-Savarin: Physiologie des Geschmacks oder Betrachtungen über das höhere Tafelvergnügen. it 423

Die Schwestern Brontë. Leben und Werk in Texten und Bildern. Herausgegeben von Elsemarie Maletzke und Christel Schütz. it 814

Hans Carossa. Leben und Werk im Bild. Herausgegeben von Eva Kampmann-Carossa. it 348

Caspar David Friedrich: Auge und Landschaft. Zeugnisse in Bild und Wort, interpretiert von Gerhard Eimer. it 62

Goethes Gedanken über Musik. Eine Sammlung aus seinen Werken, Briefen, Gesprächen und Tagebüchern. Herausgegeben von Hedwig Walwei-Wiegelmann. it 800

Van Gogh in seinen Briefen. Herausgegeben und mit einem Nachwort versehen von Paul Nizon. Mit Abbildungen. it 177

Heinrich Heine. Leben und Werk in Daten und Bildern. Von Joseph A. Kruse. it 615

Hermann Hesse. Leben und Werk im Bild. Herausgegeben von Volker Michels. it 36

Ödön von Horváth. Leben und Werk in Daten und Bildern. Herausgegeben von Traugott Krischke und Hans F. Prokop. it 237

Christoph Wilhelm Hufeland: Makrobiotik oder Die Kunst, das menschliche Leben zu verlängern. Mit einem Brief Immanuel Kants sowie einem Nachwort von Rolf Brück. it 770

157/1/5.87

Kunst, Musik, Leben und Werk
insel taschenbuch

Max Imdahl: Picassos Guernica. Eine Kunst-Monographie. Mit Abbildungen. it 806

Erhart Kästner. Leben und Werk in Daten und Bildern. Herausgegeben von Anita und Reingart Kästner. it 386

Harald Keller: Die Kunstlandschaften Italiens. Mit 188 Abbildungen. 2 Bde. it 627

Heinrich von Kleist. Leben und Werk im Bild. Herausgegeben von Eberhard Seibert. it 371

Gertrud von le Fort. Leben und Werk in Daten, Bildern und Zeugnissen. Herausgegeben von Gisbert Kranz. it 195

Claude Lévi-Strauss: Der Weg der Masken. Deutsch von Eva Moldenhauer. Mit farbigen Illustrationen. it 288

Peter Ludwig. Sammler. Von Reiner Speck. it 533

Julius Meier-Graefe: Vincent van Gogh. Mit zahlreichen Abbildungen. it 1015

Malwida von Meysenbug: Memoiren einer Idealistin. it 824

Michelangelo: Zeichnungen und Dichtungen. Ausgewählt und kommentiert von Harald Keller. Übertragung der Dichtungen von Rainer Maria Rilke. Mit einem Essay von Thomas Mann. it 147

Mozart-Briefe. Ausgewählt, eingeleitet und kommentiert von Wolfgang Hildesheimer. Mit zeitgenössischen Porträts. it 128

Wolfgang Amadeus Mozart: Don Giovanni. Italienisch und Deutsch. Mit Kierkegaards Essay »Das Musikalisch-Erotische« und den Illustrationen von Max Slevogt. it 1009

Nijinsky. Der Gott des Tanzes. Biographie von Romola Nijinsky. Vorwort von Paul Claudel. Deutsch von Hans Bülow. it 566

Edith Piaf. Die Geschichte der Piaf. Ihr Leben in Texten und Bildern. Von Monique Lange. it 516

Julius Meier-Graefe: Renoir. Mit einem Nachwort von Andreas Beyer. it 856

Rainer Maria Rilke. Leben und Werk im Bild. Von Ingeborg Schnack. it 35

Rainer Maria Rilke: Worpswede. Fritz Mackensen. Otto Modersohn. Fritz Overbeck. Hans am Ende. Heinrich Vogeler. Mit farbigen Abbildungen. it 1011

Auguste Rodin. Von Rainer Maria Rilke. Mit 96 Abbildungen. it 766

Karl Friedrich von Rumohr: Geist der Kochkunst. Vorwort von Wolfgang Koeppen. it 326

Schiller. Leben und Werk in Daten und Bildern. Ausgewählt und erläutert von Bernhard Zeller und Walter Scheffler. it 226

Reinhold Schneider. Leben und Werk im Bild. Von Edwin Maria Landau u. a. it 318

157/2/5.87

Kunst, Musik, Leben und Werk
insel taschenbuch

Dolf Sternberger: Über Jugendstil. Mit farbigen Abbildungen. it 274

Richard Wagner: Ausgewählte Schriften. Herausgegeben von Dietrich Mack. Mit einem Essay von Ernst Bloch. it 66

Richard Wagner. Leben und Werk in Daten und Bildern. Herausgegeben von Dietrich Mack und Egon Voss. it 334

Wagner-Parodien. Parodien auf Richard Wagner. Ausgewählt und mit einem Nachwort versehen von Dieter Borchmeyer und Stephan Kohler. it 687

Robert Walser. Leben und Werk in Daten und Bildern. Herausgegeben von Elio Fröhlich und Peter Hamm. it 264

Oscar Wilde. Leben und Werk in Daten und Bildern. Herausgegeben von Norbert Kohl. it 158

Gabrielle Wittkopp-Ménardeau: Unsere Kleidung. it 774

Stefan Zweig. Leben und Werk im Bild. Herausgegeben von Donald Prater und Volker Michels. it 532

157/3/5.87

Alte Welt und Mittelalter
insel taschenbuch

Jost Amman: Frauentrachtenbuch. it 717
Joseph Bédier: Der Roman von Tristan und Isolde. it 387
Die Blümlein des heiligen Franziskus von Assisi. it 48
Otto Borst: Alltagsleben im Mittelalter. it 513
Giordano Bruno: Das Aschermittwochsmahl. it 548
Dante: Die Göttliche Komödie. Mit fünfzig Holzschnitten von Botticelli. Deutsch von Friedrich Freiherr von Falkenhausen. 2 Bde. it 94
Erasmus von Rotterdam: Das Lob der Torheit. Mit den Randzeichnungen von Hans Holbein dem Jüngeren. Übersetzt von Uwe Schultz. it 369
Geschichten aus dem Mittelalter. Herausgegeben von Hermann Hesse. it 161
Gesta Romanorum. Das älteste Märchen- und Legendenbuch des christlichen Mittelalters. Herausgegeben · von Hermann Hesse. it 315
Griechisches Lesebuch. Herausgegeben von Hellmut Flashar. it 995
Griechisches Theater. Aischylos: Die Perser. Die Sieben gegen Theben. Sophokles: Antigone. König Ödipus. Elektra. Aristophanes: Die Vögel. Lysistrata. Menander: Das Schiedsgericht. Deutsch von Wolfgang Schadewaldt. it 721
Hans Jakob Christoffel von Grimmelshausen: Der abenteuerliche Simplicissimus. Mit Zeichnungen von Fritz Kredel. it 739
– Trutz-Simplex oder Ausführliche und wunderseltzame Lebensbeschreibung der Ertzbetrügerin und Landstörtzerin Courasche. it 211
Helmut Hiller: Heinrich der Löwe. Herzog und Rebell. Eine Chronik. it 922
Homer: Ilias. Neue Übertragung von Wolfgang Schadewaldt. Mit antiken Vasenbildern. it 153
Christoph Kolumbus: Bordbuch. it 476
Dieter Kühn: Ich Wolkenstein. Eine Biographie. Neue, erweiterte Ausgabe. it 497
– Liederbuch für Neidhart. it 742
Das Leben der Heiligen. it 892
Longus: Daphnis und Chloë. it 136
Sir Thomas Malory: Die Geschichten von König Artus und den Rittern seiner Tafelrunde. Übertragen von Helmut Findeisen. Mit Illustrationen von Aubrey Beardsley. 3 Bde. it 239
Meister Eckhart: Das Buch der göttlichen Tröstung. it 1005
Minnesinger. In Bildern der Manessischen Liederhandschrift. Mit Erläuterungen herausgegeben von Walter Koschorreck. Vierundzwanzig Abbildungen. it 88

151/1/4.87